BASTEI
LÜBBE

Philipp Vandenberg

Cäsar und Cleopatra

Die letzten Tage der römischen Republik

BASTEI LÜBBE

BASTEI-LÜBBE-VERLAG
Band 64075

Lizenzausgabe:
Gustav Lübbe Verlag GmbH, Bergisch Gladbach
Printed in West-Germany, April 1988
Einbandgestaltung: Graupner & Partner
Satz: Kremer-Druck-Hartegasse GmbH, Lindlar
Druck und Bindung: Ebner Ulm
ISBN 3-404-64075-6

Inhalt

ANHANG

Teil I
Cäsar

Eine Welt zwar bist du, o Rom,
doch ohne die Liebe wäre die Welt nicht die Welt,
wäre denn Rom auch nicht Rom
Johann Wolfgang von Goethe, Elegien

1.

Rom im 1. Jahrhundert v. Chr. – Die Irrtümer beginnen mit Cäsars Geburt – Lebensstellung für den 13jährigen – Sulla, sein erster Gegner – Der Kampf gegen Mithridates von Pontos Proscriptio oder die Angst in Rom – Wie glücklich kann ein Diktator sein? – Warum es den Julier in die Provinz zog Kein Zweifel: Cäsar war bisexuell veranlagt – Eskapaden eines Schönheitsfanatikers – Sullas Rücktritt – Cicero, das große Vorbild – Grausame Rache an Cäsars Entführern – Außer reden nichts gelernt: Berufsziel Politiker

Rom, das ist der Staub von Karthago, Athens funkelnder Marmor, die drückende Enge von Sparta und Babyloniens endlose Weite, man sieht das hunderttorige Theben, das sittenlose Korinth, die Kyklopen von Troja und Jerusalems unzählbare Zinnen. Geschäftige Epheser sind hier, gebildete Alexandriner, die Müßiggänger von Antiocheia und bigotte Delpher, Huren, deren Schuhsohlen ihre Adresse in den Staub stempeln und schweigsame Philosophen, steinreiche Geldprotze, eingerahmt von einem Sklavenheer, zerlumpte Bettler, Redner auf goldenen Podesten, Massen im Dreck. Man sieht Kurtisanen in Sänften und halbnackte Sklaven, Gladiatoren, weinend, teuere Sykophanten, gewerbsmäßige Verleumder, und Nomenklatoren, die ihrem Herrn zuflüstern, wie der Entgegenkommende heißt. Rom, das ist ein undurchdringliches Labyrinth von Straßen und Gäßchen, wegen der Enge für Wagen verboten, Kneipen an jeder Ecke, Speisen wohlfeil wie die Marketenderinnen, meist stinkend. Von den oberen Stockwerken der kleinfenstrigen Wohntürme, planlos aneinandergefügt, klatscht – *sit venia verbo* – Scheiße – man verzeihe das Wort. Senatoren eilen in purpurgesäumter Toga zum Forum, um das Neueste aus den *acta diurna* zu erfahren, den Wandzeitungen, Sklaven kopieren sie für ihre Herren. Man sieht die heimischen Götter, Jupiter und Venus, und fremde, deren Namen keiner kennt, aus Afrika und Asien, und Kunstwerke aus Griechenland, welch ein Entzükken. Und das alles sieht man auf einmal, nicht im Abstand von Ländern und Jahren, nein, von *einem* Augenblick auf den andern, in *einer* Stadt – Rom.

»Wenn nur die Straßen freier wären und nicht für Denker so gefährlich!« klagte Quintus Horatius Flaccus, der Größte unter Roms Lyrikern, Sohn eines Freigelassenen aus Venusia an der Via Appia zwischen Samnium und Apulien. In jungen Jahren vom Schicksal gebeutelt und von seinem Vater, der sich die Nase mit dem Ärmel zu wischen pflegte, gewiß nicht verwöhnt, schimpfte er über das römische Chaos: »Hier eilt mit einem Heer von Eseln und von Trägern ein hastiger Bauverwalter auf dich zu; dort dreht an einer ungeheuren Winde ein Balken oder Quader sich empor; da zieht ein Trauerwagen, schwer und knarrend, durch deinen Weg; dort läuft ein toller Hund, hier rennt ein wohlbesudeltes Schwein dich an. Nun geh' mir einer unter all diesem Gedränge und moduliere Verse!«

Und Juvenal, Redner, Dichter und Spötter, klagte, man könne in Rom nicht einmal zum abendlichen Diner gehen, ohne sein Testament gemacht zu haben: »Auf dem Karren, der dir entgegenkommt, schwankt ein langer Fichtenstamm, auf einem anderen Wagen führt man Pinienholz, das hochgetürmt bebt und die Passanten bedroht. Wenn ein mit ligurischen Marmorblöcken beladener Karren umkippt und seine Ladung auf die dichte Menschenmenge kippt, was bleibt da noch vom Körper übrig?« Um in Rom überhaupt schlafen zu können, müsse man, so Juvenal, sehr reich sein, der Krach sei unbeschreiblich und viele Römer hätten den Tod gefunden, weil Schlaflosigkeit sie krank mache. Schlaf finde man nur auf den Landgütern außerhalb der Stadt.

Rund eine Million Menschen besiedelte die Sieben-Hügel-Stadt im Jahrhundert vor der Zeitenwende, brodelnd, aus allen Nähten platzend, aus den Mauern schwappend wie der braune Tiber in seinem sumpfigen Unterlauf, und täglich wurden es mehr.

Rom, hundert Jahre vor Christus, verkommener Reichtum neben verwaltetem Elend, Stadt der Millionäre und Fürsorgeempfänger, jeder zweite mit Anspruch auf 44 Maß Weizen im Monat. Rom, Stadt der Außenseiter und Hasardeure, Metropolis, Mutterstadt der Wölfin, die alles verschlang, was ihr bedrohlich schien: Alba Longa, die Hauptstadt von Latium, Veji, die Etruskerstadt, Capua, zweitgrößte Stadt des italischen Landes, Karthago in Afrika, Korinth in Achaia, Numantia im nordöstlichen Spanien. Rom – Megalopolis, größenwahnsinniges Gemeinwesen, unregierbar mit seinen zahllosen Interessengruppen, Stadt der Schmarotzer, ungeliebt, gefürchtet im ganzen Imperium, weil sie dem Land das Blut aussaugte wie eine zum Platzen pralle Zecke, *tempus edax* – gefräßige Zeit.

Rom – rücksichtslos, gnadenlos, grausam, blutrünstig seit den Anfängen, die Marcus Terentius Varro genau auf den 21. April 753 v. Chr. festsetzte. Damals soll Romulus seinen Zwillingsbruder Remus erschlagen haben, Nachkommen des trojanischen Helden Äneas, weil er die kleine Mauer übersprungen hatte, die der Bruder um sein Dörfchen zog. So blieb es über Jahrhunderte, immer regierte in Rom die Faust, nie der Kopf wie in Athen. Köpfe wurden importiert wie Marmor aus Achaia, Salbenduft aus Asien und Korn aus Ägypten. Nicht der Geist war gefragt, sondern Geld. Seit den Tagen der Republik führten zwei Konsuln die Staatsgeschäfte, sie lenkten Gerichtshoheit, Militär- und Zivilverwaltung und gaben dem Jahr ihren Namen, gezählt wurde die Zeit nicht.

Wer eine Million Sesterzen besaß, hatte Anspruch auf einen Sitz im Senat, wo sich emeritierte Spitzenbeamte langweilten und alle wichtigen Ämter kontrollierten, die Außenpolitik, das Finanz- und Sakralwesen.

Wer über ein Pferd und 400000 Sesterzen verfügte, war ein »Ritter«, das klang zumindest erhaben. Er gehörte zur

Geschäftswelt, zum nicht amtsfähigen Geldadel, aber noch zur Oberschicht. Darunter war das Schicksal vorgezeichnet; als einer der *humiliores*, der Ohnmächtigen, hatte man kaum eine Chance, gehörte jedoch zur stimmberechtigten Masse der Armen, und diese Stimme war ihr Kapital, sollte zahlen, wer sie wollte, oder zumindest Versprechungen machen. Von den Sklaven, der Ware Mensch, sprach man nicht.

Parteien waren im Jahrhundert vor der Zeitwende nur Interessenverbände, keinesfalls Gleichgesinnte, die sich zur Vertretung bestimmter Ideale zusammenfanden. Für Geld verkaufte man seine Seele, seine Überzeugung beliebig oft. *Ubi bene, ibi patria* – wo es mir gut geht, da ist mein Vaterland. Wer sich über den Durchschnitt erhob, fand stets seine Anhänger, gleichgültig, ob er reicher war als die anderen, schöner, brutaler, beredter, freigiebiger, unverschämter. Die Römer gierten nach Außergewöhnlichem, nach Überlegenheit; wohl fühlten sie sich nur dann, wenn sie ein Idol zum Bewundern hatten; den alles besiegenden Feldherrn, den wortgewaltigen Redner, den kraftstrotzenden Gladiator, die männerverzehrende Kurtisane, den Selbstmörder, der die faszinierendste Form des Ablebens fand.

Der Mann, von dem hier die Rede ist, verfügte nicht von Anfang an über ein ausgeprägtes Überlegenheitsbewußtsein, er dachte weder elitär noch war er mit Standesdünkeln behaftet, das einzige, was man ihm hätte vorwerfen können, war seine Eitelkeit. Schon seinen Namen Gaius Julius Cäsar, für den er nicht verantwortlich war, machte er zum Programm. Den Vornamen Gaius, einer von 18, die es damals gab, erhielt er vom Vater. Der hieß ebenfalls Gaius Julius Cäsar, blieb in der Geschichte völlig unbekannt und machte nur dadurch von sich reden, daß er ziemlich originell starb – und noch dazu auf die gleiche Art und Weise wie sein eigener Großvater: frühmorgens beim Schuheanziehen.

Julius, das war der eigentliche Name, hieß jeder aus der Sippe der Julier, einem uralten Adelsgeschlecht aus Alba Longa, das behauptete, von Göttern und Heroen abzustammen, weil Aphrodite, die überirdisch Schöne, auf dem Idagebirge den Trojaner Anchises verführt und den Äneas geboren habe, jenen, der später den gelähmten Vater aus dem brennenden Troja trug. Vorbild für romantische Maler, aber auch Anregung für den nüchternen Schliemann, nach den Ruinen Trojas zu suchen. Der Sage nach durchfuhr Äneas mit seinem Schiff die Ägäis, bis ihm auf Delos das Orakel riet, italisches Land anzusteuern, die Heimat seiner Urväter, was Jahre dauerte, wie man weiß.

Der dritte Name, Cäsar, war der Familienname und am ungewöhnlichsten von allen, er nahm Bezug auf den gynäkologischen Vorgang der Geburt, die am 13. Juli 100 v. Chr. erfolgte, und zwar durch *sectio caesarea*, besser bekannt als Kaiserschnitt. Den Begriff gab es seit dem 3. Jahrhundert, als einer der Vorfahren Cäsars so seltsam zur Welt kam. *Facta aut ficta* – Tatsache oder Erfindung? Tatsache ist, das Plinius berichtet, Scipio Africanus, Manilius und der erste der Cäsaren seien aus dem Uterus ihrer Mütter geschnitten und damit unter günstigen Vorzeichen geboren worden. Tatsache ist aber auch, daß damals Mütter bei einer Kaiserschnittgeburt den Tod fanden. Gynäkologie ist eine Wissenschaft der Renaissance. Wie konnte Aurelia, die Mutter Gaius Julius Cäsars, über 60 Jahre alt werden? Cäsar pflegte diese Version und ließ sich allzugerne Kaiserschnittgeburt benennen. Die Irrtümer über diesen Mann beginnen mit seiner Geburt.

Nichts, aber auch gar nichts war außergewöhnlich an diesem als blaß geschilderten Kind, das zwar von Adel aber ohne Vermögen war, in Rom ein Makel wie eine Hautkrankheit. So verliefen Kindheit und Jugend durchschnittlich bis zu seinem 13. Lebensjahr, als seine Eltern entschieden, das Kind solle es besser haben, und dem hochgewachsenen, feingliedrigen Jüngling das Amt eines Jupiter-Priesters verschafften. Vater Gaius, *prätor urbanus* in Pisa, also Bürgermeister, und Pro-Konsul in Asien, also Statthalter, ließ alle Beziehungen spielen, um seinem Ältesten dieses Amt zu besorgen, nicht nur, weil es hohes gesellschaftliches Ansehen versprach, sondern auch weil es trefflich seinen Mann ernährte. Ein Priester des Jupiter durfte zeit seines Lebens nicht arbeiten – mehr noch, es war ihm sogar untersagt, anderen bei der Arbeit zuzusehen.

Zwei Bedingungen gab es: Ein Priester des Jupiter mußte sich von der Politik fernhalten, und das heilige Gesetz gewährte ihm nur eine einzige Frau für das ganze Leben, Ironie genug für den Mann, der Roms größter Politiker und – kaum nachstehend – Liebhaber werden sollte. Obwohl erst 13, hatte der junge Gaius Julius Cäsar sein ihm zustehendes Kontingent bereits erschöpft, die Eltern hatten ihn mit einem vermutlich noch etwas jüngeren Mädchen namens Cossutia verlobt, zwar nur aus dem Ritterstand, aber dafür sehr reich – wie Sueton, der Cäsar-Biograph, im ersten nachchristlichen Jahrhundert zu berichten weiß. Mädchen von zwölf Jahren waren im alten Rom mannbar – so nannte man das damals. Doch kaum war sein Vater tot, da löste der junge Gaius die Verlobung unverrichteter Dinge und heiratete, gerade 16 Jahre alt, die bildhübsche Tochter des Konsuls Lucius Cornelius Cinna, eines einflußreichen Römers, der kurz vor oder nach der Hochzeit bei einer Meuterei den Tod fand. Es war vermutlich eine Muß-Heirat, denn es dauerte gar nicht lange, und Cornelia, so hieß die Auserwählte des jungen Gaius, brachte ein Mädchen zur Welt, das nach alter Sitte Julia genannt wurde. Gaius, der 16jährige Vater, konnte nicht ahnen, daß seine unerwartete Liebesheirat später von politischer Brisanz sein könnte.

Kaum zwei Jahre währte das junge Glück, da sollte sich Gaius Julius Cäsar schon wieder scheiden lassen – auf Wunsch des Diktators Lucius Cornelius Sulla. Cornelia war, obwohl aus derselben Sippe, Sulla nicht genehm. Sulla haßte sie, weil ihr Vater sein größter Feind gewesen war, alles was an Cinna erinnerte, sollte vergessen werden. Und damit sind wir mitten in den politischen Wirren des ersten vorchristlichen Jahrhunderts.

Rätselhaft, schillernd, so wird Lucius Cornelius Sulla

beschrieben, ein blonder, blauäugiger Frauentyp, der sich mit Schauspielern und käuflichen Damen durch Roms Kneipen soff und meist mehr trank, als er bezahlen konnte, bis ihm eine reiche Kurtisane ihr gesamtes Vermögen vermachte. Sulla war kein Dummkopf, er war gebildet, redegewandt und hatte es bereits zum Quästor, Prätor in Rom, Proprätor von Kilikien und sogar zum Konsul gebracht, irgendwie scheint es, als habe Fortuna sich an seine Fersen geheftet. Jedenfalls war Sulla stets der rechte Mann zur rechten Zeit, entschlossen, nie zimperlich, nicht Freunden gegenüber, von Feinden ganz zu schweigen.

Nach einem Senatsbeschluß sollte Sulla gegen Mithridates zu Felde ziehen, den König von Pontos, der allmählich bedrohlich für das römische Reich wurde. Grausam und verschlagen nutzte der hellenisierte Barbar vom Südende des Schwarzen Meeres die politischen Querelen am Tiber und eroberte nach und nach beinahe das gesamte Kleinasien. Sulla sollte dem ein Ende setzen, ein nicht gerade leichtes Kommando, für das der erfolgreiche Proprätor von Kilikien prädestiniert erschien, beinahe unlösbar jedoch dadurch, daß in Italien ein Bundesgenossenkrieg tobte, für den die Römer 14 Legionen aufgestellt hatten.

Hintergrund der Auseinandersetzung im eigenen Land war die Forderung italischer Stämme nach vollem römischen Bürgerrecht, das nach der Ermordung des reformfreudigen Volkstribuns Marcus Livius Drusus in weite Ferne gerückt schien. Publius Sulpicius Rufus übernahm sein politisches Erbe und stieß dabei mit Sulla zusammen. Dem redegewandten Sulpicius Rufus fiel es nicht schwer, die Massen zu mobilisieren und per Volksbeschluß General Gaius Marius mit dem Oberbefehl gegen Mithridates zu beauftragen. Jetzt tat Sulla etwas, was vor ihm noch keiner gewagt hatte: Er eroberte mit seinen Truppen Rom, erklärte Marius und seine Anhänger zu Volksfeinden, *hostes publici*, hob die Beschlüsse des Sulpicius auf und hätte diesen sicher mit dem Schwert beseitigt, wären ihm nicht andere zuvorgekommen.

Erst jetzt hatte Sulla den Rücken frei für den Feldzug gegen Mithridates; und es war höchste Zeit – die Provinzen Asien, Kilikien, Bithynien, Mysien, Phrygien, Lykien, Pamphylien und Karien waren bereits gefallen, bei der Eroberung von Ephesos hatte der Asiate 80000 Römer und Italiker ermorden lassen, die Provinzen verehrten Mithridates bereits als »Neuen Dionysos«, als neuen Herrn der östlichen Welt. Sogar Athen, die Provinz Achaia, Sparta, Böotien und die Insel Euböa schlugen sich unter dem Eindruck der militärischen Erfolge auf Mithridates' Seite. Sulla setzte mit seinen Legionen nach Epirus über und plünderte zur Aufbesserung der Kriegskasse Tempel und heilige Stätten in Delphi, Olympia und Epidauros, nicht die erste römische Barbarei an diesen Orten. Buchstäblich zu Geld gemacht wurden die Gold- und Silberschätze, Ausdruck jahrhundertealter Frömmigkeit. Der Quästor Lucius Lucinius Lucullus und sein jüngerer Bruder Marcus schmolzen sie ein und prägten Gold- und Silbermünzen, noch heute spricht man von »Lucullusgold«.

Die Römer straften jenen Mann Lügen, der hier in besseren Zeiten verkündet hatte, der Krieg sei der Vater aller Dinge, nun wurde deutlich, er war vor allem eines, Totengräber: Die Platanen der platonischen Akademie lieferten Holz für Belagerungsmaschinen, am 1. März 36 v. Chr. fiel Athen, die Hafenanlagen von Piräus verbrannten, Beginn einer jahrzehntelangen Verödung. 250000 Mann zu Fuß, 50000 Reiter, 130 Sichelwagen, eine fünffache Übermacht stand Sulla im westlichen Böotien gegenüber, Chaironeia hieß die Stadt, berühmt, weil hier des großen Alexanders Vater Thebaner und Athener entscheidend geschlagen und 380 Jahre später ein Mann das Licht der Welt erblickt hatte, dem wir eine detaillierte Beschreibung dieser Schlacht verdanken, Plutarch.

Verlacht und verhöhnt seien sie von den Barbaren worden, schreibt der große Historiker der Antike, wegen ihrer katastrophalen Unterlegenheit, allein der Prunk der barbarischen Rüstungen, der Gold- und Silberglanz ihrer Schilde und die grellen Farben der medischen und skythischen Waffenröcke hätten den Römern schon Schrecken eingejagt. Durch den Verrat eines Schlupfweges und durch taktisches Außer-Gefecht-Setzen der feindlichen Sichelwagen wandte sich das Blatt unerwartet; die Römer kämpften sich in einen Rausch, gewannen allmählich die Oberhand und klatschten bei jedem neuen Vorstoß in die Hände, ein scherzhaftes »Mehr!« auf den Lippen – wie sie es zu Hause beim Wagenrennen gewohnt waren. Sulla gewann die Schlacht und soll nur 14 eigene Leute vermißt haben, von denen gegen Abend zwei wiederauftauchten, eine Legende gewiß, aber siegreiche Feldherrn verzeichnen niemals Verluste. Die Besiegten mußten bitter bezahlen, Sulla preßte ihnen ungeheuere Kriegsreparationen ab, nicht für die eigene Tasche, wie vielleicht zu erwarten – Apollon von Delphi und Zeus von Olympia, deren geplünderte Heiligtümer, erhielten das Raubgut erstattet.

Mithridates war bei Chaironeia entkommen, das militärische Fiasko muß ihn verwirrt haben, aber geschlagen gab er sich noch lange nicht, er sammelte ein neues Heer und trat ein halbes Jahr später im Herbst 86 erneut gegen Sulla an, wiederum erfolglos. Nun konnte Sulla triumphieren, ließ sich Epaphroditos nennen, Liebling der Aphrodite, und protzte auf Münzen und Inschriften mit dem Ehrentitel Imperator.

Den Römern trotzte die Nachricht von Sullas strategischen Erfolgen wenig Bewunderung ab. Weil unter dem strengen Regiment der Konsuln Cinna und Gaius Papirius Carbo viele einflußreiche Männer zur Partei des erfolgreichen Imperators überliefen, hatte Sulla sich ungewollt neue Feindschaft geschaffen, man erklärte ihn allen Ernstes zum Staatsfeind. Mit Archelaos, dem Feldherrn des Mithridates, kam es im folgenden Jahr zur friedlichen Einigung, die dem streitbaren König von Pontos sein altes Reich beließ, den Römern ihre ehemaligen Provinzen Asien und Paphlagonien, König Nikomedes Bithynien und Ariobarzanes Kappadokien zusprach.

Sulla erhielt außerdem 2000 Talente Kriegsentschädigung und 70 Schiffe. Verständlich, wenn Mithridates, der nach Pergamon geflohen war, diesem erzwungenen Frieden nur zähneknirschend zustimmte, aber Sulla hatte wissen lassen, Mithridates solle ihm auf Knien danken, wenn er dem Asiaten die rechte Hand lasse, die so viele Römer ermordet habe.

In Rom und im italischen Land herrschte das Chaos, als Sulla nach Brundisium zurückkehrte. Offiziell war der Bundesgenossenkrieg zwar beendet, alle Italiker südlich des Po hatten das römische Bürgerrecht erhalten, aber weder die Lex Julia, die auch allen treu gebliebenen Italikern das Bürgerrecht verlieh, noch die Lex Plautia Papiria, eine allgemeine Amnestie nach der Kapitulation der Aufständischen, hatten den Frieden wiederhergestellt. Sulla erkannte die Gültigkeit der neuen, in seiner Abwesenheit geschaffenen Gesetze an, brauchte aber dennoch eineinhalb Jahre, um sich nach Rom durchzukämpfen und mußte drei blutige Schlachten schlagen, bis er am 1. November 82 an Roms Collinischem Tor die letzten aufständischen Samniten bezwang, sie zu Tausenden hinrichten ließ, ihre Städte plünderte und die Einwohner erschlug.

Schwarze Listen gingen um, darauf die Namen von 40 Senatoren, 1600 Rittern und 4700 Römern,die bei Sullas Rückkehr nach Italien gegen ihn gekämpft oder auch nur argumentiert hatten. *Proscriptio* hieß das Schreckenswort, Bekanntmachung, doch wessen Name auf den Tafeln und Listen erschien, die überall ausgehängt waren, der galt bis zum 1. Juni 81 als vogelfrei, durfte ungestraft ermordet werden – der Täter erhielt sogar eine Prämie von zwei Talenten. Das Vermögen eines Proskribierten verfiel dem Staat, Söhne und Enkel wurden von allen Ämtern ausgeschlossen.

Felix solle man ihn nennen, den Glücklichen, ließ Sulla verkünden, und ein eigenes Gesetz, die Lex Valeria, machte ihn zum Diktator, zum Alleinherrscher, ein Begriff, bei dem jeder Römer zusammenzuckte, weil der vor 120 Jahren zuletzt verliehene Titel stets Staatsnotstand assoziierte und einem einzelnen die Macht verlieh, die Krise nach eigenem Gutdünken und ohne Rückversicherung bei Senat und Volk zu beheben.

Diesem allmächtigen Diktator bot der 18jährige Gaius Julius Cäsar die Stirn. Er habe nicht vor, sich von Cornelia scheiden zu lassen, ließ er Sulla wissen, nur weil Cinna, sein verstorbener Schwiegervater, dessen Gegner gewesen sei. Diese hier erstmals demonstrierte Furchtlosigkeit, die den Julier ein Leben lang auszeichnete, hätte Gaius das Leben kosten können; ein Mann wie Pompejus beugte sich in ähnlicher Situation dem Diktat Sullas. Aber Gaius ließ sich auch nicht durch die Einziehung von Cornelias Mitgift, ihre Enterbung und seinen eigenen Ausschluß aus der Jupiter-Priesterschaft beeindrucken. Doch da Sulla ihn zu seinem Gegner erklärte, schien es ihm ratsam, zunächst einmal unterzutauchen und aus dem Untergrund seine künftige politische Karriere vorzubereiten, einflußreiche Freunde sollten dabei helfen.

Nacht für Nacht wechselte der Julier sein Versteck, wurde tagelang von Fieber geschüttelt, mehr als einmal mußte er tief in die Tasche greifen, um sich von Sullas Häschern freizukaufen, und käuflich war jedermann, vom Konsul bis zum Freigelassenen – es war nur eine Frage des Preises. Sullas Schreckensregiment verunsicherte die Menschen, die besten Freunde wurden zu Feinden, Männer wurden von ihren Frauen, Söhne von den Müttern verraten. Angst ging um, wer würde der nächste sein?

Lucius Catilina, der seinen Bruder umgebracht hatte, bestürmte den Diktator erfolgreich, das Mordopfer nachträglich zu proskribieren, um in den Genuß der Prämie zu kommen, »zum Dank« mordete er einen weiteren Geächteten, brachte Sulla den abgeschlagenen Kopf und wusch sich im heiligen Wasser des Apollontempels die Hände. 12000 Mann sollen in Praeneste, einem Zentrum des Widerstandes, auf einmal hingerichtet worden sein. Der Diktator indes gefiel sich, von einem Podest auf dem Forum das eingezogene Vermögen zu versteigern oder es an schöne Frauen, Schauspieler und Kabarettsänger zu verschenken. Den Zehnten seines neu erworbenen Vermögens opferte er Hercules, dem Kraftspender seiner Taten, bei mehrtägigen Gelagen für das Volk versuchte Sulla Freunde zu gewinnen, karrte Wagenladungen erlesener Speisen an und ließ die Reste allabendlich in den Tiber kippen. Der Wein, der dazu gereicht wurde, bemerkt Plutarch, sei 40 Jahre alt gewesen.

Durch Mamercus Aemilius und Aurelius Cotta, zwei nahe Verwandte, sowie durch Vermittlung der vestalischen Jungfrauen, denen man keine Bitte abschlagen durfte, gelang es Gaius Julius Cäsar schließlich, den Diktator umzustimmen; er begnadigte den Julier, nicht ohne den seherischen Hinweis, der, den sie heute verteidigten, werde einst der von ihnen gemeinsam verteidigten Aristokratie den Untergang bringen, in Cäsar stecke mehr als *ein* Marius.

Cäsar mißtraute der Zusage des Diktators, er hielt es für besser, der Hauptstadt für ein paar Jahre den Rücken zu kehren, die Provinz Asien schien ihm weit genug, als Offizier trat er dem Stab des Prätors Marcus Minucius Thermus bei. Drei Jahre Militärdienst im Osten des Reichens, nicht sonderlich aufregend, aber zweimal fiel der gerade Zwanzigjährige in dieser Zeit auf, jedenfalls so, daß die antiken Historiker davon Notiz nahmen: Cäsar zeichnete sich bei der Einnahme der Insel Lesbos aus, deren Bewohner noch immer dem pontischen König Mithridates zuneigten. Wenn wir auch nicht wissen wie, so muß die Einnahme der Hauptstadt Mytilene so spektakulär erfolgt sein, daß seine Vorgesetzten dem jungen Gaius die Bürgerkrone zusprachen, einen symbolträchtigen Eichenkranz, ebenso rühmlich wie effektvoll, weil sich im Theater alle Besucher erheben mußten, wenn ein Träger der Bürgerkrone seine Loge betrat. In diplomatischer Mission nach Bithynien, südlich des Schwarzen Meeres entsandt, sollte der so ausgezeichnete Gaius den dortigen König Nikomedes an die vereinbarte Überlassung einer Flotte erinnern, was er auch tat, doch – so Suetonius tadelnd – »nicht ohne das böse Gerücht, daß er dem König seine Keuschheit preisgegeben habe«.

Dieser homosexuelle Fehltritt mit Nikomedes hing Cäsar ein Leben lang nach, an sich unverständlich, weil ein junger Römer von Adel ganz selbstverständlich neben einer Freundin auch einen Freund hatte, mit dem er das Lager teilte, verständlich vielleicht, weil man öffentlich nie darüber sprach. Das Verhalten des jungen Gaius war allerdings zu auffällig für die Soldaten: Kaum aus Bithynien zurück, reiste er wenige Tage später unter fadenscheinigem Vorwand erneut ans Schwarze Meer zu Nikomedes, und noch Jahrzehnte später, beim gallischen Triumph, spotteten seine Legionäre in einem Lied: »Gallische Lande bezwang Cäsar, Nikomedes aber bezwang Cäsar. Doch Nikomedes, der den Cäsar bezwang, triumphiert nicht.«

Noch des öfteren begegnen wir Cäsars homoerotischen Neigungen. Da gab es jenen römischen Ritter Mamurra, später unter Cäsar *praefectus fabrum*, der seine Beziehung zu dem Julier nicht geheimhielt. Dieser Emporkömmling baute sich ein Haus auf dem Caelius, in vornehmster Lage, und spannte dem Dichter Valerius Catullus die Geliebte aus, was dieser mit einem Spottgedicht auf Gaius Julius Cäsar beantwortete. Er habe sich gebrandmarkt gefühlt, ließ Cäsar wissen, Catull entschuldigte sich. Bei einem gemeinsamen Mahl begruben sie ihre Feindschaft. Und schließlich erfahren wir während seines Aufenthaltes bei Kleopatra in Alexandria, von Rufio, »seinem liederlichen Geliebten«, wie Sueton sich ausdrückt. Ihm erteilte der Imperator das Kommando über die drei zurückbleibenden Legionen. Gaius Julius Cäsar eine Tunte?

Zweifellos zeigte der junge Gaius weibisch-affektierte Eigenheiten, er kleidete sich auffallend wie ein Pfau, trug hohe rote Schuhe wie die ehemaligen Könige von Alba, einen goldenen Ring mit dem Bildnis der Stammutter Venus, eine nachlässig gegürtete Tunika mit langen Fransen und – wie schockierend im alten Rom – lange Haare. Seine Erscheinung wurde bespöttelt. Sueton wörtlich: » In der Körperpflege war er nahezu pingelig, er ließ sich nicht nur sorgfältig scheren und rasieren, einige behaupten sogar, er habe sich die einzelnen Haare am ganzen Körper ausrupfen lassen ...« Sulla herablassend: »Nehmt euch in acht vor dem schlecht gegürteten Jüngelchen!« Und Cicero Jahre später: »Wenn ich sehe, mit welch übertriebener Sorgfalt er sein Haar pflegt und wie er sich mit nur einem Finger im Haar kratzt, dann scheint es mir doch wieder unmöglich, daß dieser Mensch in seinen Gedanken einem solchen Verbrechen wie der Zerstörung der römischen Staatsform Raum geben könnte.«

Trahit sua quemque voluptas – jeden zieht an, was er begehrt. Cäsar fühlte sich von Schönem angezogen, von schönen Frauen, schönen Männern, schönen Kleidern, schönen Dingen. Sein Haus im dichtbevölkerten Stadtteil Subura zwischen Quirinal, Cispius, Viminal und Esquilin, wo er auch zur Welt gekommen war, soll bescheiden, aber geschmackvoll eingerichtet gewesen sein, seine Villa am Nemi-See ließ er, kaum erstellt, niederreißen, weil sie seinem Geschmack nicht entsprach. Er sammelte Gemälde, Kunstgegenstände, Ziergeschirr und konnte sich für Edelsteine und Perlen begeistern. Kaum bekannt: Bei seinem kurzen Britannienfeldzug kaufte der Imperator Perlen.

Wo immer er sich aufhielt, umgab er sich mit Schönem. Auf seinen Feldzügen schleppten Sklaven vieleckige Marmorfliesen und Mosaikplatten, mit denen sie dem Imperator im Feldherrnzelt einen ansprechenden Fußboden auslegten. Zu Hause sah er auf ausgesucht schlanke Sklaven, die sich zu benehmen verstanden, ein Ästhet in jeder Beziehung.

Cäsar war nicht nur homosexuell, er war bisexuell, maßlos in seiner Triebhaftigkeit, wie wir noch hören werden. Er muß gelitten haben unter seinen Trieben, zumindest in jungen Jahren, als er versuchte, sie zu beherrschen. Später als großer Imperator hatte er das nicht mehr nötig, er ließ seinen Gefühlen freien Lauf, und dieser Lauf wurde sprichwörtlich: »Städter, achtet auf eucre Frauen, der Kahlkopf kommt!« Der Kahlkopf war Gaius Julius Cäsar.

Als Diktator flogen ihm die Frauenherzen zu; und jene, die sich nicht für ihn erwärmten, wurden mit Gewalt »erobert«. Cäsar war in jeder Beziehung der Typ des Eroberers, Widerstand bedeutete für ihn eine Herausforderung. Nach dem Gesetz hätten Cäsars Sexualdelikte genügt, ihn lebenslang hinter Gitter zu bringen, als Wiederholungstäter hätte ihm sogar die Todesstrafe gedroht. Aber – *quod licet Jovi, non licet bovi* – was Jupiter darf, darf der Pöbel noch lange nicht.

Der Julier liebte *alle* Frauen, Huren, deren Sprache er nicht kannte, ebenso wie die Gemahlinnen seiner Freunde. Als Liebhaber bezahlte er seine Affären teuer. Er sei der Wollust verfallen gewesen, berichtet Sueton, und habe sich diese Schwäche viel kosten lassen. Und der griechische Historiker Cassius Dio Cocceianus spricht von einem sehr erotischen Naturell Cäsars, er habe sich mit sehr vielen Frauen eingelassen, eigentlich mit jeder, der er gerade begegnete.

Mäßigung zeigte er in anderen Bereichen. Sogar seine Feinde bestätigten ihm Zurückhaltung im Trinken; beim Essen zeigte er beinahe asketische Züge, er war nicht wählerisch und aß sogar mit Salb- statt Olivenöl bereitetes Gemüse, das andere zurückwiesen. Spätere Ausnahmen hatten ihre Ursache in tiefer Verzweiflung. Cäsar, ein Mann voller Widersprüche im sinnlichen Bereich, exzessiv und asketisch zugleich, darüber hinaus als Verstandesmensch bescheiden, zurückhaltend, bedächtig.

Der Zufall jedenfalls ruinierte den Ruf des jungen Juliers in Rom. Ohne vorheriges Wissen Cäsars traf eine römische Gesandtschaft bei Nikomedes, dem König von Bithynien, ein und fand Gaius in Gesellschaft des Königs und einiger weibisch tänzelnder Männer, ein Skandal, der die Klatschsüchtigen in der Hauptstadt in Erregung versetzte, schließlich hatte Gaius Julius Cäsar Frau und Kind. Daß der Skandal ohne Folgen blieb, verdankte der Julier den chaotischen Verhältnissen in der Hauptstadt, wo Sulla mit einer Umstrukturierung des Systems beschäftigt war.

Neue Ämter provozierten neue Konflikte. Durch die Leges Corneliae wurde der Senat von 300 auf 600 Mitglieder erweitert, vorwiegend vom Volk gewählte Ritter und Centurionen, neue Beamtenposten wurden geschaffen, Quästoren und Finanzbeamte, Sulla erhöhte ihre Zahl auf 20, die der richterlichen Prätoren auf acht. Neue Gerichtshöfe nahmen sich der überhandnehmenden Mörder, Giftmischer und Testamentsfälscher an. Sein einschneidendster Schritt aber war die Aufhebung der Getreideverteilung in Rom.

Unerwartet für alle legte Sulla im Jahre 79 die Diktatur nieder, nicht etwa, weil das Staatswesen während seines dreijährigen Schreckensregimentes gefestigt worden wäre, nein, ein Orakel hatte dem Diktator den Tod auf dem Gipfel seines Glücks vorausgesagt, und weil in dieser Situation kaum noch mehr Glück zu erwarten war, entschied Sulla, er wolle sich auf sein Landgut bei Puteoli zurückziehen und als Politiker im Ruhestand – schon damals üblich – seine Memoiren schreiben. So lautete die offizielle Begründung des Rücktritts; erst später wurde bekannt, daß der Diktator an einer furchtbaren Krankheit litt. Plutarch beschrieb sie so: »Sulla wußte lange Zeit nicht, daß er eine Entzündung in den Eingeweiden hatte, die dann alles Fleisch ansteckte und in Läuse verwandelte, so daß, obwohl man ihm bei Tag und Nacht viele ablas, die weggenommenen immer nur ein Bruchteil der neu hinzugekommenen waren und jedes Kleidungsstück, das Bad, das Waschwasser, die Speisen sich mit diesem verdorbenen Sekret füllten; so stark sonderte es sich ab. Oftmals am Tage stieg er ins Wasser, um den Körper abzuspülen und sich zu reinigen. Aber es nützte nichts; die Zersetzung ging schnell vor sich, und jeder Reinigungsversuch blieb erfolglos.«

Es ist schwer zu ergründen, um welch heimtückische Hautkrankheit es sich dabei handelte. Läuse allein dürften das Ende des Diktators sicher nicht herbeigeführt haben. Sulla starb zwei Tage nach Vollendung seiner Memoiren an einem Blutsturz. Am Vortag hatte er noch zugesehen, wie man einen Steuern schuldenden Beamten in seinem Schlafzimmer erdrosselte.

Gaius Julius Cäsar erfuhr vom Tod des Diktators in Kilikien, 3000 Kilometer von Rom entfernt, wo er im Stab des Statthalters Publius Servilius Vatia Dienst tat. Umgehend beschloß er, in die Hauptstadt zurückzukehren. Noch hegte er keine politischen Pläne, seine Zukunft sah er als Gerichtsredner, ein Beruf von geringem Ansehen, den jeder ergreifen konnte, der sich dazu befähigt fühlte, und den aufstrebende junge Männer bevorzugten, weil man im Erfolgsfall gutes Geld machen konnte. Plutarch bescheinigt dem jungen Gaius Zweitklassigkeit; das meinte er sicherlich, wenn er schrieb, niemand habe ihm den zweiten Platz unter den Rednern streitig gemacht. Cäsar verlor seinen ersten Prozeß, den zweiten gewann er bravourös, ganz unerwartet schaffte er sich vor allem bei den kleinen Leuten Sympathien, schüttelte jedem die Hand und hatte für alle ein freundliches Wort.

Er war sich wohl seiner Mittelmäßigkeit bewußt, denn zwei Jahre nach seinem ersten Auftreten als Rhetor reiste der junge Julier nach Rhodos, wo Appolonios in dem Ruf stand, der größte Redner der Gegenwart zu sein. Bei ihm hatte auch ein gewisser Marcus Tullius Cicero gelernt, der unbestrittene Staranwalt im Rom jener Tage.

Cicero stammte aus Arpinum, der Heimat des Marius, und hatte, anders als Cäsar, schon in jungen Jahren sein Sprachgenie bewiesen. Cicero konnte sich nicht wie Cäsar auf adelige Vorfahren berufen, er war ein *homo novus*, ein Emporkömmling, und hatte es nicht gerade leicht, bis zu jenem Prozeß, in dem der Umbrier Sextus Roscius um sein Recht kämpfte und sich der 26jährige erhob und mit hoher, aber kräftiger Stimme zu sprechen begann: »Ich glaube, ihr Richter, darüber wundert ihr euch: So viele bedeutende Redner und die angesehensten Männer sitzen hier als Zuschauer und gerade ich habe mich zum Plädoyer erhoben. Dabei bin ich doch mit ihnen an Erfahrung, Talent und Ansehen gar nicht zu vergleichen ...« Und dann klagte Cicero das beispiellose Verbrechen an einem umbrischen Landedelmann an, der fälschlich auf die Proscriptionslisten Sullas gesetzt und ermordet worden war. Sextus Roscius, sein Sohn, forderte nun das eingezogene Vermögen zurück. Man hätte meinen können, der junge Rechtsanwalt redete sich um Kopf und Kragen, schließlich ging es darum, dem großen Diktator ein Verbrechen nachzuweisen, doch gerade hierin bewies Cicero ungewöhnliche Geschicklichkeit, er machte nicht Sulla direkt verantwortlich, sondern die widrigen Umstände einer schwierigen Zeit.

Cicero gewann den Prozeß. Er war der Mann der Stunde. Klienten bestürmten ihn, aber der gefeierte junge Anwalt zog es vor, nach Griechenland zu reisen, um bei Redekünstlern wie Xenokles von Adramyttion, Dionysios von Magnesia, dem Karier Menippos und dem Rhodier Apollonios den letzten Schliff zu erlernen. Denkbar ist freilich aber auch das von Plutarch genannte Motiv für die Bildungsreise. Der meinte, Cicero sei aus Furcht vor Sulla nach Griechenland geflohen. Wie dem auch sei, nach eingehender Studien bei Apollonios soll dieser abschließend gesagt haben: »Dich, Cicero, lobe und bewundere ich; aber ich beklage das Schicksal Griechenlands, denn ich sehe, daß die einzigen Vorzüge, die uns noch geblieben waren, nun auch noch durch dich den Römern zukommen: Bildung und Redekunst.«

Obwohl nur sechs Jahre älter, war dieser Marcus Tullius Cicero für Cäsar ein Vorbild; er wollte reden können wie Cicero, und deshalb suchte auch er Apollonios auf. Er mußte die Schwülstigkeit, Überladenheit seiner Rede verlieren, Cäsar wollte so sentenziös zugespitzt reden lernen wir Cicero: »Ich glaube, ihr Richter, darüber wundert ihr euch ...«

Auf der Überfahrt wurde Cäsar von Seeräubern entführt und auf einer Insel 40 Tage gefangen gehalten. die Piraten forderten Lösegeld. Der Julier schickte Leute aus seiner Begleitung zu den kleinasiatischen Küstenstädten, um die beträchtliche Forderung von 50 Talenten aufzubringen. Seine Reaktion ist typisch. In der Erkenntnis, daß es keinen anderen Ausweg gab, daß die Flucht zu riskant war, kam er der demütigenden Lösegeldforderung nach. Scherzhaft drohte er, jeden Piraten zu kreuzigen. Der Scherz wurde bitterer Ernst. Kaum in Freiheit, sammelte der Julier eine kleine Flotte, brachte die Piraten auf und ließ alle in Pergamon ans Kreuz schlagen.

Bereits in jungen Jahren war die Entschlossenheit auffallend, mit der er die Dinge anging, Zögern und Grübeln waren ihm fremd, Cäsar überlegte zuerst und handelte dann zielstrebig. Seine Redeschulung bei Apollonios unterbrach er kurz entschlossen, als Mithridates, der streitbare König von Pontos, einen dritten Krieg gegen Rom provozierte und Bithynien besetzte. Da hielt es ihn nicht auf der Insel der Rosen, er segelte nach Kleinasien, scharte eine kleine Truppe um sich und stand, wo Not am Mann war, den Küstenstädten bei, die – so Sueton – zunächst in ihrem Gehorsam gegen Rom wankten. Offiziell hatte der Julier für dieses Kommando keinen Auftrag; kaum auszudenken, was geschehen wäre, wenn Cäsar bei einem Zusammenstoß mit pontischen Streitkräften eine Niederlage erlitten hätte. Cäsar blieb erfolgreich, ebenso der Konsul Lucius Lucinius Lucullus, der, als Feldherr in den östlichen Provinzen bewährt, Mithridates in einer Seeschlacht vor Lemnos bezwang.

Im Jahre 73 kehrte Cäsar nach Rom zurück. In der Hauptstadt war die Angst vor der Unberechenbarkeit des Diktators inzwischen der Furcht vor aufständischen Sklaven gewichen. Ein thrakischer Fechtmeister namens Spartacus, als Kriegsgefangener in Italien versklavt, hatte in der Gladiatorenschule von Capua zusammen mit 70 Kelten und Thrakern eine Verschwörung angezettelt. Das Komplott wurde entdeckt, und die Revolutionäre mußten fliehen. Auf ihrem Fluchtweg schlossen sich den Aufständischen immer mehr mit ihrem Schicksal unzufriedene Sklaven an, der Aufstand erfaßte ganz Kampanien und Lukanien, und die Römer sahen sich bald einem revoltierenden Heer von 60000 Mann gegenüber. Mit dem Rücken zur Wand errangen die Sklaven militärische Erfolge, doch dann entzweite sich Spartacus mit dem keltischen Anführer Krixos. Während Krixos weiterkämpfen wollte, beabsichtigte Spartacus die befreiten Sklaven nach Thrakien oder Gallien zu führen und sie dort als freie Männer anzusiedeln. Das war der Anfang vom Ende, Krixos und die Kelten wurden von den Römern in Apulien geschlagen, Spartacus und die meisten seiner Anhänger fielen nach heldenhaftem Kampf gegen Crassus am Flusse Silarus. Römische Soldaten nahmen 6000 Überlebende gefangen und kreuzigten sie entlang der Via Appia.

An dem Sieg gegen die revoltierenden Sklaven war ein Mann beteiligt, der immer mehr von sich reden machte: der Feldherr Gnaeus Pompejus. Er war nur wenig älter als Cäsar, hatte aber, damals erst 27jährig, bereits den ersten Triumphzug durch Rom hinter sich, pompöse Ehrung für einen siegreichen Feldherrn, der, so die Bedingung, in einem *bellum iustum*, einem gerechten Krieg, mindestens 5000 Feinde niedergemacht hatte. Pompejus, wie Cäsar ein junger Adeliger, hatte 82 v. Chr. für Sulla das abtrünnige Sizilien zurückerobert und noch im selben Jahr Gnaeus Domitius Ahenobarbus geschlagen, einen Schwiegersohn Cinnas, der, von Sulla geächtet, bei König Hiarbas in Afrika Unterstützung gefunden hatte.

Ein militärischer Auftrag in Spanien wäre beinahe fehlgeschlagen. Sertorius, ein aufständischer sabinischer Ritter, der von sich behauptete, über eine weiße Hirschkuh in ständiger Verbindung mit den unsterblichen Göttern zu stehen, war seit Jahren der ungekrönte König der Spanier, die nicht willens waren, sich mit dem Los einer römischen Provinz abzufinden. Die beiden ersten Zusammentreffen bei Lauro und Sucro endeten mit einer glatten Niederlage des Pompejus. Der Senat zeigte sich gegenüber den Hilferufen aus Spanien taub, schließlich hatte Pompejus das militärische Abenteuer gegen den Widerstand der Senatoren durchgesetzt, erst als Sertorius in seinem Übermut gegen Italien zu marschieren drohte, reagierten die Purpurträger und schickten Metellus Pius zu Hilfe, den alten kriegserfahrenen Prokonsul von Hispania Ulterior, des westlichen Teiles der spanischen Halbinsel. Vereint gewannen sie die Oberhand.

Dies war die Situation, als Gaius Julius Cäsar nach Rom zurückkehrte, mit 27 Jahren ein Niemand, ohne Einkommen, von Beruf: Redner. Cäsar litt unter seiner Bedeutungslosigkeit, aber er litt auch unter den politischen Verhältnissen, unter den allmächtigen Parteigängern Sullas, denen er als Mann von Adel eigentlich hätte zugetan sein müssen. Doch denen war der Julier zu durchschnittlich, zu wenig radikal, zu anständig, sie ignorierten ihn. Bei den kleinen Leuten dagegen gewann der stets freundliche junge Aristokrat immer mehr Sympathien, und zu dieser Zeit, Anfang der siebziger Jahre, muß Cäsar sich zum ersten Mal mit dem Gedanken befaßt haben, Politiker zu werden. Außer reden nichts gelernt, Politiker – der ideale Beruf.

2.

Römische Politik: die Kunst des Unmöglichen – Wie der Julier Parteigenosse des Marius wurde – Auch Cäsar mußte klein anfangen – 29 Jahre alt und 750 Millionen Mark Schulden – Als seine Frau starb, stand einer Geldheirat nichts im Wege – Pontifex maximus – Cicero, der ewige Widersacher – Die Catilina-Affäre Eitelkeit, eine römische Untugend – Wenn es um Cäsars Ehre ging Der Julier war ein Virtuose des Schweigens – Er liebte den Pöbel, aber nur als Stimmvieh

Politik, sagt man, sei die Kunst des Möglichen; in Rom war Politik stets die Kunst des Unmöglichen. Das gilt für die Jahre der Republik wie für die Kaiserzeit. *Quot homines, tot sententiae* – soviele Menschen, soviele Meinungen. Politik war für die Römer ein Fremdwort, sie kannten es nicht, setzten der Teilhabe des Einzelnen am Staatswesen, von den Griechen *politeia* genannt, den Begriff der *civitas* entgegen, was ebenso organisierte Mehrheit wie Bürgerrecht oder Bürgerschaft heißen konnte. Zwar hatten die Römer eine im Laufe der Jahrhunderte gewachsene Verfassung, doch blieb diese heillos veraltete Institution stets eine Verfassung der Regierenden, nie der Regierten.

510 v. Chr. hatte sich der Stadtadel von Rom gegen die etruskische Fremdherrschaft erhoben, ein paar Patrizier beschlossen ihrer mauerlosen Ansiedlung einen staatlichen Charakter zu verleihen und nannten sie *res publica*, öffentliche Angelegenheit, Staat, Gemeinschaft. Das war nichts anderes als eine Sklavenhaltergesellschaft mit einer Bürgerversammlung für die Freien, nach Besitzklassen in Rechten und Pflichten unterschieden, mit einem gewählten oder erlosten Rat erlauchter Senatoren und Ehrenämtern von festgesetzter, also begrenzter Dauer. Bereits 16 Jahre später kam es zu

ersten Standeskämpfen zwischen Patriziern und Plebejern, die mit einem Zugeständnis der Herrschenden endeten: Die plebejische Gemeinde erhielt einen sakrosankten Volkstribun, der ihre Interessen gegenüber den Patriziern vertrat.

Seither hatten Zank und Hader im Innern kein Ende gefunden, und was Etruskern, Kelten, Karthagern und Makedonern unter Aufbietung abertausendfacher Streitkräfte nicht gelang, das schafften die Römer ganz allein: Sie brachten ihren eigenen Staat an den Rand des Abgrunds.

Bauern bildeten einst den soliden Kern der römischen Bürgerschaft, versorgten sich und andere mit Grundnahrungsmitteln und leisteten Militärdienst – nur Grundbesitzer durften das. Die Eroberung neuer Provinzen, ausländische Tribute, vor allem in Form von Getreide, brachte eine Umstrukturierung der römischen Wirtschaft mit sich. Gegen das billige oder kostenlose Getreide aus den Provinzen konnten die italischen Bauern nicht konkurrieren. Die Folge war eine katastrophale Verarmung ihres Standes.

Der Römer gab 90 Prozent seines Budgets für Nahrung aus, den größten Teil für Getreide. Er war ein leidenschaftlicher Brotesser, und Fleisch stand höchst selten auf seinem Speiseplan. Cäsars Truppen meuterten sogar einmal, als sie tagelang nichts anderes als Fleisch vorgesetzt bekamen. Auf dem flachen Land lebte man autark, ein Feld ernährte seinen Mann. In der Stadt verdiente ein Arbeiter zwei Sesterzen am Tag, einen halben Silberdenar; dafür bekam er einen Modius Weizen, ein Scheffel gleich 8,75 Liter Inhalt, eine ausreichende Tagesration. Hatte der Arbeiter aber eine Frau und drei, vier oder fünf Kinder, dann lag der eine Scheffel Weizen unter dem Existenzminimum.

Soldaten wurden meist mit Land entschädigt, aber Soldat konnte, wie gesagt, nur werden, wer Grundbesitzer war. Daß dies zu sozialen Unruhen führte, kann nicht verwundern, doch diese Unruhen erschütterten die Hauptstadt eines Gemeinwesens, das seit Generationen mit irgendwelchen Nachbarn oder Nachbarsnachbarn Krieg führte, das

Wort *pax* (Friede) war in Rom vergessen wie die gleichnamige Göttin, und als vor der Zeitenwende im Reich zum erstenmal Frieden herrschte, zeigten sich die Römer so verblüfft, daß sie das Wort nicht ohne Zusatz in den Mund nahmen, so fremd erschien es ihnen, sie sprachen nur von der *Pax Augusta*.

Alle Reformversuche scheiterten kläglich, zuletzt jene der Gracchen, zweier plebejischer Brüder, die als Volkstribunen die Sache der kleinen Leute vertraten. Der ältere, Tiberius Sempronius Gracchus, forderte ein Ackergesetz, das keinem Römer größeren Landanteil als 500 Joch am *ager publicus* erlaubte. Was dieses Limit überschritt, sollte eingezogen und unter armen Mitbürgern aufgeteilt werden. Diese zaghaften Versuche einer sozialen Gesetzgebung wurden vom Senat erstickt, ihr Urheber getötet. Nicht besser erging es Gaius Sempronius Gracchus, auch er Volkstribun, auch er versuchte das Ackergesetz durchzusetzen, auch er scheiterte am organisierten Widerstand der Senatoren, auf dem Aventin beging er Selbstmord.

In Rom, schreibt Plutarch, gab es damals zwei Parteien, die allmächtige sullanische und die des Marius, letztere gedemütigt, uneinig und zur Bedeutungslosigkeit verurteilt. Die beiden Gracchen waren längst tot, Sulla starb im Jahre 78, Marius acht Jahre zuvor, aber wie die beiden zu Lebzeiten miteinander rivalisiert hatten, so blieben auch ihre Anhänger erbitterte Feinde, Feinde wohlgemerkt, nicht politische Gegner.

Das Demokratieverständnis der Römer war von ganz besonderer Art: Jeder stimmberechtigte Bürger – Frauen, Freigelassene und Sklaven ausgeschlossen – war ein kleiner Diktator, er pochte auf *seine* Meinung, und jede andere bedeutete für ihn eine Art Kriegserklärung.

Daß Cäsar zum Parteigänger des Marius wurde, hat einen besonderen Grund: Seine Tante Julia war mit Marius verheiratet, und Gaius liebte diese Tante außerordentlich, so kam er schon in jungen Jahren mit dem bedeutenden Politiker in Berührung, der nicht weniger als siebenmal zum Konsul gewählt wurde, zwischen 104 und 101 sogar viermal hintereinander, ohne Rücksicht auf die vorgeschriebene Karenz. Die Römer glaubten, er sei der einzige, der den Staat vor den Germanen schützen könne. Nicht zu Unrecht übrigens, Marius stellte zum ersten Mal ein Berufsheer auf.

Diese Reform des Heerwesens war im Grunde eine soziale, ja eine Gesellschaftsreform. Die dauernden Kriege, in denen vor allem der Mittelstand ausblutete, hatten das verarmte Proletariat zu einer unberechenbaren, gefährlichen Masse anwachsen lassen. Marius rekrutierte seine Legionen aus dieser Masse, verpflichtete die ausreichend besoldeten Soldaten zu 16 Jahren Dienstzeit und versprach eine angemessene Altersversorgung. Mit diesen Legionen besiegte Marius Ambronen, Teutonen und Kimbern; die Römer konnten aufatmen, ehrten den erfolgreichen Feldherrn mit einer beispiellosen *supplicatio*, denn wenn es einen Gegner gab, vor dem sich die Römer fürchteten, dann waren das die Germanen.

Eine derartige *supplicatio*, ein Dankfest, wurde von den Magistraten verkündet, tagelang standen die Tempel offen, und Männer und Frauen brachten, mit Blumen und Girlanden bekränzt, dem Feldherrn und den Göttern Trank- und Weihrauchopfer dar. Der Rauch stieg vor allem Sulla in die Nase, dem ehrgeizigen Feldherrn; schon als Quästor hatte er unter den Erfolgen des Marius gelitten und trotz beachtlicher Erfolge im Bundesgenossenkrieg wurde sein Oberbefehl nicht verlängert, Marius erhielt das Kommando im ersten Mithridatischen Krieg, und Sulla sah sich veranlaßt, gegen Rom zu marschieren. Die Feindschaft zwischen Marius und Sulla war die Mutter der Diktatur.

Auch nach Sullas Tod war Gaius Julius Cäsar in der römischen Politik noch ein unbeschriebenes Blatt, er hatte keine Beziehungen, und das mühsame Sich-Hochdienen blieb ihm nicht erspart. Zwar verfügte seine Familie über ausreichende Klientel, die zur Beamtenwahl erforderlich war, aber die wollte gepflegt sein, und das kostete Geld. Für einen, der

Macht und Einfluß gewinnen wollte, lautete der geregelte Ämteraufstieg: Quästor, Ädil, Prätor, Konsul.

Das Amt des Konsuls brachte zwar den größten Ruhm, meist aber auch immense Schulden, die zu tilgen ein einziges Leben nicht ausreichte. Da gab es dann nur einen einzigen Ausweg: Krieg. Ja, Krieg als einträgliches Geschäft für den siegreichen Feldherrn, dem ein Großteil der Beute sowie der jährlichen Tribute und Repressalien zustand, oder nach Jahren das noch einträglichere Geschäft des Statthalters einer eroberten Provinz, Prokonsulat genannt. Dabei konnte mit amtlicher Genehmigung geplündert werden. Selbst Juvenal, dem nichts heilig war, wurde ernst: »Betrittst du endlich als Statthalter die langersehnte Provinz, setze Maß und Ziel deinem Zorn, mäßige auch deine Habgier, habe Mitleid mit dem verarmten Bundesgenossen: Knochen nur siehst du, ausgesaugt und ohne Mark; nimm Rücksicht auf der Gesetze Mahnung, des Senates Auftrag.«

Befolgt wurde seine Mahnung kaum jemals.

Cäsars Beamtenlaufbahn begann in der tiefsten Provinz, in Hinterspanien, als Quästor, kaum vergleichbar mit der Stadtquästur in Rom, von beinahe lächerlichem Ansehen, aber verbunden mit einem unschätzbaren Vorteil: Seit Sulla bekleideten Quästoren immerhin die niedrigste Rangstufe im Senat. Gaius Julius Cäsar ein Purpurträger – legal erdient, jedenfalls nicht erschlichen, was damals beinahe die Regel war. Das Amt ernährte seinen Mann, aber mehr auch nicht, geeignet, die zehrende Schuldenlast des Juliers abzutragen, war es keinesfalls, Schulden, die Plutarch, der Grieche, bei Amtsantritt auf 1300 Talente, gleich 7,8 Millionen Drachmen, bezifferte, gelinde gesagt ein Vermögen, oder realistisch die Jahresgehälter von 30000 Arbeitskräften, auf heutige Verhältnisse übertragen 750 Millionen DM.

Jedem anderen hätte solch eine Schuldenlast schlaflose Nächte bereitet, nicht so dem Julier, er sprach nie über Geld, borgte bedenkenlos immer noch mehr, als wäre er seiner Sache sicher, daß es nur eine Frage der Zeit sei, wann er seine

Verbindlichkeiten mit Zins und Zinseszins begleichen könne. Cäsar spielte mit hohem Einsatz. Einmal entschlossen, Politiker zu werden, wurde die Karriere zum erklärten Lebensziel, und je höher er auf der Leiter stieg, desto mehr verschuldete er sich, hieß die Alternative zum einmal eingeschlagenen Weg doch totale wirtschaftliche und physische Vernichtung. Im Laufe der Jahre kämpfte Cäsar immer mehr ums Überleben, und jede seiner Handlungen ist unter diesem Aspekt zu betrachten, viele sind anders gar nicht verständlich.

Als seine Tante Julia starb, die Witwe des Marius, nützte er die Gelegenheit und hielt ihr auf dem Forum eine glänzende Leichenrede, brachte die für jede Abwechslung dankbaren römischen Müßiggänger zum Weinen, was man damals mit Freuden tat, und sparte nach Entladung der Emotionen nicht mit deutlichen Hinweisen auf die göttliche Abstammung dieser Familie, der er, Gaius Julius Cäsar, auch angehörte. Und beim unerwarteten Tod seiner jungen Frau Cornelia scheute er sich wenige Wochen später nicht, diese fragwürdige Imagepflege zu wiederholen.

Das habe vor ihm noch niemand getan, vermerkte Plutarch, denn seit alters wurden in Rom, wenn überhaupt, nur hochbetagte Frauen mit solchen Reden bedacht; doch Cäsar demonstrierte auf dem Forum leidenschaftlichen Schmerz in Worten und Gesten und gewann so die Zuneigung der Massen. »Die Menge liebte jetzt den zartfühlenden, tiefempfindenden Mann in ihm«, schreibt der griechische Historiker nicht ohne Ironie.

Der »tiefempfindende« Witwer heiratete, kaum aus der Provinz heimgekehrt, zum zweiten Male. Pompeja hieß die Auserwählte; sie war entfernt verwandt mit Pompejus Magnus, Enkelin des Ex-Konsuls Quintus Pompejus Rufus und offenbar so unscheinbar, daß ihr antike Historiker, von einer umstrittenen, zur späteren Scheidung führenden Episode abgesehen, kaum je Beachtung schenkten, und die Vermutung, Cäsar habe Pompeja nur wegen ihres Geldes geheiratet, zur Gewißheit wird – Liebe war es jedenfalls nicht, eher

Karriere um jeden Preis, am Schreibtisch geplant, generalstabsmäßig ausgeführt: vom Quästor zum Ädil, vom obersten Polizisten zum Aufseher über Tempel, Straßen und Märkte, Hüter der Staatskasse und Stadtbaurat.

Was Roms Kaiser später zur Maxime erhoben, erkannte schon Gaius Julius Cäsar, nämlich daß man sich in Rom am ehesten mit prachtvollen Bauten oder pompösen Spielen einen Namen machen konnte. Der römische Geschichtsschreiber Sueton über Cäsar: »Während seines Ädilenamtes verschönerte er neben dem Forum, dem Comitium und den Basiliken auch das Kapitol mit provisorisch errichteten Säulengängen, welche als Museum dienen sollten. Tiergefechte und Spiele gab er nicht nur mit seinen Amtsgenossen zusammen, sondern auch allein, was zur Folge hatte, daß er den Dank auch für gemeinschaftlich gemachten Aufwand erntete, und daß sein Kollege Marcus Bibulus erklärte, es gehe ihm geradeso wie Pollux, dem Zwillingssohn des Zeus; denn wie der den Zwillingsbrüdern auf dem Forum errichtete Tempel immer nur Tempel des Castor genannt werde, so heiße auch seine und Cäsars Freigebigkeit immer nur die Cäsars.«

Diese Freigebigkeit aus Berechnung forderte aufs neue Unsummen, und Cäsar dürfte schon bald Pompejas Mitgift dafür ausgegeben haben, er mußte sich in neue Schulden stürzen, die Hemmschwelle, die derlei Vabanque-Spiel verbot, hatte er längst überschritten – was blieb ihm anderes übrig. Kurz war der Weg vom Kapitol zum Tarpejischen Felsen, vom Zentrum der Macht zum steilen Abhang, über den die Römer Kapitalverbrecher stürzten, und jeder Schritt, mit dem der Julier sich die Zuneigung der Massen erkaufte, war ein Schritt näher zur Klippe.

Da traf es sich gut, daß im Jahre 63 der Pontifex Maximus starb, der Oberpriester und Vorsteher des vielhundertköpfigen Priesterkollegiums, auf Lebenszeit gewählter Hüter der Staatsreligion und damit einflußreicher als jeder Wahlbeamte des Staates. Cäsar meldete seine Kandidatur an. Das verblüffte. Die Regia an der Via Sacra, der Amtssitz des Oberpriesters auf dem Forum Romanum, zog betagte und höchst angesehene Männer an wie Isauricus und Catulus, deren Wort im Senat entscheidendes Gewicht besaß. Cäsar hingegen, 37 Jahre alt, stieß im Senat auf eher skeptisches Interesse, seine Chancen schienen gering. Doch der Julier inszenierte einen regelrechten Wahlkampf, er redete hehre Worte und verteilte Geschenke und errang beim Volk so große Sympathien, daß Catulus, der sich große Hoffnungen auf dieses Amt gemacht hatte, seinem Mitbewerber eine hohe Summe bot, wenn er von seiner Bewerbung Abstand nähme.

Kühl kalkulierte Cäsar, daß der Titel eines Pontifex Maximus auf Lebenszeit einträglicher, Ruhm und Einfluß sogar unbezahlbar seien. Am Wahltag befand sich der Julier aufgrund seiner Schulden in einer verzweifelten Situation, seine Mutter brach in Tränen aus, als sich der Sohn verabschiedete. Cäsar tröstete sie, in seinen Worten klang Galgenhumor, entweder werde sie ihn als Oberpriester oder als Verbannten wiedersehen.

Nach hartem Kampf, so berichtet Plutarch, wählten Senat und Volk von Rom Gaius Julius Cäsar zum Pontifex Maximus, ein Schock für die hohen Herren von Adel, denen der Kandidat der kleinen Leute überhaupt nicht ins Konzept paßte. Vor allem fürchteten sie, der Julier könne mit seiner Art von Wahlkampf jedes Amt im Staat erringen, wann immer es ihn danach gelüste.

Im Jahre dieses ersten großen Erfolges hatte Marcus Tullius Cicero das Konsulat inne. Cicero, genauso eitel wie Cäsar, nicht weniger ehrgeizig als dieser, aber trotz niederer Herkunft Parteigänger des Adels, während der Aristokratensproß Cäsar die Sache der Plebejer vertrat, dieser excellente Jurist und Redner entpuppte sich bald als Gegner des Pontifex Maximus, wobei Politik für den römischen Oberpriester keineswegs tabu war, im Gegenteil, sein Wort wog schwer in politischen Fragen. Kein Wunder also, daß Cicero und Cäsar von Anfang an Rivalen waren,und Ciceros politisches Programm *concordia bonorum*, die Eintracht der Guten, geriet den popularen Anhängern Cäsars zum Schimpfwort, zur lächerlichen Phrase, unglaubhaft wie alle Siegesmeldungen des Konsuls über Mithridates der, oft geschlagen, stets neue Kriege entfesselte.

Männer wie Cicero und Cäsar bringt ein Jahrhundert nur einmal hervor, und es war ihre Tragödie, daß sie zur selben Zeit dieselbe Bühne betraten, um dieselbe Rolle zu spielen – die Hauptrolle. Der große Aischylos hätte keine bessere Vorlage für eine Tragödie finden können. Diese begann mit der Affäre Catilina.

Lucius Sergius Catilina war eine Miniaturausgabe Cäsars, aber eben nur eine Miniatur; auch er stammte aus altem Patriziergeschlecht, verarmt, die Ochsentour der Ämterlaufbahn durchmessend, stets mit einem Fuß im Gefängnis, strebte er im Jahre 66 das Konsulat an, scheiterte, und versuchte es seither immer wieder, ohne Erfolg; längst waren ihm die Schulden über den Kopf gewachsen. Selbst darin unterschied er sich kaum von dem Julier, doch während der nie über Geld, über Schulden schon gar nicht sprach, stilisierte Catilina seine Pleite zum Programm hoch, schrieb eine allgemeine Schuldentilgung und neue Landverteilung auf seine Fahne und erhielt regen Zuspruch vom verarmten Adel ebenso wie von der Plebs und den Veteranen.

Er hatte sich und seine Anhänger wohl überschätzt, im Gegensatz zu Gaius Julius Cäsar fehlte im vielleicht auch jene letzte Überzeugungskraft seiner Rede. Dabei war gegen Cicero zu scheitern keine Schande. Aber als Catilina 63 das Konsulat für 62 wieder nicht erlangte, sah er nur noch den Weg der Gewalt, die Ermordung des Konsuls Cicero sollte das Signal zum Staatsstreich sein. Ein Attentatsversuch am 7. November 63 scheiterte nach stümperhafter Vorbereitung, er war seit Tagen Stadtgespräch gewesen.

Tags darauf trat Marcus Tullius Cicero vor den Senat, in dem sich auch Catilina aufhielt, als wäre nichts geschehen, und hielt seine berühmte erste Catilinarische Rede: »*Quousque tandem abutere, Catilina, patientia nostra*? – Wie lange noch, Catilina, willst du unsere Geduld mißbrauchen? Wie lange noch soll dein wahnsinniges Treiben uns verhöhnen? Wo ist die Grenze deiner Prahlerei und hemmungslosen Frechheit? Bemerkst du nicht die nächtliche Besetzung des Palatiums, nichts von den Polizeistreifen in der Stadt, nichts von der Unruhe des Volkes, nichts vom Zusammenhalt aller anständig gesinnten Bürger? Macht die starke Sicherung dieses Ortes hier für die Senatssitzung gar keinen Eindruck auf dich? Auch nicht der Blick und die Mienen der hier versammelten Männer? Merkst du nicht, daß alle deine Pläne bekannt sind? Siehst du nicht, daß durch das Wissen all dieser Männer um deine Verschwörung diese bereits völlig eingeschnürt ist? Meinst du, wir wüßten nicht alle, was du in der letzten Nacht und in der Nacht davor getrieben hast, wo du gewesen bist, wen du um dich gesammelt und welche Pläne du gefaßt hast? – O tempora, o mores – Welche Zeiten, was für Sitten!«

Cicero, der Konsul, reihte *eine* rhetorische Frage an die andere, schleuderte sie mit großen Gesten in die Runde der Erlauchten, er erwartete, wie es griechische Art war, keine Antwort; fasziniert lauschten die Senatoren, ein jeder distanzierte sich persönlich von den staatsfeindlichen Umtrieben und noch am selben Tag verließ Catilina die Stadt. Der gescheiterte Verschwörer eilte nach Etrurien, dort traf er auf den Mitverschwörer Gaius Manlius und einen wilden Haufen zusammengewürfelter Soldaten, immerhin 20000 Mann. Als die Kunde nach Rom drang, mußten auch die letzten Zweifler überzeugt sein, Catilina plante den Umsturz, darauf erklärte der Senat Catilina und Manlius zu Staatsfeinden.

Die Rolle Cäsars bei dieser Verschwörung konnte nie ganz geklärt werden. Plutarch glaubt, der Julier habe mit Catilina unter einer Decke gesteckt, und Cicero habe das auch gewußt, ihm fehlte nur der Beweis. Cäsar, so der griechische Historiker, habe bereits damals die Bahn betreten, auf der fortschreitend er den römischen Staat in eine Monarchie verwandeln wollte. Doch gab es auch Stimmen, die behaupteten, Cicero habe durchaus Beweise gegen den Julier in Händen gehabt, sie aber aus Furcht vor dessen Anhängern und seinem Ansehen zurückgehalten.

Non liquet, pflegten die Richter im römischen Strafprozeß zu sagen, wenn ihnen der Beweis für eine Verurteilung fehlte, die Sache ist noch nicht geklärt; die Floskel ersparte ihnen ein Urteil. Cicero, der Konsul, war zutiefst verunsichert, was zu tun sei, er zögerte, wie es seiner Art entsprach, ein Wesenszug, der ihn völlig von Cäsar unterschied, dem Zaudern verhaßt war wie Karthago dem älteren Cato.

Terentia, die überaus emanzipierte Frau des Konsuls, vielleicht nicht die beste Wahl seines Lebens, bestärkte Cicero schließlich, was zu tun sei. Bei ihrem täglichen Opfer mit den heiligen Jungfrauen sei aus der Asche des erloschenen Feuers plötzlich eine Stichflamme emporgeschossen, welche die Priesterinnen als Licht deuteten, das Cicero aufgegangen sei, er solle nun schnellstens handeln, zum Wohle des Vaterlandes. Am folgenden Tag trat Marcus Tullius Cicero vor die Volksversammlung und nannte die Verschwörer beim Namen. Cäsar war nicht darunter. Oder verbarg er sich in einer jener sechs Gruppen, die der Konsul als Anhänger Catilinas anprangerte?

Cicero in seiner zweiten Rede gegen Catilina: »Die erste Gruppe sind diejenigen, die zwar große Schulden, aber noch große Besitzungen haben. Ihr Auftreten ist recht würdig, sie sind ja Großgrundbesitzer; ihre Gesinnung aber und ihr Beweggrund sind äußerst schamlos.

Zur zweiten Gruppe gehören die, welche trotz ihrer Schuldenlast auf Gewaltherrschaft hoffen und auf jeden Fall in den Besitz der Macht kommen wollen. Sie glauben, die Ehrenämter, auf die sie bei ruhigen Verhältnissen im Staate auf keinen Fall rechnen können, in Zeiten der Wirren zu erreichen.

Die dritte Gruppe ist zwar im Alter schon vorgeschritten, aber durch körperliche Übung noch recht rüstig. Sie stammen aus den von Sulla gegründeten Siedlungen. Während sie wie Glücksritter bauten, an erlesenen Landgütern, an zahlreichem Gesinde und an üppigen Gelagen ihre Freude hatten, stürzten sie in gewaltige Schulden. Diese Leute haben auch Landbewohner in dürftigen Verhältnissen zu Raubzügen angestachelt.

Die vierte Sorte ist ein sehr bunt zusammengewürfelter Haufen von Leuten; solchen, die schon lange in Bedrängnis leben und keine Hoffnung haben herauszukommen, solchen, die teils durch Trägheit, teils durch schlechtes Wirtschaften, teils durch großen Aufwand in Schulden versunken sind; ferner solchen, die sich verärgert durch gerichtliche Vorladungen, Gerichtsurteile und Zwangsversteigerung ihres Besitzes in großer Zahl aus der Hauptstadt und vom Lande in jenes Lager begeben.

Zur fünften Gruppe gehören die Verwandtenmörder und Banditen, mit einem Wort alle Verbrecher. Ihre Zahl ist so groß, daß das Staatsgefängnis sie nicht fassen kann.

Die letzte Gruppe, nicht nur nach der Zahl, auch nach Charakter und Lebensweise, sind, wesensverwandt mit Catilina, seine Auserwählten, seine Lieblinge und Busenfreunde. In dieser Garde finden sich auch alle Würfelspieler, alle Ehebrecher, alle unsauberen und schamlosem Elemente. Wenn sie nicht fortgehen, wenn sie nicht umkommen, so wisset: Mit ihnen wird immer im Staat eine Pflanzstätte für Catilinarier bleiben, mag Catilina auch zugrunde gehen ...«

Hurengesindel schimpfte Cicero die Anhänger Catilinas, und er forderte die Bürger auf, in Eigeninitiative Selbstschutzgruppen zu bilden, die ihre Häuser bei Tag und Nacht bewachen sollten. Knapp vier Wochen später wurden fünf Rädelsführer verhaftet, Catilina war nicht darunter. Am Abend des 3. Dezember wandte sich der Konsul mit pathetischen Worten an das Volk und verkündete die erfolgreiche Niederschlagung des Komplotts in seiner dritten Rede gegen Catilina.

Eine vierte und letzte hielt er zwei Tage später vor dem Senat. Den Purpurträgern lagen zwei Anträge vor, der designierte Konsul Decimus Silanus forderte die Todesstrafe für die Verschwörer, Gaius Julius Cäsar hingegen plädierte für lebenslange Haft, denn, so argumentierte er nach dem Vorbild griechischer Philosophen, die unsterblichen Götter sähen den Tod nicht als Strafe an, sondern als Ruhe von Mühsal und Leiden, beinahe zynische Worte aus dem Mund eines Römers, der nicht einmal die Sprache der Griechen verstand, ganz zu schweigen von ihren Gedanken, und für viele Beweis genug, daß Cäsar den Verschwörern zumindest zugetan war. Die Konsuln, ausgestattet mit dem *Senatus consultum ultimum*, dem Notstandsbeschluß, forderten die Todesstrafe für die Putschisten, und noch am 5. Dezember erfolgten die Hinrichtungen. Catilina wurde wenige Wochen später in Oberitalien gestellt und fiel im Kampf.

Die Catilina-Affäre war mehr als ein mißglückter Putsch, sie war ein Fanal für die Zerstörung der Senatsherrschaft, die das Volk von Rom in zwei Lager spaltete, Fanal einer neuen Epoche, das Ende der Plutokratie, Anfang der wahren Demokratie – und doch nur eine Illusion.

Für Cicero und Cäsar hatte der Fall Catilina unterschiedliche Folgen, für Cicero bedeutete er den Anfang vom Ende seiner politischen Karriere, für Cäsar hingegen begann nun der unaufhaltsame Aufstieg.

»Sie haben gelebt!« rief Marcus Tullius Cicero am Abend nach der Hinrichtung den verängstigten Menschen zu, Neugierigen und Sympathisanten, die auf dem Forum herumstanden und diskutierten, »sie haben gelebt« wurde in Rom zum geflügelten Wort für Leute, die auf übelste Art und Weise zu Tode gekommen waren.

Und während die einen von den Dächern applaudierten, wenn der Konsul durch die Straßen ging, fanden sich andere gegen Cicero zusammen, zu ihren Wortführern zählten Cäsar wie die Volkstribunen Metellus und Bestia. Selbst Ciceros Freunde wurden seines krankhaften Selbstlobes überdrüssig.

In jeder Senatssitzung, vor jeder Volksversammlung, bei jedem Prozeß brachte Cicero die Rede auf seine epochale Leistung, das Vaterland vor dem drohenden Untergang gerettet zu haben, und Plutarch mokiert sich: »Am Ende füllte er auch seine Bücher und Schriften mit diesen Lobpreisungen der eigenen Person, und seinen sonst so schönen, anziehenden und geistvollen Vortrag machte er für die Zuhörer widerwärtig und abstoßend, weil ihm diese Geschmacklosigkeit wie ein Fluch anhaftete.«

Zwei Beispiele von vielen: Marcus Tullius Cicero in einer Verteidigungsrede für den in Rom lebenden Dichter Archias, angeklagt, sich die römische Staatsbürgerschaft erschlichen zu haben: »Ich habe bei all meinen Taten schon bei der Ausführung das Bewußtsein gehabt, dabei die Saat meines Ruhmes für ewige Zeiten auf der ganzen Welt auszustreuen!« Und Jahre später in einer Verteidigungsrede für Sestius, angeklagt *de vi*, wegen Gewalttätigkeiten: »Ich habe mit meinem Schmerz und Kummer von euch und eueren Kindern Mord und Brand, Verwüstung und Plünderung abgewehrt, und ich habe als einziger den Staat zweimal gerettet, einmal durch meine ruhmvolle Tat, das andere Mal durch mein Unglück.« *Vanitas vanitatum et omnia vanitas* – Eitelkeit der Eitelkeiten und alles ist eitel.

Gaius Julius Cäsar war wie schon gesagt, gewiß nicht weniger eitel als sein politischer Gegner, doch dem Julier rann die Eitelkeit weit weniger prätentiös von den Lippen; als Anwalt der kleinen Leute konnte er sich diesen Luxus auch nicht leisten. Cäsar wußte das, gekränkt in seiner Eitelkeit reagierte er einerseits überzogen, gleichzeitig jedoch äußerst geschickt: Im Jahre 62 v. Chr. tuschelten die Römer, der Pontifex Maximus, nun auch Prätor und damit einer der acht höchsten Richter des Reiches, vernachlässige Pompeja, seine zweite Frau, nach fünfjähriger Ehe allzusehr, worauf diese ein Techtelmechtel mit einem blendend aussehenden Jüngling angefangen habe. Publius Claudius hieß er, liederlich, frech, ein stadtbekannter Playboy.

Eine Affäre der eigenen Frau mit einem anderen Mann – das traf den Julier zutiefst, doch einen Skandal konnte er sich nicht leisten. Cäsar suchte Gewißheit, er ließ zunächst die Gemächer seiner Frau sorgfältig bewachen. Aurelia, seine Mutter, eine sittenstrenge Matrone, sollte Pompeja nicht aus den Augen lassen. Natürlich geschah dies weniger aus Sorge um die Gattin als um des eigenen Rufes wegen.

Aber Liebe macht erfinderisch: Publius Claudius, dem kein Weg zu weit, kein Fenster zu hoch war, um in das Bett einer schönen Frau zu gelangen, erschien zum Fest der Bona Dea als Harfenspielerin verkleidet. Diese geheimnisvolle Feier weiblicher Geschlechtlichkeit duldete die Anwesenheit eines Mannes nicht. Eine Dienerin Aurelias schöpfte jedoch Verdacht, als sie Claudius mit tiefer Stimme reden hörte. Die Mysterien wurden sofort abgebrochen. Rom hatte einen neuen Skandal.

Wie sollte Cäsar sich verhalten? Um sein Gesicht nicht zu verlieren, schickte er seiner Gattin den Scheidebrief. Ein Volkstribun klagte Claudius wegen Schändung der Religion an. Es kam zum Prozeß, Cäsar wurde als Zeuge geladen.

Ehebruch? Religionsfrevel? Von all dem, antwortete Cäsar, wisse er nichts, er könne es sich auch nicht vorstellen, daß Pompeja ihm untreu geworden sei.

Verwirrt starrten ihn die Richter an. Warum er sich dann von seiner Gattin getrennt habe?

Warum? Cäsar lächelte. Weil er keine Frau in seinem Hause dulde, auf der auch nur der Schatten eines Verdachts liege.

Nannten die einen dies ein Meisterstück, die lädierte Ehre zurückzugewinnen, so gab Plutarch eineinhalb Jahrhunderte später zu bedenken, ob Cäsar nicht dem Pöbel ein großmütiges Geschenk machen wollte, dem Volk, das einen jungen Mann wie Claudius liebte. Das brachte dem Julier zweifellos Sympathien. Claudius wurde von bestochenen Geschworenen freigesprochen.

Cäsar, dem im Gegensatz zu Cicero der Instinkt des Politikers und Staatsmannes in die Wiege gelegt war, brach mit Claudius keineswegs, zum einen, weil das ein Beweis für den Ehebruch mit seiner geschiedenen Frau gewesen wäre, zum anderen hegte Claudius politische Ambitionen, er wollte Volkstribun werden und sah Cicero als persönlichen Gegner, und das konnte dem Julier nur recht sein. Er hatte es gar nicht nötig, mit eigenen Mitteln gegen Cicero vorzugehen, Cäsar begnügte sich damit, die Feinde und Verächter seines Gegners an unsichtbaren Fäden zu steuern – und Verächter hatte Cicero genug. Sein Ehrgeiz, bei allen erdenklichen Gelegenheiten kunstvoll brillant formulierte Kommentare abzugeben, stieß auf zunehmende Kritik, vor allem, wenn er besser geschwiegen hätte. *Cum tacent, clamant* – wer schweigt, stimmt zu, hatte Cicero in seiner ersten Catilinarischen Rede gerufen, aber Cicero schwieg selbst nie, er hatte zu allem etwas zu sagen, sogar über das Reden gab er einen Kommentar ab: *De oratore*.

Und Gaius Julius Cäsar?

Er war ein Virtuose des Schweigens. Doch wenn er den Mund auftat, gab er Informationen, fundierte Meinungen und Fakten, man hörte ihm zu. Träumte Cicero vom Idealbild der Scipionenzeit und ihrer konservativ-romantischen Gesinnung, dekoriert mit dem Schleier der griechischen Staatsphilosophie, so geißelte Cäsar die konservative Ehrfurcht als Heuchelei, Philosophie war ihm trotz seiner Bildung höchst zuwider, vermutlich hat er Ciceros sechs Bücher *De re publica* nie gelesen.

Klopft man Ciceros Schriften auf die Häufigkeit persönlicher Fürwörter ab, so spielt »ich« die Hauptrolle, und vielleicht mag das der Grund gewesen sein, warum Gaius Julius Cäsar seine großen Werke über den Gallischen Krieg und den Bürgerkrieg in der dritten Person abfaßte: »In Cäsar war die Hoffnung erwacht, er könne alles ohne Kampf und ohne einen Verwundeten zu Ende bringen ...«

Dabei war Cäsar kaum weniger gebildet als Cicero, wie dieser von griechischen Lehrern in attizistischer Redekunst geschult, einer einfachen (nicht simplen) Sprache ohne den Schwulst, den verwegenen Rhythmus und zerhackten Satzbau des Asianismus. In seiner Jugend hatte er zwei Epen verfaßt, eines über Herakles, ein weiteres über eine Reise nach Munda, die beide, wie auch seine Reden, verlorengegangen sind, während Ciceros Reden erhalten blieben.

Was Cicero und Cäsar trennte, war zum einen die Partei, für die sie stritten, zum andern ihr Charakter, Schöngeist der eine, zaudernd ängstlich konservativ, ein Theoretiker, kein Gestalter; der andere ganz das Gegenteil: Pragmatiker und Realist, aggressiv revolutionär und furchtlos, Vordenker, Vormacher. Von Hochmut und Sendungsbewußtsein verfolgt waren beide, nur verstand Cäsar es geschickter, sein Überlegenheitsbewußtsein zu kaschieren, seine Rücksichtslosigkeit zu überspielen – jedenfalls solange er den Pöbel als Stimmvieh für seine Beamtenlaufbahn brauchte.

Erst nachdem er das Konsulat erreicht hatte, spottete er gnadenlos über andere und scheute nicht davor zurück, den toten Cato, Symbolfigur der alten Republik, in einer Schmähschrift herabzusetzen. Später, auf dem Gipfel seiner Macht, umgab sich der Julier mit Emporkömmlingen und Nichtrömern, Amateurpolitikern und Dilettanten, deren Rat er nicht suchte, noch weniger brauchte – ein noch heute gültiges Gesetz der Staatskunst: Je stärker der Staatsmann, desto zweitklassiger die Männer in seiner Umgebung, ein schwacher politischer Führer umgibt sich häufig mit Beratern, die ihn selbst übertreffen.

Der Julier war jetzt 38 Jahre alt, gewiß, er hatte sich in der Ämterhierarchie ein gutes Stück nach oben gearbeitet, aber von Karriere, von Lorbeeren, auf denen er hätte ausruhen können, konnte keine Rede sein.

3.

Lieber der Erste in der Provinz als der Zweite in Rom
Proprätor in Spanien – Das Bündnis dreier Rivalen – Wie Cäsar Konsul wurde – Nicht ohne Grund: ein Gesetz für die Armen Cato geißelt Cäsars Heiratspolitik – Die Hintergründe der Zypern-Mission Catos – Cicero wird ausgebootet – Das gallische Abenteuer Helvetier lieferten den Kriegsgrund – Warum Cäsar sich vor den Germanen fürchtete – Ariovist läßt die Muskeln spielen Gipfelkonferenz zu Pferd – Cäsar demütigt den rehabilitierten Cicero – Cicero und Cäsar: Ideal und Wirklichkeit

Der steinige Weg nach oben war mit Hindernissen gepflastert, und Cäsar litt unter der Zähigkeit, mit der seine Karriere vonstatten ging. Alle Ämter kosteten mehr als sie einbrachten. Nach Ablauf seiner Prätur im Jahre 61 sollte Cäsar Proprätor im »fernen« Spanien werden. Das aber rief seine zahlreichen Gläubiger auf den Plan. Sie verboten ihm, die Stadt zu verlassen, weil sie davon überzeugt waren, der Julier würde unter dem Druck seiner Schuldenlast nie mehr in seine Heimat zurückkehren. Crassus, genannt »der Reiche«, der an dem Julier Gefallen gefunden hatte, leistete damals eine Bürgschaft über 830 Talente. Cäsar konnte ziehen.

Auf der beschwerlichen Reise über die Alpen erreichte die Kolonne ein namenloses Städtchen, Armut blickte aus allen Fenstern, und einer der Begleiter des designierten Proprätors stellte im Scherz die Frage: »Ob sie hier wohl auch um Ämter streiten und sich gegenseitig den Rang ablaufen und die Mächtigen einander beneiden?«

Da wurde Cäsar ernst und antwortete: »Ich wollte lieber hier der Erste sein als in Rom der Zweite.«

In seine Ämterkarriere verstrickt und in immensen Schulden, litt der Julier unter seiner mangelnden Fortune, er suchte angestrengt nach Selbstbestätigung. Er soll geweint haben, als er die Lebensgeschichte des großen Alexander las, und Freunden, die nach dem Grund seiner Tränen fragten, geantwortet haben: »Habe ich denn nicht Grund zum Weinen, wenn Alexander in meinem Alter schon über so viele Völker herrschte, während ich noch keine Heldentat vollbracht habe?« Alexander starb mit 33 Jahren.

In Spanien entfaltete Cäsar eine rastlose Tätigkeit. Er rekrutierte zu den bestehenden zwanzig Kohorten zehn weitere und zog mit dem neugerüsteten Heer gegen die Kallaiker im Nordwesten und die Lusitaner im Südwesten der Halbinsel, und schon nach wenigen Tagen stand er an der Atlantikküste. Die Unterwerfung weiterer Stämme und die immer einträglicheren Tribute brachten dem Proprätor von Hispania Ulterior schließlich soviel ein, daß er an die Rückzahlung seiner Schulden denken, ja sogar eine gehörige Summe beiseite schaffen konnte. Der eigenen Gläubiger entledigt, reformierte der Julier das Schuldwesen in der Provinz: Jeder Schuldner sollte pro Jahr zwei Drittel seiner Einkünfte dem Gläubiger überlassen, das restliche Drittel dürfe weder eingefordert noch angetastet werden, bis die Schuld getilgt sei. Derlei Aktionen, wozu auch die Versöhnung verfeindeter Städte zählte, brachten Cäsar sehr viel Sympathie ein, so daß er sich im Juni des Jahres 60 guter Dinge auf den Heimweg nach Rom machen konnte.

Beachtung, neugieriges Interesse, mehr hatten die Leute, die in Rom das Sagen hatten, dem Julier nicht entgegengebracht. Nun aber, befreit vom Odium des Schuldners, der das Lied seiner Gläubiger zu singen hatte, war Cäsar auf einmal eine ernstzunehmende politische Persönlichkeit. Und natürlich erhoben sich sofort Widersacher, die die Gefahr erkannten, die von dem Julier ausging, Gefahr, weil sein Ziel dasselbe war wie das ihre.

Da war Pompejus, listig verschlagen, von großem Geltungsdrang, als Feldherr ein Genie, von seinen Soldaten geliebt, beinahe abgöttisch verehrt und deshalb gefährlich.

Nicht einmal Rom schien vor ihm sicher. Und da war Crassus, käuflich, korrupt und clever. Cäsar war intelligenter, gescheiter, genialer als die beiden anderen zusammen, zudem begabt als Politiker, Redner, Künstler; aber doch in beider Schatten stehend, zunächst wohl wegen des Geldes der anderen.

Daß diese drei Männer sich zu einem Dreibund zusammenfanden, war erstaunlich genug und ist wohl nur dem politischen Geschick Cäsars zuzuschreiben. Der jüngere Cato, Urenkel des legendären Cato Censorius, kommentierte das seltsame Komplott mit den Worten, die alte Republik sei nicht durch die Uneinigkeit der drei zugrundegerichtet worden, sondern durch ihre Einigkeit.

Dieser Cato, gerade 35 Jahre alt, war ein überzeugter Republikaner und Vertreter der Senatsaristokratie. Als Volkstribun hatte er den Antrag auf Hinrichtung der schuldigen Catilinarier gestellt. Seine laute Zunge, die unaufhörlich politische Moral predigte, war gefürchtet, und es schien nur eine Frage der Zeit, wann es zum Konflikt mit den dreien kommen würde.

Cato stand nicht allein da. Auch Marcus Tullius Cicero opponierte heftig gegen den Dreibund. Dabei schätzte er Pompejus, Crassus belächelte er wohl eher; wenn von ihm überhaupt eine Gefahr ausging, dann nur aufgrund seines Geldes, Cäsar aber erschien ihm als die Verkörperung der Machtbesessenheit.

Das höchste Amt im Staate, das Konsulat, fehlte Cäsar noch in seiner Karriere; Quästor, Ädil, Prätor – in kürzester Zeit hatte der Julier die vorgegebene Ämterhierarchie durchlaufen, er hatte die Schar seiner Anhänger mit jedem Amt vergrößert, und man konnte Wetten abschließen, wann Gaius Julius Cäsar vom römischen Volk zum Konsul gewählt werden würde.

Die Bewerbung um das höchste Amt, das nur für ein Jahr vergeben wurde, mußte jeweils bis Anfang Juli des Vorjahres persönlich vor dem Senat abgegeben werden, so war es Vorschrift. Im Juni 60 kehrte der Julier nach knapp einjähriger Amtszeit als Proprätor in Hispania Ulterior nach Rom zurück, er schien in Eile, zum einen wollte er seine Bewerbung um das Konsulat abgeben, zum anderen lag ihm sehr an einem Triumphzug. Doch das Gesetz verbot einem römischen Feldherrn, der aus fernen Landen heimkehrte und Anspruch auf einen Triumph erhob, zuvor die Stadt zu betreten.

Nichts aber wünschte sich der Julier mehr als einen Triumph, gab es doch kein größeres Glück im Leben eines Römers als auf dem Streitwagen stehend, angekündigt von Paukenschlägen und Fanfaren, umwölkt vom Duft der Opferfeuer und überwältigt vom Jubel der Massen, in die Hauptstadt einzuziehen, Sklaven und Beute mitführend, das eigene Genie zu bewundern, mindestens 5000 Feinde zur Strecke gebracht und einen *bellum iustum* – einen »gerechten Krieg« geführt zu haben. Vier Schimmel forderte er, die ihn vom Marsfeld die Via Sacra entlang zum Forum Romanum ziehen sollten bis zum Tempel des Jupiter Optimus Maximus auf dem Kapitol, er würde die Purpurtoga tragen, das Adlerszepter hochreißen, und ein Sklave würde den Lorbeerkranz über sein Haupt halten, ein um das andere Mal die Worte murmelnd: *Respice post te, hominem te esse memento* – blicke zurück und denke daran, daß du ein Mensch bist!

Triumph oder Konsulat?

Cäsar campierte vor der Stadt und schickte einige Begleiter voraus, beim Senat zu erkunden, ob seine Bewerbung um das Konsulat nicht durch sie eingereicht werden könne. Beeindruckt von den Erfolgen des Proprätors in Spanien zeigte sich die Mehrheit des Senats seinem Ansinnen zugetan; doch dann begann Cato eine nicht endenwollende Rede, pochte auf die Buchstaben des Gesetzes und redete und redete, und als der Abend nahte, redete er noch immer.

Jetzt merkten es auch die letzten der altehrwürdigen Purpurträger, daß Cato auf Zeit spielte, ein Spiel an Raffinesse kaum zu überbieten. Nach geltendem Gesetz durfte der Senat nämlich keine Beschlüsse mehr fassen, sobald die

Sonne hinter dem Forum untergegangen war. Dem Imperator vor den Toren der Stadt aber lief die Zeit davon, und als er von dem perfiden Schachzug seines Widersachers erfuhr, entschloß er sich auf den Triumph zu verzichten und seine Kandidatur auf das Konsulat persönlich anzumelden.

Auch ohne den Triumphzug standen Cäsars Chancen für das Konsulat nicht schlecht, brachte er doch Geld und Ansehen mit nach Hause. Die Aussichten, sein Vermögen nach einjährigem Konsulat durch die dann fällige Verleihung einer Provinz noch vermehren zu können, hatte Cato dem Julier allerdings verleidet.

Cäsars Gegnern im Senat war es gelungen, den Konsuln des Jahres 59 die »Wälder und Triften Italiens« als Provinz zuzuweisen, die nicht die geringsten Einnahmen versprachen und eigentlich einer Beleidigung gleichkamen. Man hoffte so, Cäsar von einer Kandidatur abzuhalten. Doch Cato und seine Verbündeten hatten den Weitblick des Juliers unterschätzt und seine Machtgier. Cäsar kandidierte trotzdem, und so wählte die Volksversammlung Gaius Julius Cäsar für ein Jahr zum obersten Beamten der römischen Republik. Marcus Calpurnius Bibulus, Catos Schwiegersohn, wurde ihm von den Optimaten, der konservativen Regierungspartei, als zweiter Konsul entgegengestellt. Bibulus und Cäsar hatten schon als Ädilen und Prätoren zusammengearbeitet, und die Senatoren hofften, sie würden auch das höchste Amt im Staat zu aller Zufriedenheit ausfüllen.

Aber der Julier war zu stark für seinen Partner, anfängliche Spannungen wichen bald der totalen Resignation des anderen. Und in Rom witzelte man, dies oder jenes sei nicht etwa unter dem Konsulat des Cäsar und Bibulus geschehen – wie die offizielle Sprachregelung lautete –, sondern unter dem Konsulat des Julius und Cäsar. Cäsars Stern ging von nun an wie ein Komet auf, leuchtend, unbeirrbar auf seiner Bahn.

De jure hatte er das mächtigste Amt im Staat inne, de facto mußte Cäsar sich diese Macht jedoch mit Pompejus und Crassus teilen. Sie hatten vereinbart, daß nichts im Staat geschehen sollte, was einer der drei mißbillige. Der Dreibund, oft auch das erste Triumvirat genannt, in Wirklichkeit aber nur ein privater Zusammenschluß ohne staatsrechtliche Bedeutung, machte von nun an Geschichte.

»Pompejus hat sich selbst gestürzt«, klagte Cicero im Juli des Jahres 50 in einem Brief an seinen steinreichen Freund Atticus in Epirus. »Bei meiner Liebe zu ihm tut mir das bitter weh. Keiner hält es mit ihm, ich fürchte, er muß um seine Stellung besorgt, sich Cäsar und Crassus anschließen. Ich fühle mich ihm als Freund verbunden und bekämpfe deshalb seine Sache nicht, billige sie aber auch nicht, um nicht meine bisherige Politik zu desavouieren. Mein Weg bleibt derselbe. Wie das Volk gestimmt ist, hat sich am deutlichsten gezeigt im Theater und bei den Schauspielern. Bei den Gladiatorenkämpfen brauchte er nur mit seinem Aufgebot zu erscheinen: immer das gleiche Pfeifkonzert! Bei den Apollinarischen Festspielen hatte es der Schauspieler Diphilos auf ihn abgesehen und nahm ihn aufs Korn. Den Vers: ›Uns geht's erbärmlich, dafür bist du der Große‹, mußte er tausendmal wiederholen. Unter dem gleichen Da-capo-Geschrei aus dem ganzen Theater münzte er die Worte auf Pompejus: ›Die Stunde kommt, wo du dein Heldentum noch schwer beklagen wirst.‹ Und so manches andere. Sind doch die Verse so, als wären sie von einem Gegner des Pompejus auf unsere Zeit verfaßt. Die Stelle: ›Wenn kein Gesetz mehr und kein Brauchtum zwingt ...‹ rief tosenden Beifall hervor. Das Händeklatschen verstummte sofort, als Cäsar erschien, sobald aber der junge Curio auftauchte, brach es wieder so stürmisch los, wie es zu Zeiten, als unsere Republik noch heil war, in der Regel dem Pompejus galt. Cäsar ärgerte sich darüber schwer ...«

Curio, 25 Jahre alt, Sohn des Redners und Cäsargegners Gaius Scribonius Curio, war mit Marcus Antonius befreundet und vertrat dieselbe politische Linie wie sein Vater.

Angeblich sollte er sogar für ein Attentat auf Pompejus gewonnen werden; doch dazu kam es nicht, und Cäsar verstand es später, Curio auf seine Seite zu ziehen.

Einsame Entschlüsse eines einzelnen oder einer Clique waren im alten Rom schon immer mit Gefahren verbunden. Das Volk, die Massen, wollten das Gefühl haben, nicht übergangen zu werden. Und wenn die Römer schon politische Entscheidungen billigen mußten, die sie nicht verstanden, dann mußte die Zustimmung der schweigenden Mehrheit erkauft werden. Keiner wußte das besser als Cäsar. Zu seinen ersten Amtshandlungen als Konsul gehörte eine Gesetzesvorlage, welche die Ärmsten der Armen, und damit die Massen Roms begünstigte: Etwa 20000 römische Bürger mit Familien von drei oder mehr Kindern sollten auf den Stellatischen Feldern und in der Campania staatliches Ackerland erhalten, dessen Ertrag ihnen ein gesichertes Einkommen versprach.

Jetzt jubelte die Plebs und feierte den Julier als Retter, die Optimaten im Senat tobten, er wolle sich die Zuneigung des Volkes auf Staatskosten erkaufen. Es kam zum ersten Zusammenstoß in der Kurie, wo der Senat tagte, in deren Verlauf der Konsul den Optimaten vorwarf, sie versuchten, einen Keil zwischen ihn und das Volk zu treiben. Übermut und Härte des Senats zwängen ihn, außerhalb der Kurie Rückhalt zu suchen. Sprach's und eilte hinaus auf das Forum, mit ihm die Senatoren Crassus und Pompejus. Cäsar stellte sich zwischen sie und brachte den Jubel des Volkes mit einer Handbewegung zum Verstummen: Ob seine Gesetzesvorlage die Zustimmung des Volkes habe, erkundigte sich der Konsul listig. Ja, ja, tausendmal ja, erscholl es von allen Seiten. Dann, so Cäsar weiter, brauche er ihre Hilfe. Man habe ihm gedroht, seine Vorschläge mit Waffengewalt zu bekämpfen. Da erhob sich zorniges Geschrei, Fäuste flogen in die Luft und fuchtelten wild in Richtung Kurie. Crassus aber versprach öffentlich seinen Beistand, und Pompejus rief lauthals, wenn die anderen mit dem Schwerte kämen, so werde er außer dem Schwert auch noch den Schild mitbringen. Unter diesem starken öffentlichen Druck fand das Gesetz eine Mehrheit.

Mitkonsul Bibulus hatte vergebens versucht, das Gesetz zu verhindern, und sich damit den Haß des Volkes zugezogen. Mehrmals entging er knapp einem Attentat. Aus Angst vor gedungenen Mördern schloß Bibulus sich für den Rest seiner Amtszeit in seinem Haus ein. Von nun an regierte Cäsar allein.

Eines Tages beschloß der Julier Pompejus' Schwiegervater zu werden. Pompejus solle seine Tochter Julia ehelichen, die zwar mit einem gewissen Servilius Caepio verlobt war, für Cäsar nichts weiter als ein Schönheitsfehler, den zu beseitigen ein leichtes war, indem er den Bräutigam beseitigte. Er selbst ehelichte die schöne Calpurnia, Tochter des Lucius Piso, den er dafür zu seinem Nachfolger als Konsul designierte. Cato blieb der einzige, der noch den Mut hatte, seine Stimme gegen Cäsar zu erheben. Es sei unerträglich, klagte er vor dem Senat, wie mit Hochzeiten Politik gemacht werde und wie man sich mit Weibern Ämter und Provinzen zuschanze.

Tatsächlich schalteten und walteten die mächtigen Drei nach eigenem Gutdünken. Pompejus erschien, begleitet von einer Schar waffenstrotzender Soldaten vor der Kurie und »überzeugte« den Senat, Cäsar nach Ablauf seiner Amtszeit die beiden gallischen Provinzen diesseits und jenseits der Alpen und das gesamte Illyricum zu übereignen. Dafür sollte er vier Legionen auf fünf Jahre erhalten. Nur einer der ehrwürdigen Senatoren hob die Hand zum Einspruch: Cato. Da ließ ihn Cäsar von einem Liktor aus der Kurie zerren.

Plutarch bemerkt, Cäsar habe Cato nur einschüchtern wollen und erwartet, er würde sofort die Volkstribunen zu Hilfe rufen; doch Cato ließ sich von dem Liktor in das nahegelegene Staatsgefängnis abführen. Schweigend folgte ihm das Volk, voller Achtung für seine tapfere Haltung, so daß Cäsar eilends einen Volkstribun hinterherschickte und Catos Freilassung verfügte.

Immer mehr Senatoren blieben schließlich den Sitzungen fern, Diskussionen und heftige Redeschlachten, die noch vor wenigen Jahren an der Tagesordnung waren, kamen überhaupt nicht mehr zustande.

In dieser Situation wurde Publius Claudius Pulcher, jener Jüngling, der Cäsars Ehe auf dem Gewissen hatte, zum Volkstribun gewählt. Das kam einem politischen Skandal gleich, weil er aufgrund seiner adeligen Abstammung dieses Amt überhaupt nicht hätte bekleiden dürfen. Doch mit Duldung der mächtigen Drei änderte er seinen ursprünglichen Gentilnamen Claudius kurzerhand in die plebejische Form Clodius. Niemand in Rom konnte sich daran erinnern, daß jemals ein Mann von Adel freiwillig eine derartige Erniedrigung auf sich genommen hatte.

Aber der Schritt war von beiderseitigem Nutzen: Cäsar, Pompejus und Crassus verfügten mit Clodius über ein rücksichtsloses Machtwerkzeug, und der Ex-Claudier hätte als Mann von Adel nie jenen Einfluß gewonnen, der ihm als Volkstribun zukam. Clodius trachtete zunächst danach, ein Mann des Volkes zu werden, versprach kostenlose Verteilung von Getreiderationen, mußte aber schon bald erkennen, daß dieses Vorhaben seine finanziellen Verhältnisse und die des Staates überstieg. So suchte der Neoplebejer alsbald nach neuen Einnahmequellen und stieß dabei auf die Insel Zypern, wo ein König aus der ägyptischen Ptolemäer-Dynastie regierte, der Bruder des Ptolemaios Auletes aus Alexandria. Zypern gehörte damals jedoch längst nicht mehr zu Ägypten.

Die Eroberung einer Provinz versetzte die Römer jedes Mal in Begeisterung wie die Ankündigung großer Spiele, bedeutete dies doch eine neue Einnahmequelle, neue Tribute, exotische Waren, billige Sklaven und neue Arbeitsmöglichkeiten. Mit der Annexion der reichen Insel wurde Cäsars alter Gegner Cato betraut, ein äußerst geschickter Schachzug; denn scheiterte Cato, wäre er politisch erledigt gewesen, aber auch im Erfolgsfall würde Cato lange genug von Rom abwesend sein, um dort ungehindert schalten und walten zu können. Und damit das alles noch etwas länger dauerte, übertrug man Cato auch noch die Rückführung Verbannter nach Byzanz.

Cato konnte nicht nein sagen, obwohl er das Motiv seiner Wahl gewiß durchschaute. Auf jeden Fall argumentierte Clodius, auf Zypern seien so bedeutende Reichtümer zu erwarten, daß nur der Ehrlichste aller Römer das Unternehmen ohne Bedenken ausführen könne. Derart gedrängt besetzte Cato die Insel, beschuldigte den regierenden Ptolemäer der Kollaboration mit den gefürchteten Seeräubern, erklärte ihn für abgesetzt und das Inselreich zur römischen Provinz. Mannhaft lehnte Ptolemaios den römischen Vorschlag ab, das Amt des Oberpriesters im Aphroditetempel von Paphos zu bekleiden und gab sich stattdessen selbst den Tod.

Nach Ablauf seines Konsulats machte sich Cäsar auf den Weg nach Aquileia, um sein Amt als Statthalter in den beiden gallischen Provinzen anzutreten. Dort waren 14 Legionen stationiert, von denen ihm drei für Gallia Cisalpina und weitere für Gallia Transalpina versprochen waren. Die Soldaten liebten den Julier mit beinahe kindlicher Zuneigung, weil er so anders war als alle Heerführer, die Rom bisher hervorgebracht hatte. Man konnte Cäsar mitten unter den Soldaten antreffen, in Kleidung und Bewaffnung vom gemeinen Legionär kaum zu unterscheiden; aber er ritt auch, die Hände auf dem Rücken verschränkt, den Blick geradeaus gerichtet, und diktierte zwei mühsam folgenden Schreibknechten Briefe. Schlafen empfand er als Zeitverschwendung, so daß er sich nur widerwillig in Morpheus' Arme begab, meist unterwegs im Wagen oder in der Sänfte, und wenn er im Feld nächtigte, dann war nicht *er* es, der den sichersten oder bequemsten Platz beanspruchte, den stand er dem Schwächsten zu. Liebte der Julier seine Soldaten?

Keineswegs; er brauchte sie.

Cäsars Verhalten schuf Sympathie und Aufopferungsbereitschaft. Und nur so sind die ungeheuren Leistungen zu verstehen, die der Gallische Krieg forderte, ein siebenjähriger Eroberungszug, bei dem Cäsar – wenn man Plutarch glauben darf – 800 Städte eroberte, 300 »Völker« unterjochte, drei Millionen Gegnern gegenüberstand, von denen eine Million getötet, eine weitere gefangengenommen wurde.

Wenn auch das gallische Abenteuer von Cäsar gewiß nicht auf sieben Jahre veranschlagt war, mit zwei, drei Jahren mußte der Julier rechnen, Zeit genug für einen politischen Umschwung im eigenen Lande. Jene beiden Männer, denen er diesen am ehesten zugetraut hätte, waren jedoch durch einen Pakt an ihn gebunden, blieb Cicero als einziger zurück, dessen Eloquenz bei aller Kritik selbst seiner Anhänger doch immer noch Wirkung zeigte. Zunächst baute Cäsar dem Rhetor goldene Brücken, bot ihm die Stelle eines Legaten auf dem geplanten Kriegszug an, doch Cicero lehnte dankend ab, suchte fadenscheinige Ausreden, er müsse sich um den aus Asien heimkehrenden Bruder kümmern, dem Freunde Atticus aber schrieb er, seine Parole sei Kampf.

Ein Jahr später sollte Cicero diese Ablehnung bitter bereuen; denn Cäsar hatte Clodius, den radikalen Volkstribun, auf Cicero angesetzt, um den Redner aus Rom zu vertreiben. Zuerst versuchte es Clodius mit Terror: Cicero konnte nicht mehr durch die Stadt gehen, ohne von Horden lärmender Spötter begleitet, mit Kot und Steinen beworfen zu werden; schließlich gelang es Clodius, der sich durch seine kostenlosen Getreiderationen bei der Plebs äußerst beliebt gemacht hatte, den Ex-Konsol Cicero anzuklagen, er habe Catilinas Parteigänger ohne richterliches Urteil hinrichten lassen.

Cicero hatte sich damals auf den Notstand berufen, der Fall lag fünf Jahre zurück, und niemand hatte seither Bedenken geäußert. Der große Rhetor, der, im Gegensatz zu Cäsar stets uneigennützig gehandelt hatte, da ihm in der Tat das Wohl der Republik am Herzen lag, verstand die Welt nicht mehr, er legte Trauerkleidung an, ließ sich aus Protest Bart und Haare wachsen wie ein Barbar und wandte sich in Straßenreden an das Volk, Hilfe suchend, jedoch ohne Erfolg, weil Clodius' Horden die Auftritte des Ex-Konsuls störten.

Solidarität fand Cicero vor allem noch im Ritterstand, und 20000 junge Männer begleiteten den Redner bei einer Protestdemonstration, aber die Menge des Volkes blieb reserviert und ließ kein Mitleid erkennen. Bei Pompejus, für den er viel getan hatte, durfte Cicero auf keine Unterstützung hoffen, nachdem dieser gerade Cäsars Schwiegersohn geworden war. Angeblich entwischte Pompejus, der sich auf sein Landgut in den Albaner Bergen zurückgezogen hatte, durch eine Hintertür, als Cicero dort eintraf, er brachte es nicht fertig, dem gedemütigten Rhetor unter die Augen zu treten.

Auch von den Konsulen war keine Hilfe zu erwarten, Gabinius konnte Cicero noch nie leiden, Piso wand sich wie eine Schlange und gab zu bedenken, ob es nicht besser sei, dem radikalen Clodius aus dem Wege zu gehen, sich dem Wandel der Verhältnisse anzupassen und so wie schon einmal zum Retter des Vaterlandes zu werden. Außer Lucullus rieten alle Freunde zu diesem Schritt. Cicero opferte der Minerva, der Hüterin Roms, eine Statue und verließ mit ein paar Begleitern die Stadt gegen Mitternacht, Sizilien als Ziel.

Clodius war wütend, weil der Schöngeist ihm zuvorgekommen war und betrieb mit allem ihm zur Verfügung stehenden Einfluß Ciceros Verbannung, was zur Folge hatte, daß der Geächtete sich nicht in einem Umkreis von 750 Kilometern um Rom niederlassen durfte. Gaius Vergilius, Proprätor von Sizilien, sandte dem Redner einen Boten entgegen, er möge sich von der Insel fernhalten; verbittert beschloß Cicero nach 13tägigem Aufenthalt in Brundisium, über Makedonien nach Kysikos zu fliehen, der freien Handelsstadt am Marmara-Meer.

Ein letzter Brief von heimatlichem Boden am 30. April 58, wie er selbst eingesteht, unter Tränen geschrieben, galt Frau und Kindern und zeigt einen gebrochenen Mann, der mit dem Leben abgeschlossen hat und beinahe störrisch versucht, sich zu rechtfertigen: »Ich habe mir nichts zuschulden kommen lassen, nur weil ich meine Schuldigkeit getan, wurde ich gestürzt. Der einzige Fehler war, daß ich Ehre und Leben nicht zugleich verlor. Wenn es für meine Kinder das Wünschenswertere war, daß ich weiterlebe, so will ich alles andere ertragen, obgleich es unerträglich ist. Da hast du es nun: Halt will ich Dir geben, und selber hab' ich keinen. Den Clodius Philhetaerus, meinen treuen Freigelassenen, schicke ich zurück, da er sich ein Augenleiden zugezogen hat. Sallustius übertrifft alle an Dienstbereitschaft. Pescennius zeigt sich von der besten Seite, ich hoffe, er wird es Dir gegenüber stets auch so halten. Sicca wollte eigentlich mit mir gehen, aber er ist fort. Sorge Du für Deine Gesundheit, so gut Du kannst, und sei überzeugt, Deine Lage erschüttert mich mehr als meine eigene. Leb wohl, meine Terentia, Du mein treues gutes Weib! Und auch Du, mein Liebling, Tullia, Du auch mein Cicero, letzte Hoffnung, die mir bleibt, lebt wohl!«

Nun, da Gaius Julius Cäsar den politischen Gegner außer Landes wußte, brach der Julier in die Provinz auf, das größte Abenteuer seines Lebens begann. Cäsar war sich des Risikos, das er einging, wohl bewußt. Die Helvetier, ein keltischer Stamm, rüsteten zur Völkerwanderung ins westliche Gallien, und daraus drohte ein potentieller Unruheherd zu entstehen. Mit einer einzigen Legion und ein paar eilends ausgehobenen Söldnern zog der Julier in Richtung Genfer See, zunächst drei Legionen, den weit größeren Teil seiner Truppen, in Aquileia zurücklassend, fünf Tagemärsche von Rom entfernt.

Gallien umfaßte damals den größten Teil des westlichen Europa und war im Süden von Ligurern und Iberern, im übrigen von Kelten bevölkert und einem Gemisch zahlloser Völkerschaften, als deren wildeste die Germanen galten. Um das Jahr 113 v. Chr. waren sie, die Kimbern und Teutonen, erstmals auf italisches Gebiet vorgedrungen und ein gutes Jahrzehnt später von Marius bei Aquae Sextiae und Vercellae geschlagen worden. Die Eroberung des schmalen Landstrichs von Narbonne am Mittelmeer bis zum Genfer See hatte Domitius Ahenobarbus Ruhm, vor allem aber gutes Geld eingebracht, seit 118 galt Gallia Narbonensis, benannt nach der Hafenstadt Narbo, auch Gallia Transalpina geheißen, als römische Provinz. Aber das nördlich der Provinz gelegene Gallien war sehr viel größer als dieser kleine südliche Landstrich.

De jure war der mit dem Marsch an den Genfer See einsetzende Gallische Krieg ein *bellum injustum*, ein ungerechter, unerlaubter Krieg, weil es keinen Senats- oder Volksbeschluß gab, der den Julier ermächtigte, gen Gallien zu ziehen.

Deshalb kam Cäsar die Wanderschaft der Helvetier sehr gelegen, die sich, nach zweijähriger Vorbereitung unter ihrem Stammesfürsten Orgetorix im Jahre 61 auf den Weg machten.

Für Cäsar ein willkommener Anlaß, jene drei in Aquileia zurückgelassenen Legionen in die Transalpina zu beordern und zwei weitere Legionen auszuheben. Insgesamt standen dem Julier, der wohl von Anfang an die Eroberung Galliens im Auge hatte, damit 36000 Mann und 1800 Reiter zur Verfügung.

Cäsar verwehrte den Helvetiern, es soll sich um 368000 Menschen gehandelt haben, den Übergang über die Rhone, da dies eine schwere Gefahr für die Provinz bedeutet hätte; eine Brücke über den Fluß ließ er abreißen. Als das wandernde Volk auf Flößen und zusammengebundenen Kähnen den Rhonezufluß Saone überqueren wollte, schlug Cäsar die Helvetier bei Nacht und Nebel in die Flucht; darauf schickten diese Unterhändler, der Römer möge ihnen neuen Lebensraum zuweisen, nicht ohne die Drohung, sonst würden sie darum kämpfen und den Römern eine Niederlage bereiten.

Drohungen forderten Cäsar heraus. Bei Bibracte stellte er die Helvetier, sie wehrten sich erbittert, anerkennend stellte der Julier fest, er habe keinen einzigen fliehenden Helvetier gesehen. Nur ein Drittel des Volkes überlebte. Mit diesem Sieg wollte Cäsar ein Exempel statuieren. *Oderint, dum metuant* – sollten sie ihn hassen, wenn sie ihn nur fürchteten.

Auf seinem Zug gen Norden kam es dem Julier sehr gelegen, daß die Gallier kein einheitliches Volk unter zentraler Führung waren, sondern ein Konglomerat verschiedener

Stämme, mehr oder weniger zufällig in bestimmten Gebieten siedelnd, ohne feste Grenzen, meist mit Gebietsanspruch auf das Land des anderen. Politisch, wenn man das Wort in diesem Zusammenhang überhaupt gebrauchen kann, gab es zwei Parteien, jedenfalls neigte die eine Hälfte den Häduern zu, die andere den Arvernern. Die Häduer lebten, bevor die Sueben sie bedrängten, reich und mächtig, zwischen Arar und Dubis; nicht weniger mächtig gebärdeten sich die Arverner im zentralen Gebirgsland, der heutigen Auvergne.

Im Streit um die Vorherrschaft unter den Galliern hatten die Arverner um das Jahr 70 v. Chr. rechts des Rheins 15000 germanische Söldner angeworben; denen gefiel das linksrheinische, zivilisiertere Leben in Gallien so gut, daß immer mehr dieser Germanen nachströmten, in zehn Jahren 120000 Menschen. Genaugenommen waren es Sueben, herumvagabundierende Germanenstämme, die mal in Böhmen, mal am Main siedelten.

»Ihr ganzes Leben«, sagt Cäsar in seinem Kriegsbericht, »besteht in Jagd und kriegerischem Treiben. Von klein auf sind sie auf Strapazen und Abhärtung bedacht. Wer am längsten keusch blieb, erntet bei ihnen den höchsten Ruhm. Hierdurch werde der Wuchs gefördert, wüchsen die Kräfte und würden die Muskeln gestärkt. Vor dem zwanzigsten Lebensjahr Umgang mit einer Frau zu haben, halten sie für die größte Schande. Dabei gibt es in dieser Beziehung kein Verheimlichen, weil man in den Flüssen gemeinsam badet und nur Felle oder kleine Pelzüberwürfe trägt, wobei ein großer Teil des Körpers unbekleidet bleibt.

Ackerbau betreiben sie nicht mit Eifer, und der größere Teil ihrer Nahrung besteht aus Milch, Käse und Fleisch. Keiner hat einen abgegrenzten Grundbesitz oder eigene Felder, sondern die Beamten und Fürsten teilen immer für ein Jahr den Sippen und Geschlechtern und anderen Genossenschaften so viel Acker an einer Stelle zu, wie sie für gut befunden haben, und zwingen sie, ein Jahr später anderswohin zu ziehen. Hierfür führen sie viele Gründe an: Sie sollten nicht, durch anhaltende Gewohnheit verleitet, das Kriegshandwerk gegen den Ackerbau eintauschen, sollten nicht danach streben, große Ländereien sich anzueignen, und die Mächtigeren sollten nicht die Schwächeren aus ihrem Besitz vertreiben. Sie sollten ferner nicht zu sorgfältig bauen, um sich gegen Kälte und Hitze zu schützen. Es solle auch keine Geldgier groß werden, aus der Parteien und Spaltungen entstehen. Man wolle das Volk in Gleichheit zusammenhalten, wenn es sehe, daß sein Besitz dem der Mächtigsten gleiche.

Es gilt als höchster Ruhm für die Stämme, möglichst weite Landstriche in ihrem Umkreis zu verwüsten und dort Ödland zu haben. Das halten sie für ein Merkmal der Tapferkeit, wenn die Nachbarn, aus ihrem Lande vertrieben, das Feld räumen und niemand wagt, sich in der Nähe anzusiedeln. Zugleich glauben sie, dadurch in größerer Sicherheit zu sein, wenn ihnen die Furcht vor plötzlichem Einfall genommen sei. Wenn ein Stamm einen Verteidigungs- oder Angriffskrieg führt, werden Obrigkeiten gewählt, welche die Führung in diesem Krieg und Gewalt über Leben und Tod haben. In Friedenszeiten gibt es keine gemeinsame Staatsbehörde, sondern die Häuptlinge der Bezirke und Gaue sprechen unter ihren Leuten Recht und legen Streitigkeiten bei. Raubzüge außerhalb der Grenzen eines jeden Stammes ziehen keine Schande nach sich, und sie rühmen, daß sie zur Übung der Jugend und zur Bekämpfung des Müßigganges unternommen würden. Wenn einer von den Vornehmen im Thing erklärt, er werde die Führung übernehmen, und die, welche ihm folgen wollen, aufruft, da stehen die auf, die am Unternehmen und am Manne Gefalle finden, sagen ihre Teilnahme zu und finden den Beifall der Menge.«

Der gefürchtete Anführer der Germanen trug den Namen Ariovist, Cäsar nannte ihn »König der Germanen«. Der Julier fürchtete ihn. Er sprach keltisch und lateinisch, war ungewöhnlich gebildet und ein geborener Stratege. Verheiratet war Ariovist mit einer Suebin und mit der Schwester des Keltenkönigs Voccio von Noricum. Um ihn als Gegner zu neutralisieren, hatte Cäsar einen Freundschaftspakt mit dem Germanen vorgeschlagen, der Ariovist den Ehrentitel *rex et amicus populi Romani* – König und Freund des römischen Volkes zugestand.

Titel waren Schall und Rauch für einen Germanen, Ariovist scheint sich sogar lustig gemacht zu haben über die seltsame Prozedur, jedenfalls ließ der Germane den Julier abblitzen, als dieser ihn zu einer Aussprache bat, weil sich gallische Stämme von ihm bedroht fühlten. Entweder, ließ Ariovist vermelden, er, Cäsar, wolle etwas von ihm, Ariovist, dann müsse er sich schon zu ihm bemühen; wenn er selbst etwas von Cäsar wolle, würde er auch zu ihm kommen. Im übrigen finde er es höchst erstaunlich, was die Römer in »seinem Gallien«, das er im Krieg unterworfen habe, zu suchen hätten.

Darauf stellte Cäsar dem Germanen ein Ultimatum: Schluß mit der linksrheinischen Siedlungspolitik! Herausgabe der Häduer-Geiseln. Einstellung aller Grenzverletzungen. Andernfalls müsse er mit einer römischen Intervention rechnen.

Ariovist ließ sich durch Worte nicht einschüchtern und antwortete dem Julier, Kriegsrecht sei es, daß die Sieger über die Besiegten nach ihrem Belieben herrschten. Die Römer pflegten auch über die Besiegten nicht nach Vorschrift eines anderen, sondern nach eigenem Gutdünken zu gebieten. Wenn er, Ariovist, dem römischen Volk nicht vorschreibe, wie es ein Recht vertrete, so dürfe auch er nicht vom römischen Volk in *seinem* Recht behindert werden. Er habe die Häduer besiegt und tributpflichtig gemacht, und wenn diese ihren Tribut entrichteten, werde es keine weiteren Kämpfe geben. Die Geiseln wolle er behalten, Drohungen gefielen ihm gar nicht, bisher sei noch jeder untergegangen, der gegen ihn gekämpft habe. Cäsar solle nur kommen, er werde schon merken, was unbesiegbare Germanen, durchtrainiert und seit 14 Jahren ohne ein Dach über dem Kopf, an Tapferkeit auszurichten vermögen.

Das war zuviel. Cäsar rückte in die oberrheinische Tiefebene vor, und nun war Ariovist doch zu Verhandlungen bereit, er schickte zu Cäsar, da man sich ohnehin gegenüberstehe, könne man ja auch miteinander reden. Mißtrauen auf beiden Seiten forderte Sicherheitsvorkehrungen. Mit gestaffelten Legionen auf beiden Seiten im Hinterhalt verhandelten Cäsar und Ariovist zu Pferd, je zehn Mann im Rücken. Es blieb beim Austausch bekannter Argumente, die Atmosphäre schien zum Zerreißen gespannt, eine plötzliche Unruhe in der germanischen Truppe veranlaßte Cäsar zum Abbruch des Gesprächs.

Am 14. September 58 schlugen die Römer die Germanen bei Mühlhausen vernichtend. Ariovist entkam über den Rhein, seine beiden Frauen fanden auf der Flucht den Tod, eine Tochter wurde von römischen Söldnern getötet, die andere gefangen, Cäsar führte seine Truppen ins Winterlager, er selbst reiste nach Oberitalien, Gerichtstag zu halten, wie es ihm als Provinzstatthalter zukam.

Vom militärischen Standpunkt war die Auseinandersetzung zwischen Cäsar und Ariovist ein Scharmützel, kaum erwähnenswert, politisch kommt der Schlacht jedoch größere Bedeutung zu: Cäsar hatte den ersten Versuch einer germanischen Machtausweitung für Jahrhunderte vereitelt, ein Sieg Ariovists über die Römer hätte den Lauf der Geschichte in Europas Mitte verändert, mit diesem Sieg über die gefürchteten Germanen machte der Julier als unbesiegbarer Feldherr von sich reden, und Pompejus, Cäsars Mittriumvir, mochte zum ersten Mal die strategischen Fähigkeiten seines Bündnispartners fürchten.

Kriegsbeute, wie sie einst Pompejus bei seinen Asienfeldzügen gemacht hatte, kam nun aus dem fernen Gallien, Cäsar ließ sie großzügig verteilen. Pompejus beantragte für den Julier zwar ein Dankesfest, betrieb aber auch gleichzeitig die Aufhebung von Ciceros Verbannung, gewiß nicht aus Mitleid oder aus dem Bewußtsein, daß dem Redner Unrecht widerfahren war.

In Rom hatte sich die öffentliche Meinung gewandelt, schnell, radikal, wie so oft in dieser Zeit. Clodius' Stern war im Sinken, seine Getreidespenden verebbt, in dunklen Kanälen verschwunden, schlechte Ernten hatten Neueinkäufe verhindert. Der Brotpreis stieg um ein Vielfaches – Clodius war ein toter Mann. Angeblich soll Pompejus als Preistreiber aufgetreten sein, behauptete jedenfalls Clodius, aber man glaubte ihm nicht, warf ihm ungerechtfertigtes, allzu hartes Vorgehen gegen Cicero vor, für den die Römer auf einmal Mitleid empfanden.

Terentia hatte nicht versäumt, jeden unter Tränen geschriebenen Brief, den der sprachgewandte Verbannte aus Makedonien sandte, einer Öffentlichkeit bekannt zu machen, die nichts mehr liebte als weinende Menschen. Und so klagte Cicero solange über sein Schicksal und das seiner Familie, deren Landsitze niedergebrannt, deren Stadthaus eingerissen wurde, und erwähnte pro Schreiben mehrmals, vor Tränen könne er nicht weiterschreiben, bis sich im Senat eine Mehrheit für den Beschluß fand, erst dann wieder zusammenzutreten, wenn Cicero in ihrer Mitte sei. Städte, die dem Römer in der Verbannung Unterschlupf gewährt hatten, sollten nun nicht mehr bekriegt, sondern belobigt, Ciceros Besitzungen auf Staatskosten wiederaufgebaut werden.

Am 4. September 57 kehrte Cicero nach Rom zurück, auf Schultern habe man ihn in die Stadt getragen, berichtet Plutarch, die Römer klatschten Beifall, und selbst Crassus, der dem Redner nie freundlich gesinnt war, habe sich mit Cicero versöhnt, seinem Sohn Publius zuliebe, der ein Bewunderer des Rhetors war. *Pro domo* hieß die erste Rede, die Cicero vor den Pontifices hielt, er sprach für sich, für sein Haus auf dem Palatin, auf dessen Grundmauern Clodius einen Tempel der Freiheit hatte errichten lassen. Cicero hatte geglaubt, es würde schwer sein, das alte Ansehen und den gewohnten Einfluß wiederzugewinnen, aber nach zwei Wochen schon schrieb er an seinen Freund Atticus, er habe eben dies sogar mehr als er es wünsche, wiedererlangt; wirtschaftlich hingegen war Cicero ruiniert, er konnte froh sein, wenn ihm sein reicher Freund Kredit gab und guten Rat, wie er, so Cicero wörtlich, »wieder zu geordneten Verhältnissen komme«.

Noch tiefer traf Cicero allerdings die Reaktion Cäsars, er, dem die Heimkehr des Redners keinesfalls gefallen konnte, machte, obwohl er gar nicht das Recht dazu hatte, Cicero zur Auflage, sich mit den Gegnern auszusöhnen, die er vor der Verbannung bekämpft hatte. 16 Monate Verbannung hatten Ciceros Willen gebrochen, sich dem Drängen Cäsars zu widersetzen, erschien ihm zu riskant. »Sprech' ich vom Staate«, klagte er seinem Freund Atticus, »spreche ich, wie ich muß, dann heißt es, ich sei verrückt, rede ich, wie man es von mir verlangt, nennt man mich Knecht, schweige ich, so hält man mich für unter Druck gesetzt und eingefangen. Was glaubst Du wohl, wie ich darunter leiden muß! Noch bitterer freilich kränkt es mich, daß ich nicht einmal klagen darf, um nicht undankbar zu erscheinen.«

Von nun an trieb Cicero ein törichtes Doppelspiel, das einem Mann seiner Intelligenz nicht gut anstand: Er huldigte Cäsar und lobte seine militärischen Erfolge in Gallien, gleichzeitig versuchte er aber Cäsar und Pompejus zu entzweien und das Triumvirat zu torpedieren. Der Julier war in Gallien zu engagiert, um dieses Spiel sofort zu erkennen, vor allem war er angewiesen auf Informationen und Indiskretionen, die aus Rom an sein Ohr drangen, überhaupt schien es, als kümmerten ihn die römischen Verhältnisse wenig. Mehr als alle Nachrichten aus der Hauptstadt bewegten Cäsar Meldungen aus dem Norden Galliens, wo die Belger angeblich aufrüsteten; eilends hob er zwei neue Legionen aus, nun hatte er acht Legionen zur Verfügung.

Trotzdem waren die Belger in vielfacher Übermacht, vor allem von ihrer Körpergröße schienen sie den Römern weit überlegen. Dennoch siegte Cäsar. Er eroberte Belgien, die heutige Normandie und Bretagne und im Jahr darauf das strategisch wichtige Aquitanien im Südwesten Galliens, ganz Gallien war nun in römischer Hand, vom Oceanus Atlanticus bis zum Mare Internum, Cäsar konnte an Heimkehr denken.

Sein bemitleidenswertes Schicksal in der Verbannung hatte Cicero große Sympathien beim Volk eingebracht. Cäsar hätte bei gleichen Voraussetzungen Kapital daraus geschlagen, doch Cicero fehlte politischer Instinkt; gekonnt, beinahe mechanisch setzte er sich zwischen alle Stühle, nörgelte an den Verhältnissen herum und versäumte es, sich eine eigene Hausmacht zu schaffen, die seinen politischen Einfluß vergrößert hätte. An Lentulus schrieb er: »Entweder muß man allem, was eine Handvoll Männer will, charakterlos zustimmen oder sich damit abfinden, daß jede abweichende Meinung zwecklos ist. Das schreibe ich Dir, damit Du Dir überlegen sollst, wie Du Dich einzurichten hast. Der Senat, die Rechtsprechung, der Staat hat sich total verwandelt. Man möchte sich Ruhe wünschen, und die Machthaber hätten auch wohl nichts dagegen einzuwenden, wenn nur gewisse Leute geduldiger unter das Joch kriechen wollten. An die Würde eines Konsularen, eines Senators von unbeugsamer Festigkeit ist nicht mehr zu denken. Schuld daran sind jene Leute, die den Ritterstand, der durch mich mit der Nobilität so fest verbunden war, und Pompejus, den bedeutendsten Mann, mit dem Senat entzweit haben.«

Vorausgegangen war ein politisches Trauerspiel, inszeniert von Gaius Julius Cäsar, einem glänzenden Regisseur, der in dem Drei-Personen-Stück die Hauptrolle übernahm, der seine beiden Partner mühelos an die Wand spielte und den einst so mächtigen Senat auf die Zuschauertribüne verbannte. Demonstrativ legten die Purpurträger Trauerkleidung an, sie boykottierten die Sitzungen des Senats, ebenso die Spiele, wo das Fehlen der leuchtenden Farbtupfen auffälliger als anderswo vor Augen führte: Der Senat hatte aufgehört zu existieren – zumindest, was Macht und Einfluß betraf.

Diese teilten sich Pompejus, Crassus und Cäsar. Der redselige Cicero hatte unfreiwillig dazu beigetragen, daß die drei sich Mitte April 56 in Luca, an der südlichen Grenze von Gallia Cisalpina trafen, um den dreieinhalb Jahre zuvor geschlossenen Freundschaftspakt zu erneuern. Allein die Tatsache, daß man sich traf, um sich gegenseitige Freundschaft zu beteuern, zeigt, daß es nicht weit her gewesen sein konnte mit der Zuneigung der drei.

Genaugenommen hatten alle drei dasselbe Ziel, die Macht, nur ging jeder von ihnen einen anderen Weg, und es schien vorgezeichnet, zwei von Ihnen würden auf der Strecke bleiben. Die Beschlüsse von Luca sicherten Crassus, dessen sehnlichster Wunsch eine führende Stellung im Staat war, das Prokonsulat über die Provinz Syrien und einen Feldzug gegen die Parther zu, Pompejus erhielt die spanischen Provinzen Hispania Ulterior und Hispania Citerior als militärische Spielwiese, vor allem aber sollte er in Rom nach dem Rechten sehen; zur Durchsetzung dieser Beschlüsse wollten beide im darauffolgenden Jahr 55 Konsuln werden, so plante das Triumvirat. Cäsars Ansprüche schienen eher bescheiden, wenngleich wohlüberlegt, der Julier beanspruchte die Verlängerung seines Feldzuges in Gallien, die nachträgliche Legalisierung seines Unternehmens und weitere Truppen, bezahlt aus der Staatskasse.

Kein Wunder, wenn die Senatoren Trauer trugen, nicht daß der Julier sie bei seinem einsamen Entschluß übergangen hatte, jetzt sollten sie das illegale Unternehmen in Gallien auch noch nachträglich finanzieren. Wie immer Cäsar die Durchsetzung seiner Forderung erreicht haben mag – angeblich wurden wichtige Senatoren mit gallischer Kriegsbeute bestochen –, jede einzelne seiner Forderungen wurde erfüllt, viele Senatoren mochten wohl auch befürchtet haben, der Senat würde bei einer Ablehnung von Cäsars Forderungen sein Gesicht verlieren, weil dieser sie über ein Volksgesetz auf jeden Fall durchgesetzt hätte. Mußten sie nicht kopfschüttelnd zur Kenntnis nehmen, wie Cicero seinem Widersacher Cäsar in geschönten Reden huldigte, wie er seine persönlichen Feinde, Cäsars Freunde, vor Gericht verteidigte, wie er auf dessen Veranlassung Männern die Hand reichte, deren ruchloses Treiben er öffentlich gegeißelt hatte?

Natürlich litt Cicero unter dem Diktat des Juliers, den er nie zu Gesicht bekam, er mag sich selbst verachtet haben ob seiner Dressurakte vor dem unsichtbaren Dompteur, und ungeschickt, wie er nun einmal war, wenn es darum ging, seine eigene Position zu festigen, suchte Cicero einen ganz und gar ungewöhnlichen Weg, beinahe rührend in seiner Verzweiflung, die hinter dem Ansinnen stand: in gestelzten Worten, die zeigten, wie peinlich ihm die Situation erschien, schrieb Cicero von Antium aus, wo er eine Villa besaß, an Lucius Lucceius, den Sohn des Quintus, einen zweitklassigen Schriftsteller, 61 bei der Wahl zum Konsul durchgefallen, weil politisch unbedarft, aber mit historischen Werken nicht ohne Anerkennung, er, der Schriftsteller, möge doch über ihn, den Redner und Staatsmann, eine, ja, er habe sich es ihm bisher nicht ins Gesicht zu sagen getraut, Biographie verfassen, die Geschichte seiner Taten und Leiden, wie man sie nennen könne, zur Erbauung aller. Der erhaltene Brief an den Autor ist eines der peinlichsten, aber auch menschlichsten Dokumente jener Zeit, Spiegel antiker Ruhmsucht. Hilfeschrei eines 50jährigen, der sich verkannt glaubte, um Anerkennung heischte gegenüber einem Cäsar – einem Pompejus oder Crassus fühlte er sich viel eher gewachsen.

Vergleicht man die Feldherrn-Berichte, die Gaius Julius Cäsar, wie damals üblich, nach Rom absetzte, und die später als »Kommentare über den Gallischen Krieg« sogar literarischen Ruhm erlangten, mit diesem Bittbrief des Marcus Tullius Cicero, so wird klar, warum der Julier dem Rhetor so hoch überlegen war, obwohl der andere doch der Gebildetere war, und es wird deutlich, warum die beiden zeitlebens Gegner sein mußten. Er getraue sich nur, seinen Wunsch aus der Ferne auszusprechen, schrieb Cicero an den Autor, ein Brief werde ja nicht rot, er wünsche nichts sehnlicher als von Lucceius in einer Biographie »verherrlicht« zu werden. Wer einmal die Grenzen der Bescheidenheit überschritten habe, müsse auch ordentlich unbescheiden sein.

Darum, so Cicero wörtlich: »Stelle meine Verdienste sogar etwas wärmer dar, als es vielleicht Deiner Überzeugung entspricht, und laß in diesem Punkt die Gesetze der Geschichtsschreibung ein wenig schlafen ... Vermag ich Dich zu dem Unternehmen zu bestimmen, so hast Du, davon bin ich überzeugt, einen Stoff, der Deiner Kraft und Deinen Gaben entspricht. Denn meines Erachtens läßt sich vom Beginn der Verschwörung bis zu meiner Rückkehr ein Werk von mäßigem Umfang herstellen, an dem Du Dein feines Verständnis für politische Krisen betätigen kannst. Da hast Du die Ursachen revolutionärer Bewegungen und die Heilmittel für Schäden des Staatswesens darzulegen; dabei wirst Du abfällig beurteilen, was Dir verwerflich erscheint, und was Deinen Beifall hat, anerkennen, indem Du den inneren Zusammenhang entwickelst. Und nimmst Du wie gewöhnlich Gelegenheit zu einem freien Wort, so wirst Du die Perfidie, die Intrigen, die Verräterei, der ich bei so manchem begegnet bin, gebührend kennzeichnen ... Sollte ich aber eine Fehlbitte tun, so werde ich vielleicht tun müssen, was bei manchen Leuten gelegentlich Kopfschütteln erregt, aber doch das Beispiel vieler bedeutender Männer für sich hat: mein eigener Geschichtsschreiber werden.«

Das Projekt kam nie zustande, Cicero wurde aber auch nicht sein eigener Geschichtsschreiber, er hatte das wohl bereits aufgegeben, als er sich ein Jahr später zur Niederschrift seines Werkes *De Republica* – vom Gemeinwesen entschloß, eines Dialoges des jüngeren Scipio Africanus mit seinen Freunden im Jahre 129 v. Chr., ein fiktives Gespräch, lange her, lange genug, um aktuelle Bezugnahme auszuschließen und doch höchst aktuell. Da wird platonischer Geist, die Idee der Gerechtigkeit, die Philosophie des Aristoteles und Polybios und der Stoa beschworen und wortgewaltig vor Augen geführt, wie hemmungslos die römische Gegenwart mit dem Gemeinwesen umging, es der Vernichtung preisgab.

In Cicero und Cäsar begegneten sich Ideal und Wirklichkeit, hier der alles, sogar die eigene Person in Frage stellende Philosoph, da der selbstbewußte, bisweilen sich selbst bewundernde Pragmatiker, von seiner Sendung überzeugt wie Marius von der Zerschlagung des numidischen Reiches. Wortgewaltig wie ein Prediger, aber ebenso sektiererisch verfocht Cicero das republikanische Staatsideal, »Vater des Vaterlandes«, dieser Ehrentitel war die größte Wohltat, die ihm Zeit seines Lebens zuteil wurde, aber er litt darunter, daß ihm die Anerkennung als Vaterfigur versagt blieb.

Und Cäsar? In seinem *Bellum Gallicum* schuf der Julier mit einem Wortschatz von nicht einmal 1300 Wörten – das ist ein Bruchteil des ciceronischen Redeschwalles – ein propagandistisches Meisterwerk, Rechtfertigung für den unerklärten Krieg, raffinierte Selbstbeweihräucherung, kaum merklich, weil in der dritten Person geschrieben, erst von der Nachwelt in die erste Person transponiert, aber auch faszinierende Dokumentation. Geographie- und Geschichtsbuch in sachlich-nüchterner Sprache, grammatikalisch exakt, Lehrstück für Pennäler, selbst Cicero zollte ihm Bewunderung. Hier der Denker, da der Macher.

4.

Pompejus, der lächelnde Rivale – Wie Cäsar auf seine erste Niederlage reagierte – Das sagenumwobene Eiland Britannien Cäsar kämpfte stets mediengerecht – Aufstände in Gallien Der Tod der Tochter Julia und seine politischen Folgen Warum der Gallische Krieg solange dauern mußte Crassus tot, nun gab es nur noch einen Rivalen – Vercingetorix, ein kleiner Cäsar – Das Gespenst der Diktatur geht um »Der Würfel ist gefallen«

Noch weniger durchschaubar als das Verhältnis zu Cicero war das Verhalten des Pompejus gegenüber seinem Bündnispartner Cäsar. Pompejus, der zu dieser Zeit bereits die Mehrheit des Senats gegen sich wußte, mag dem Dreibund von Luca vor allem deshalb zugestimmt haben, weil er glaubte, während Cäsars Abwesenheit in Gallien die eigene Stellung in Rom festigen zu können. Cäsar wiederum betrachtete den Krieg in Gallien keineswegs als exotisches Abenteuer, sondern als Bestandteil seiner Strategie, Karriereplanung, lukratives Geschäft eingeschlossen. Insgeheim dürfte Pompejus schon damals eine Entscheidung darüber, wer von ihnen beiden in Rom künftig das Sagen habe, für unvermeidbar gehalten haben.

Während Gaius Julius Cäsar den germanischen Usipetern und Tencterern entgegenzog, übernahmen Pompejus und Crassus vereinbarungsgemäß im Jahre 55 das Konsulat. Lucius Domitius Ahenobarbus, den einzigen Gegenkandidaten, hatten sie vertrieben. Unter abenteuerlichen Umständen, es floß ebensoviel Geld wie Blut, peitschte der Volkstribun Gaius Trebonius das notwendige Gesetz durch, das nach dem Ende ihrer Amtszeit Pompejus Spanien und Crassus Syrien für fünf Jahre als Provinzen zuwies.

Damit waren klare Verhältnisse geschaffen, doch dieser Schritt nützte nur den großen drei, nicht dem Staat, nicht dem Volk, das lieferte sich auch weiterhin tagtägliche Straßenschlachten, oft aus nichtigem Anlaß, von professionellen Unruhestiftern organisiert. Daß Pompejus und Crassus sich nicht ausstehen konnten, wußte in Rom jedes Kind, und auch Cäsars beschwörende Worte vermochten ihre gegenseitige Aversion nicht in Zuneigung umzuwandeln. Natürlich mieden beide Triumviri den offenen Schlagabtausch, aber wozu hatte jeder seine rührigen Parteigänger?

Clodius, jener radikale Volkstribun und Erzfeind Ciceros, stand mit Crassus in Verbindung, und Pompejus versicherte sich der blutigen Dienste des Titus Annius Milo, eines erklärten Gegners des Clodius und Anhängers der Optimaten, mit einer teuer bezahlten Gladiatorenbande im Rücken. Hatte Clodius die Verbannung Ciceros, wenn nicht bewirkt, so doch dazu beigetragen, so spielte Milo eine ausschlaggebende Rolle, als es um Ciceros Rehabilitierung ging. Gegenseitig versuchten die beiden Volkstribunen sich vor Gericht zu stellen, doch der wechselseitige Rufmord schlug fehl, zu einflußreich waren die Hintermänner jeder Partei. Eine Prozeßlawine von Anhängern beider Parteien verschärfte jedoch die Situation zusehends, und die Römer fürchteten die direkte Konfrontation zwischen Clodius und Milo, sie bedeutete Bürgerkrieg.

»Von Tag zu Tag wächst meine Sorge um den Staat«, schrieb Cicero an seinen Freund Atticus, »wie viele Ritter und Senatoren treffe ich hier, die das Verhalten Pompejus' schärfstens tadeln, besonders, daß er im Lande herumreist. Wir brauchen Frieden! Der Sieg auf dem Schlachtfeld kann nur Unheil bringen, aus ihm wird der Tyrann erstehen ...« Seherische Worte des großen Redners.

Der Julier benutzte seine Abwesenheit im fernen Gallien dazu, sich den Anschein zu geben, als stünde er über den Parteien, er mehrte Ruhm und Vermögen und mußte sich nicht einmal sorgen, wenn Pompejus, der seine Provinz durch

Legaten verwalten ließ und sich, wenn nicht in Rom, so doch in Italien aufhielt, die Zuneigung der Massen mit einem Theater auf dem Marsfeld, das seinen Namen trug, und einem Tempel der Venus Victrix geweiht, zu erkaufen suchte. In schlechten Zeiten wie diesen verlangte das Volk eher nach Brot als nach Spielen, ja, der Anblick monumentaler Prachtentfaltung – 600 Maultiere bei einer Theateraufführung, ein buntbewaffnetes Fußvolk und Reiterheer im Szenarium – erstickte die angestrebte Heiterkeit aufs peinlichste, es lacht sich nur schwer mit knurrendem Magen.

Das Theater des Pompejus war dennoch in mehrfacher Hinsicht ein revolutionärer Bau, nicht aus Holz wie bisher üblich, sondern aus Steinen gemacht wie ein Griechenrund, allerdings nicht in einen Talkessel gelegt, sondern auf ebener Erde errichtet. Das Halbrund der schräg übereinandergesetzten Zuschauerreihen bildete gleichzeitig die Stufen zu einem mehrstöckigen Tempel. Hinter der Bühne öffnete sich eine Parkanlage, baumbewachsen und mit Statuen verziert. Sie wurde von einer Säulenhalle mit dem Standbild des Pompejus abgeschlossen. Die Stufen zu dieser Halle sollten an den Iden des März 44 tragische Bedeutung erlangen. Dem Julier muß dieses ungewöhnliche Theater von Anfang an ein Dorn im Auge gewesen sein, und vielleicht hat Cäsar sich bereits damals Gedanken gemacht, wie er diese Gigantomanie übertreffen könne.

Der Krieg in Gallien beschränkte sich in dieser Zeit vorwiegend auf die Abwehr von Germaneneinfällen. Die gefürchteten Barbaren aus den östlichen Wäldern überquerten bisweilen die trägen Fluten des Niederrheins und streunten jagend in Gebieten umher, die der Julier bereits erobert hatte und als römisches Kolonialland betrachtete. Um diesen Einfällen in das Gebiet der Eburonen und Condruser ein Ende zu bereiten, forderte Cäsar von den gallischen Stammesfürsten die Aufstellung eines angemessenen Kontingents von Reitern und zog mit 5000 Berittenen den Germanen entgegen. *Si vis pacem, para bellum* – wenn du den Frieden willst, rüste zum Krieg.

Wir dürfen wohl annehmen, daß Cäsars Schilderung der weiteren Ereignisse geschönt ist. Jedenfalls berichtete der Julier, zwölf Meilen vor dem germanischen Siedlungsgebiet seien ihm Abgesandte der Germanen mit der dringenden Bitte entgegengetreten, nicht weiter vorzustoßen; innerhalb von drei Tagen wollten sie, die Germanen, mit den Ubiern über ein Siedlungsabkommen verhandeln. Um Wasser zu holen, so Cäsar wörtlich, sei er aber an diesem Tage noch vier Meilen vorgerückt und dabei auf 800 germanische Reiter gestoßen. Diese 800 hätten seine eigenen 5000 überfallen, auf höchst eigenwillige Weise übrigens, nicht etwa Reiter gegen Reiter kämpfend, die Germanen saßen ab, durchbohrten die gegnerischen Pferde von unten und machten sich über die herabstürzenden Reiter her. Daß Cäsar dabei trotz sechsfacher Überlegenheit eine Niederlage erlitt, verschweigt der Julier in seinem Kriegsbericht, aber er rechtfertigt sein Vorgehen: »Wegen dieses Gefechtes glaubte ich, Gesandte nicht mehr anhören und Vorschläge nicht mehr entgegennehmen zu dürfen von Menschen, die auf gemeine, hinterlistige Weise um Frieden gebeten hatten und dann ohne Grund über uns hergefallen waren. Zu warten aber, bis die Feinde an Zahl wüchsen und die Reiterei zurückkehrte, hielt ich für den Gipfel der Dummheit.«

Angeblich kamen am Tag nach der Schlacht die Fürsten und Ältesten der Germanen, um sich für den Angriff zu entschuldigen, Tatsache ist: Cäsar nahm die germanischen Anführer fest und schickte seine Truppen gegen das Lager der Feinde vor. Offensichtlich waren die Germanen nicht auf Kampf aus, und bei dem Lager handelte es sich auch keinesfalls um ein Heerlager, denn selbst der Julier gab zu, er habe auch Frauen und Kinder zwischen ihren Wagen vorgefunden. Dennoch gab Cäsar den Befehl zum Angriff, ein brutaler Befehl, den der damals als Prätor amtierende Cato später zum Anlaß nahm, vor dem Senat Cäsars Auslieferung an die Germanen zu fordern, erfolglos, aber zu Recht.

Cäsar hatte sowohl bei der Gefangennahme der Abgesandten als auch bei dem anschließenden Massaker die in der Antike allgemein anerkannten Rechtsnormen verletzt. Danach sollen 430000 Germanen, darunter zahlreiche Frauen und Kinder, niedergemetzelt oder fliehend in den Rhein getrieben worden sein, ein Völkermord, nicht untypisch für Cäsars Charakter.

»Aus vielerlei Gründen« beschloß Gaius Julius Cäsar den Rhein zu überschreiten. Für einen Römer war der Rhein das nördliche Ende der Welt. Dahinter lag von Barbaren besiedeltes unbekanntes Niemandsland. Er selbst gab an, den Germanen einen Denkzettel verpassen zu wollen, außerdem sollten sie, die den Rhein als Grenze des römischen Herrschaftsbereiches betrachteten, fortan um die eigene Sicherheit fürchten müssen. Von den Ubiern wurden den Römern Schiffe angeboten, auf denen die Legionen übersetzen sollten, aber der Feldherr fürchtete, sich mit den kleinen Flußkähnen lächerlich zu machen, und gab eine hölzerne Brücke in Auftrag, für deren Errichtung seine Pioniere nicht mehr als zehn Tage benötigten.

Weder Ort noch Zweck des Unternehmens sind bis heute völlig geklärt, vermutlich erfolgte der Brückenschlag in der Gegend von Neuwied, wahrscheinlich wollte Cäsar den Germanen nur vor Augen führen, daß es für die römischen Legionsadler keine Grenzen gab. 18 Tage marschierte der Julier mit seinem Heer kreuz und quer durch germanisches Land, aber wohin er auch kam, die Dörfer waren verlassen, Menschen und Tiere in der Wildnis der Wälder versteckt. Die Häuser legte Cäsar in Schutt und Asche, das schnittreife Getreide nahm er mit, die vielbewunderte Brücke ließ er hinter sich abreißen.

Vielleicht aus Enttäuschung über den nutzlosen Vorstoß nach Germanien führte der Julier seine Truppen rheinabwärts bis zur Kanalküste, wo an klaren Tagen Britanniens Küste am Horizont auftauchte. Ebenso wie Germanien galt Britannien als sagenumwobenes Land, im Gegensatz zu jenem vermutete man hier jedoch unermeßliche Reichtümer. Kaufleute hatten Cäsar die Existenz eines britannischen Reiches bestätigt, die Größe der Insel, ihre Bevölkerung und militärische Stärke blieb jedoch auch ihnen verborgen. Vorsicht schien angebracht. Deshalb schickte Cäsar zunächst einmal Gaius Volusenus mit einem Schiff nach Britannien, um Landungsmöglichkeiten und Heerstärke des Gegners auszukundschaften, was freilich mißlang, weil die Britannier den Römer so sehr mit Geschossen eindeckten, daß dieser keinen Fuß auf das Eiland setzen konnte und nach fünf Tagen unverrichteter Dinge zurückkehrte. Cäsar fühlte sich gefordert.

80 Lastschiffe hielt der Julier für ausreichend zum Transport zweier Legionen, also 12000 Mann. Sie stammten von der Loire, und Cäsar hatte sie bereits gegen die Veneter in der Bretagne eingesetzt. Dazu kamen noch 18 Frachtschiffe für Ausrüstung und Proviant und 30 Reiter. Die viel zu geringe Anzahl an Frachtschiffen mag ein Hinweis dafür sein, daß Cäsar das Unternehmen nicht sonderlich ernst nahm.

Als Cäsars Schiffe um die vierte Tagesstunde die Küste Britanniens erreichten, prasselte ein Speerhagel von den Klippen bei Dover auf die Eindringlinge herab. Etwa zehn Kilometer nördlich, nahe der Ortschaft Walmer, gelang es den Römern schließlich, nach erbitterten Kämpfen zu landen. Die Britannier, die Reiterei und Streitwagen einsetzten, hielten der größeren Kampfmoral der Legionäre nicht stand, zogen sich zurück und schickten Gesandte mit einem Friedensangebot. Cäsar forderte Geiseln, die Britannier sagten zu, baten jedoch um Geduld, sie müßten diese erst aus dem Landesinneren herbeiholen.

Eine Springflut in der Nacht vom 30. auf den 31. August zerschlug mehrere der römischen Schiffe und machte einen weiteren Teil manövrierunfähig. Die Legionäre gerieten in Panik, sie fürchteten, nicht mehr zurückzukommen und im strengen britannischen Winter hungernd und frierend umzukommen. So konnten die Britannier die Gunst der

Stunde zu einem erneuten Angriff nutzen, aber Cäsar parierte erfolgreich und legte den Barbaren nun die doppelte Anzahl Geiseln auf, gen Mitternacht stach er in Richtung Gallien in See, noch ehe er das Gesicht verlieren konnte.

Cäsar war viel zu klug, um nicht einzusehen, daß ein totaler Sieg in dieser Situation unmöglich war. Das Erscheinen römischer Truppen auf britannischem Boden war ihm genug Propaganda, um alle Ruhmestaten eines Pompejus oder Crassus in den Schatten zu stellen. Pompejus hätte in dieser Situation bis zum letzten Mann gekämpft und wäre wohl untergegangen – zum Ruhme Roms. Crassus hätte schon bei der unfreundlichen Ankunft in Dover zum Rückzug geblasen, hätte ein neues, größeres Heer aufgeboten, um dann doch am nordischen Winter zu scheitern. Cäsar verstand es, aus jeder Situation den größten Vorteil zu ziehen; denn wo der Julier auch kämpfte, in Gallien oder Britannien, er kämpfte für seine Zukunft in Rom.

Rege Korrespondenz ging drei Wochen von den Schlachtfeldern und Beutezügen nach Rom, durchsetzt mit geographischen und historischen Beschreibungen. Die »Kommentare zum Gallischen Krieg« entstanden zwar aus einem Selbstzweck, um seine Ruhmestaten zu verherrlichen, kamen zweifellos aber auch einem allgemeinen Informationsbedürfnis nach. Umgekehrt war Gaius Julius Cäsar auch im fernen Britannien über alle Vorgänge in Rom informiert, er unterhielt zwei Informationsbüros, eines vor Ort und eines in Rom. Auf Cäsars Feldzügen war zunächst Pompejus Trogus Leiter des Informationsamtes, 54 v. Chr. wurde er von Aulus Hirtius abgelöst, einem engen Vertrauten des Feldherrn und mehr Schöngeist als Militär.

In Rom leitete Oppius Cäsars Kanzlei, ein treuer Gefolgsmann, der den Julier schon nach Spanien und Gallien begleitet hatte. Weil er den Strapazen im Felde wohl nicht mehr gewachsen war, setzte Cäsar ihn als römischen Geschäftsträger ein. Später kam sein Freund Lucius Cornelius Balbus hinzu, ein steinreicher Spanier, dem Pompejus aufgrund seiner Verdienste das römische Bürgerrecht verliehen hatte. Von beiden werden wir noch hören. Nicht nur, daß die beiden Geschäftsträger wegen ihrer Verbindung stets gut informiert waren, offenbar setzten sie gezielt Spione und Nachrichtenzuträger ein, die auch Boten bestachen, die von ihnen beförderten Briefe zu öffnen. So mahnte Cicero den Freund Atticus in einem Brief zur Vorsicht, er müsse damit rechnen, daß dem Julier jede abfällige Bemerkung zur Kenntnis gelange.

Angesichts der zu erwartenden Erfolge des Triumvir Crassus im Osten konnte Cäsar es sich nicht leisten, das britannische Abenteuer schon jetzt als abgeschlossen zu betrachten. Noch zu Beginn des Jahre 54, unter dem Konsulat des Lucius Domitius und Appius Claudius, glaubte der Julier fest an eine Eroberung Britanniens. Davon zeugen seine Rüstungsanstrengungen, 600 Lastschiffe und 28 Kriegsschiffe, die er für die geplante Invasion besonders niedrig und mit flachem Kiel bauen ließ, um sie leichter an Land ziehen zu können. Ausgangspunkt der neuen Operation sollte der Hafen Itius sein, von wo aus der vorgesehene Landepunkt nahe dem heutigen Sandwich 45 Kilometer entfernt lag. Fünf Legionen, 30000 Mann und 4000 Reiter, standen dem Feldherrn dieses Mal zur Verfügung.

Um ganz sicher zu gehen, daß die Gallier während seiner Abwesenheit keinen Aufstand anzettelten – derlei Erhebungen waren an der Tagesordnung –, griff Cäsar zu einer List, er beorderte alle gallischen Stammesfürsten zu sich und eröffnete ihnen, er brauche in Britannien ihre Unterstützung. Der Häduer Dumnorix, ein – wie Cäsar behauptet – besonders herrschsüchtiger, hochfahrender und einflußreicher Stammesfürst, lehnte die Teilnahme zunächst mit der Begründung ab, er vertrage die Seefahrt nicht, und schob, als er damit bei Cäsar keinen Erfolg hatte, religiöse Bedenken vor, sein Land zu verlassen. Der Julier blieb hart. Als der Häduerfürst schließlich samt seinen Reitern die Flucht ergriff, während die übrigen an Bord gingen, gab Cäsar Befehl, Dumnorix zu verfolgen und zu töten. Damit hatte er den Rücken frei für die Invasion.

Anders als bei dem ersten Unternehmen, stießen die römischen Legionen diesmal auf keine Gegenwehr. Bei der Landung in der Gegend von Sandwich hatten sich die Britannier zurückgezogen, sie hatten noch nie eine solche Armada von Schiffen gesehen. Allein 200 Fahrzeuge stellten römische Bankiers in der Hoffnung auf einträglichen Anteil aus der Kriegsbeute. Diese Kriegsanleihe war das Ergebnis geschickter Öffentlichkeitsarbeit, die der Julier in Rom hatte betreiben lassen, eine wohldosierte Mischung aus Fakten und Fiktion. Cäsar schilderte Britannien als dichtbesiedelte, dreieckige Insel mit Häusern vom gallischen Typ und großem Viehbestand.

Die Einwohner, meist Kelten und nur im Landesinnern von Ureinwohnern durchsetzt, bauten zum Erstaunen der Römer kein Getreide an, sie ernährten sich in der Hauptsache von Milch, Rind- und Kalbfleisch; Hasen, Hühner und Gänse wurden nur als Haustiere gehalten, der Verzehr war verboten. Merkwürdig der Gegensatz: Gekleidet in Felle, im Kampf sogar mit blauer Farbe bemalt, mit langen Haaren und Oberlippenbärten, sollen die Britannier höchst kultiviert mit Gold- und Kupfermünzen gezahlt haben. Vielleicht war diese Nachricht aber auch nur ein Trick des Juliers, um den vermuteten Reichtum der Insel zu dokumentieren und die Investitionsbereitschaft römischer Bankiers zu erhöhen. Von viel größerer Bedeutung waren die britannischen Zinnvorkommen; Zinn, wichtiger Bestandteil zur Bronzeherstellung, wurde zu Cäsars Zeiten nur in Britannien gefördert.

Noch in der Nacht machte sich Gaius Julius Cäsar auf den Weg ins Landesinnere, er traute dem Frieden nicht und sah wie immer im Angriff die beste Verteidigung. Zurück blieben zehn Kohorten und 300 Reiter unter dem Oberbefehl des Quintus Atrius zum Schutz der Flotte. Ein nächtliches Scharmützel und weitere Kämpfe in den nächsten Tagen sahen den Julier im Vorteil, Cassivelaunus, den die britannischen Stämme zu ihrem Anführer gekürt hatten, vermochte der römischen Übermacht wenig entgegenzusetzen. So erlitten die Römer weniger Verluste im Kampf, als durch ein neuerliches Unwetter, das die Flotte schwer beschädigte. Cäsar drang bis in die Gegend von London vor, doch Reichtümer wie in Gallien fand er nicht. Enttäuscht kehrte der Julier Ende September nach Gallien zurück, enttäuscht, weil er keine Kriegsbeute nach Rom vermelden konnte, die Investitionen des römischen Geldadels mußten als Verluste abgebucht werden. Zudem hatte Cäsar die Erkenntnis gewonnen, daß das Inseldreieck am Ende der Welt zwar zu bekriegen, aber nicht zu erobern war.

Durch die ständige Zwangsrequirierung scheint sich unter den gallischen Stammesfürsten viel Haß angestaut zu haben, Aufstände in allen Teilen des Landes, ausgehend von den Carnuten in der Gegend von Orleans, machten den Römern schwer zu schaffen. Dabei tat sich Ambiorix, der Fürst der belgischen Eburonen im Gebiet nördlich von Lüttich, besonders hervor. Er vernichtete eine ganze römische Legion, bevor er zurückgeschlagen werden konnte, und obwohl Cäsar Kopfgeld und Suchtrupps einsetzte, die ganz Gallien durchkämmten, konnte er den verhaßten Widersacher nirgends aufgreifen. Als römische Legionen auch andernorts empfindliche Niederlagen erlitten, ließ Cäsar sich Bart und Haare wachsen wie ein trauernder Witwer und gelobte feierlich, jede Art von Kosmetik zu unterlassen, bis er sich an den Galliern gerächt hätte.

Leider vergaß der Feldherr in seinen »Kommentaren zum Gallischen Krieg« zu vermelden, wann er den Barbier wieder an sich heranließ, doch die restlichen drei Jahre in Gallien waren ein einziger Rachefeldzug, unnachsichtig und grausam. Konnte er des Ambiorix nicht habhaft werden, so statuierte Cäsar mit Acco, dem Sennonenfürsten ein Exempel. Nach dem Verlust zweier römischer Kohorten nahm Cäsar vor einem gallischen Landtag eine Untersuchung über den Sennonen- und Carnutenaufstand vor und fällte über den Anstifter Acco – so der Feldherr wörtlich – »ein härteres Urteil und ließ ihn nach Sitte der Vorfahren hinrichten«. Das bedeutete: Totpeitschen mit anschließendem Köpfen.

Nicht besser erging es Indutiomarus, dem Führer der Treverer. Nach Überfällen auf römische Winterlager wurde Indutiomarus von Labienus getötet, sein Kopf im Lager ausgestellt. Schon bald darauf, rühmte Cäsar, habe in Gallien Ruhe geherrscht. Das gallische Abenteuer schien zu Ende zu sein.

In der Hauptstadt hatte sich inzwischen die Lage zugespitzt. Julia, die mit Pompejus verheiratete Tochter Cäsars, war bei der Entbindung gestorben. Das mußte Cäsar um so härter treffen, als ihm gerade erst der Tod seiner Mutter Aurelia gemeldet worden war. Ein 46jähriger mag den Tod der Mutter verschmerzen, doch das Ableben seines Kindes muß ihn sehr getroffen haben, zumal es hieß, Julia sei die einzige gewesen, mit der er sich vorbehaltlos verstanden habe. Julias Tod ließ Cäsar noch mehr vereinsamen, seine ohnehin einsamen Entschlüsse wurden von nun an noch weniger kalkulierbar.

Politisch hatte der Tod von Cäsars Tochter katastrophale Folgen. Julia war die eigentliche Klammer, die die beiden Triumviri Cäsar und Pompejus verband. Mochten sie politisch unvereinbar sein wie Kreis und Quadrat – sie liebten beide dieselbe Frau. Dieses Band war nun zerrissen. Jetzt liefen ihre Wege nicht mehr nebeneinander, sie drohten sich auf gefährliche Art und Weise zu kreuzen.

Pompejus schien das Ende der verwandtschaftlichen Bindung weniger zu berühren als den Julier, ja, es kam ihm sogar gelegen, denn Rivalitäten mit dem eigenen Schwiegervater machen in der Öffentlichkeit nun einmal keinen guten Eindruck. Wer bis dahin vielleicht noch geglaubt hatte, der Zufall oder gar Liebe habe Pompejus und Julia zusammengeführt, wurde durch Cäsars weiteres Verhalten eines besseren belehrt: Hinter allem stand die weitschauende Regie des Juliers.

Das Trauerjahr war kaum zu Ende, da diente Cäsar dem verwitweten Triumvir seine Großnichte Octavia an, und als Pompejus dankend ablehnte, meinte dieser allen Ernstes, man könne das Verhältnis ja auch umdrehen, zur Abwechslung solle einmal Pompejus *sein* Schwiegervater werden, er jedenfalls würde sich von Calpurnia scheiden lassen und Pompejus' Tochter ehelichen. Der Handel kam nicht zustande. Unglaublich, wie niedrig die Hemmschwelle des Juliers lag, wie er Anstand, Charakter und Persönlichkeit hintenanstellte, wenn seine Regie außer Kontrolle zu geraten drohte. Er ging mit Frauen um wie mit Legionären, er beurteilte sie nach ihrem Nutzen. Sogar die »geliebte« Tochter Julia unterlag diesem Zwang, und man fragt sich, war Gaius Julius Cäsar überhaupt liebes*fähig*? War der Diktator bereits der Diktatur seines Verstandes unterlegen?

In Rom murrten nicht nur Cäsars Gegner, weil der Krieg in Gallien solange dauerte. Hatte der Julier nicht erobert, was zu erobern war? Hatte er nicht unermeßliche Reichtümer geerntet? Reichtümer, die seine einstigen Millionenschulden vergessen machten, Reichtümer, die es ihm erlaubten, Staatsbeamte zu kaufen, Bestechungsgelder zu zahlen, die jeden Mitbieter in so hohe Schulden stürzten, daß der Zinssatz von vier auf acht Prozent stieg?

Als Gaius Julius Cäsar im Jahr 53 eine Volksabstimmung forderte, die ihm die Bewerbung um das Konsulat *in absentia* gestatten sollte, da wurde auch dem letzten klar, was der Julier bezweckte. Nach seinem Konsulat mit Bibulus 59 v. Chr. konnte Cäsar frühestens 48 ein zweites Konsulat anstreben; denn das Gesetz sah ein decennium als Intervall vor. Ein Feldherr, der aus gallischen Landen einen Erfolg nach dem anderen vermeldete, der die einfachen Leute mit phantastischen Berichten, die einflußreichen mit nicht weniger phantastischen Bestechungssummen beeindruckte – die Damen erhielten gesonderte Präsente –, der konnte sich seiner Wahl sicher sein.

Was aber wäre geschehen, hätte Cäsar den Gallischen

Krieg beendet, sein Heer entlassen und wäre er nach Rom zurückgekehrt? Als Privatier, dessen Vermögen von Tag zu Tag abnahm, hätte der Julier sehr schnell an politischem Einfluß verloren. Was war er denn schon im Zivilberuf? Gerichtsredner, nicht einmal so gut wie Cicero, der für Geld heute so, morgen so redete. Seine Waffe war nicht die Zunge, seine Waffe war das Schwert, in Gallien hörten zehn Legionen auf sein Kommando, die kosteten weniger als die käuflichen Horden, die in Rom seine Sache vertraten.

18. Januar 52. Auf der Via Appia bei Bovillae stießen Publius Clodius, der Gefolgsmann Cäsars, und Annius Milo, der Parteigänger des Pompejus, mit ihren Schlägertrupps zusammen. Milo hatte als Privatmann glänzende Spiele veranstaltet, was ihm aber nicht genug Berühmtheit einbrachte, um zum Konsul gewählt zu werden. Was blieb, war ein Berg Schulden und der Vorsatz, sich das Geld zurückzuholen, wo immer er es bekommen konnte. Clodius hatte gerade den Wahlkampf eröffnet, der ihm zur Prätur verhelfen sollte – dem wollte Milo nicht tatenlos zusehen. Clodius wurde von Milos Anhängern getötet. Als bei seiner Leichenfeier auf dem Marsfeld die Totenfeuer aufloderten, verbreitete sich die Nachricht: Die Kurie steht in Flammen. Radikale Anhänger des Clodius hatten die Tagungsstätte des Senates angezündet, um zu demonstrieren, wie hilflos die Purpurträger waren; die Plebs brauchte keinen Senat, wieder einmal stand Rom am Rande eines Bürgerkrieges, das Reich forderte eine starke Hand.

In dieser Situation wäre das Triumvirat Cäsar-Pompejus-Crassus auseinandergebrochen, hätte jeder der drei gegen den anderen Partei ergriffen, doch das Schicksal zeichnete einen anderen Weg: Bei dem Versuch, die Parther jenseits des Euphrat zu schlagen, erlitt Crassus in Carrhae eine Niederlage. Crassus wurde auf dem Rückzug nach Syrien verraten und getötet. Gegen Cäsar formierte sich eine gallische Opposition, ein Zusammenschluß der mächtigsten Männer des Landes, gemeinsam darauf bedacht, dem Römer eine

Niederlage beizubringen. Cäsar eilte überstürzt ins jenseitige Gallien. Pompejus blieb in Rom, und da die Lage ernst war wie nie zuvor, wurden Stimmen laut, die nach einem Diktator riefen, einem starken Mann, der ohne Rücksicht auf einen *collega*, ohne komplizierte, zeitraubende Abstimmung durch Volk oder Senat zu handeln vermochte, wann und wie immer es das Heil des Staates erforderte. Crassus tot, Cäsar in Gallien, keinem anderen als Pompejus kam diese Aufgabe zu, und in der Tat stellten zwei designierte Volkstribunen den Antrag, Pompejus diktatorische Vollmachten zu übertragen.

Aber die mit Sulla gemachten Erfahrungen verhinderten die Machtübernahme, sicher intervenierte aber auch Cäsar gegen diktatorische Vollmachten für seinen Rivalen, der, mit Hinweis auf das Wohl des Staates, zu jeder Zeit die Legionen des Juliers aus Gallien abberufen, seinem eigenen Kommando unterstellen und Cäsars Feldherrnkarriere hätte beenden können. So billigte der Senat einen Antrag, Pompejus für das Jahr 52 zum *consul sine collega* einzusetzen, eine Halbheit, die dem Staatswesen kaum schaden konnte, aber ebensowenig nützte. Neuvermählt, jedoch nach eigenem, nicht nach Cäsars Gutdünken, ernannte Pompejus noch im selben Jahr den neuen Schwiegervater Quintus Metellus Pius Scipio zum *collega*, das alte System hatte seine Ordnung wieder, der Senat zeigte sich zufrieden.

Vielleicht sollte die Wiederherstellung der Dualität der Konsuln auch den Julier beruhigen. Pompejus legte es jedenfalls nicht darauf an, es sich in dieser Situation mit dem Julier zu verderben, nicht jetzt. Er lieh Cäsar sogar zwei seiner eigenen Legionen zur Auffrischung seines arg gebeutelten Heeres, mehr als eine noble Geste, purer Leichtsinn sogar, hätte Pompejus nicht fest an Cäsars Absicht geglaubt, bis zum Antritt seines zweiten Konsulats im Jahre 48 in Gallien zu bleiben.

Zunächst sah es wirklich so aus, als würde Cäsar über Jahre in Gallien festgehalten; denn immer wieder erhoben sich gallische Stämme. Kaum hatte der Feldherr zur Winterszeit das Land verlassen, lehnten sich die Gallier erneut gegen die römische Provinzialherrschaft auf. Tapfer waren diese gallischen Stämme allesamt, nur fehlte ihnen die geeignete Führerpersönlichkeit, die Autorität und Entschlossenheit in sich vereinte und es verstand, die wilden bewaffneten Haufen in ein schlagkräftiges Heer zu integrieren. Der einzige Mann, dem diese Rolle noch am ehesten zukam, war Vercingetorix vom Stamme der Arverner.

Er war nicht unumstritten westlich des Rheins, die Gallier hatten schon seinen Vater Celtillus umgebracht, weil sie ihn verdächtigten, nach der Vorherrschaft zu streben. Danach versuchte Vercingetorix, getrieben von leidenschaftlichem Römerhaß, die gallischen Stämme zu einigen. Es gelang ihm, seine Gegner, darunter der eigene Onkel Gaobannitio, zu vertreiben, den Königstitel zu erlangen und Sennonen, Parisier, Pictonen, Cadurker, Turoner, Aulerker, Lemoviken, Anden und alle Küstenstämme für sich zu gewinnen.

Vercingetorix ging mit eiserner Strenge vor, ließ Verbrechen mit dem Feuertod ahnden und schreckte nicht vor der Folter zurück, Ohren abschneiden, Augen ausstechen eingeschlossen. Derart diszipliniert wuchsen die gallischen Stämme zu einem schlagkräftigen Heer zusammen, das sich zunächst auf die Strategie der verbrannten Erde beschränkte, Ortschaften, die den Römern nicht in die Hände fallen sollten, einäscherte, im übrigen aber die Moral der cäsarischen Legionäre durch ständige kleinere Angriffe untergrub, so daß sich im römischen Heer nach den Worten Plutarchs, tiefe Mutlosigkeit verbreitete – offensichtlich war Gaius Julius Cäsar doch nicht unschlagbar, wie es viele Jahre den Anschein hatte. Und die Schmach wurde noch größer, als er bei einem Rückzugsgefecht im Land der Sequaner, das zwischen Italien und dem aufständischen Gallien lag, sein Kurzschwert verlor.

In Vercingetorix erstand dem Julier ein ernstzunehmender Gegner, vielleicht der einzige wirkliche, der ihm bisher begegnete, gefährlich deshalb, weil er ihm so ähnlich war. Vercingetorix – ein kleiner Cäsar, stolz, siegesgewiß, ein Feldherr, der seine Krieger mitzureißen verstand.

Es gelang dem Julier, die Gallier unter hohem Einsatz niederzukämpfen, Vercingetorix rettete sich mit seinem 170000-Mann-Heer nach Alesia, heute Alise-Sainte-Reine, westlich der Seinequelle, verfolgt von Cäsars Legionen, die eine großangelegte Belagerung begannen. Schon bald aber sah Cäsar sich selbst belagert, nicht weniger als 300000 Gallier zogen einen Belagerungsring um das eingekesselte Alesia, eine listigschlaue Taktik des Gallierkönigs, verwirrend in Cäsars eigener Beschreibung, klarer von Plutarch formuliert: »Cäsar, zwischen diesen mächtigen Heeren eingeschlossen und belagert, mußte notgedrungen zwei Befestigungsringe erstellen, einen gegen die Stadt, den anderen gegen das heranflutende Ersatzheer, da eine Vereinigung der feindlichen Truppenmassen für ihn und die Seinen den sicheren Untergang bedeutet hätte. So ist der Kampf um Alesia aus vielen Gründen berühmt geworden, und mit Recht; denn was in diesem Ringen an verwegener Tapferkeit und erfindungsreicher List geleistet wurde, hat nicht seinesgleichen. Dies aber bleibt wohl das größte Wunder, daß Cäsar mit den zahllosen Scharen der äußeren Angreifer sich schlagen und den Sieg erringen konnte, ohne daß die Verteidiger der Stadt das geringste ahnten, ja – und das ist noch erstaunlicher – daß nicht einmal die Römer auf dem stadtwärts gerichteten Verteidigungsring etwas bemerkten. Diese erfuhren erst dann von dem Sieg, als sie von Alesia her das Heulen der Männer und das Wehklagen der Frauen vernahmen, welche gesehen hatten, wie die Römer auf der anderen Seite massenhaft silber- und goldbeschlagene Schilde, blutbesudelte Panzer, Trinkgeschirre und gallische Zelte in ihr Lager schleppten. So war das mächtige Heer in einem Augenblick dahin, verweht wie ein Spuk oder ein Traum, die meisten im Kampf gefallen. Endlich ergaben sich auch die Verteidiger von Alesia, nachdem sie selber schwere Not gelitten und auch Cäsar in harte Bedrängnis gebracht hatten. Vercingetorix, der oberste Befehlshaber im Krieg, waffnete sich prächtig und ritt dann auf glänzend aufgezäumtem Pferd zum Tor hinaus ...«

Einem tapferen Mann wie Vercingetorix, noch dazu 18 Jahre jünger als er selbst, brachte Gaius Julius Cäsar große Bewunderung entgegen, er setzte ihn gefangen, um den Römern den tapfersten aller Gegner bei einem möglichen Triumphzug vorzuführen. Faszinierender Gedanke: Vercingetorix hätte Cäsar besiegt, ein geeintes Keltenreich geschaffen und wäre bei einem Rachefeldzug gegen Rom auf Pompejus gestoßen, den großen Imperator. So aber, berichtet Plutarch, habe der Julier die gleiche Höhe erreicht wie der siegumstrahlte Pompejus, Cäsar sei Pompejus von jetzt an in keiner Weise unterlegen gewesen, was die politische Situation aber nur noch mehr zuspitzte: zwei gleichwertige Männer strebten insgeheim nach der Diktatur.

Cäsar habe, so Plutarch, von Anfang an diesen Plan verfolgt und seine Nebenbuhler wie Athleten kämpfen lassen, während er sich in weitem Abstand hielt. Das gleiche galt aber auch für Pompejus. Er hoffte – als Feldherr war er sogar überzeugt –, daß Gaius Julius Cäsar den aufreibenden Gallischen Krieg nicht überleben würde, doch er irrte. Der Niederschlagung des Vercingetorix folgte die Unterwerfung Aquitaniens, im Jahre 50 widmete sich der Julier nur noch der Befriedung des großen, reichen Galliens, ließ Milde walten und setzte erträgliche Tribute fest, immer noch genug, um Ströme von Geld und Geschenken in die Taschen einflußreicher Römer fließen zu lassen.

Gaius Scribonius Curio, Volkstribun des Jahres 50, wurde von Cäsar seiner drückenden Schuldenlast enthoben, Lucius Aemilius Paulus, Konsul desselben Jahres, erhielt vom selben Spender 1500 Talente, mit denen Lucius Aemilius an der Nordseite des Forum die Basilica Aemilia anstelle der alten fulvischen errichten ließ. Mit Verachtung konstatiert der Chronist, in Rom habe, wer auf ein Amt aus war, seine Tische auf den Markt gestellt und das Volk schamlos bestochen, und die gekaufte Masse habe für den Spender gekämpft, aber nicht mit dem Stimmstein, sondern mit Bogen, Schwert und Schleuder. Blutlachen auf der Rednerbühne, sogar Tote waren keine Seltenheit, der Anarchie preisgegeben trieb der Staat dahin wie ein Schiff ohne Steuermann.

Eigentlich standen zwei fähige Steuerleute zur Verfügung, aber keiner von ihnen durfte eine Hand rühren. Ein jeder wartete nur auf die Initiative des anderen, um dem Gegner Streben nach der Diktatur vorzuwerfen, das Signal zum Eingreifen, Fanal zum Bürgerkrieg. Wie zwei Boxer im Ring belauerten sich Cäsar und Pompejus, jeden Schritt des Gegners angespannt verfolgend, sekundiert von ihren Parteigängern, die den anderen provozierten und Stolpersteine auslegten, ein unnachsichtiges Punktesammeln, Haushalten mit den eigenen Kräften. Aus Pompejus' Anhang kam die Forderung, den Julier in Gallien durch einen neuen Provinzstatthalter zu ersetzten. Gleichzeitig verlangte Pompejus seine beiden geliehenen Legionen zurück: Zermürbungstaktik, um den Gegner zu irritieren. Warum hatte Pompejus seine Legionen zur Verfügung gestellt, wenn er sie wenig später wieder zurückforderte?

Cäsar, unbeirrbar, reagierte geschickt, zeigte keine Schwäche, funktionierte die vermeintliche Verteidigung in Angriff um. Jeder Legionär bekam 250 Drachmen geschenkt, berichtet Plutarch, die Offiziere, welche die Truppen zurückführten, wohl erheblich mehr, denn sie verbreiteten bei der Rückkehr gezielte Indiskretionen, Cäsars Soldaten seien allesamt glühende Anhänger des Pompejus und würden sich ohne Zögern auf seine Seite schlagen, wenn sie erst wieder italischen Boden unter den Sohlen hätten. Eine plumpe Lüge; aber, meint der Chronist, ob solchem Gerede wurde Pompejus eitel und aufgeblasen, er versäumte es, neue Truppen auszuheben und glaubte, den Julier auf politischem Weg, durch Reden und Anträge erledigen zu können.

Die Fronten verhärteten sich. Cäsars letzter Vermittlungsversuch, dessen Ernsthaftigkeit nicht bewiesen ist, sah vor, sowohl er, wie auch Pompejus sollten die Waffen niederlegen und ihre Heere entlassen. Beinahe einstimmig stimmte der Senat zu. Curio, der den Vorschlag überbrachte, wurde wie ein siegreicher Fechter mit Blumen und Kränzen beworfen, Scipio, Pompejus' Schwiegervater, aber erhob sich und beantragte, Cäsar zum Feind des Vaterlandes zu erklären und Konsul Lentulus schrie, Waffen brauche man gegen einen Räuber, keine Abstimmungen, ein Tumult brach aus und sprengte die Versammlung, Rom stand vor den Scherben vergeblicher Friedenspolitik.

Caelius, der Ädil, schilderte seinem alten Lehrmeister Cicero, der sich im August des Jahres 50 gerade auf der Rückreise von Kilikien nach Italien befand, die Situation in eindringlichen Worten: »Ich sehe«, so der Parteigänger Milos, »keine Möglichkeit, wie der Friede noch über dieses Jahr dauern solle, und je näher die Zeit rückt, da die Streitfrage entschieden werden muß, desto augenscheinlicher ist die Gefahr. Der Punkt, worüber die Machtgruppen aneinander geraten, ist folgender: Gnaeus Pompejus will nicht zulassen, daß Cäsar Konsul werde, ohne sein Heer und seine Provinzen aufgegeben zu haben. Cäsar hingegen ist überzeugt, er sei verloren, sobald er sich von seinem Heer trenne. Indessen hat er sich jedoch dazu bereit erklärt, falls Pompejus sein Heer gleichfalls übergebe. So wird nun jene große Liebe und enge Verbindung, auf die alle Welt eifersüchtig war, nicht zu einer getarnten Rivalität führen, sondern sich in einem Krieg entladen.«

Zurück in Rom versuchte Marcus Tullius Cicero verzweifelt zu vermitteln und angeblich hatte er die beiden Kontrahenten bereits soweit gebracht, sich mit je einem winzigen Heer zu bescheiden, da fiel Konsul Lentulus im Senat über Cäsars Parteigänger her, beschimpfte sie auf übelste Weise und schob ihnen die Schuld an der gegenwärtigen Situation des Staates zu. Curio und Antonius, gegen die sich die

Anklage in der Hauptsache richtete, wurden aus dem Senat gejagt, als Sklaven verkleidet flohen sie auf einem Karren aus der Stadt, für Cäsar Grund genug, seinen Anhängern auszumalen, was geschehen würde, sollten die Dinge so weiterlaufen wie bisher, Beamte des römisches Volkes, von den Römern rechtmäßig gewählt, mußten um ihr Leben fürchten.

Um die Jahreswende 50/49 überschlugen sich die Ereignisse: Cäsar rüstete offen zum Marsch auf Rom. Das war gegen das Gesetz, kein Feldherr durfte italischen Boden, schon gar nicht die Hauptstadt, betreten, ohne sein Heer entlassen zu haben. Am 7. Januar 49 faßte der Senat den übereilten Beschluß, Cäsar aus Gallien abzuberufen, sein Zehn-Legionen-Heer zu entlassen. Die Reaktion des Juliers auf das *Senatus consultum ultimum* – das Ultimatum des Senates: Drei Tage später überschritt er mit seinen Truppen den Rubicon, einen winzigen Fluß im Norden Italiens, der die Grenze zwischen dem Reich und der Provinz bildete, ein Rinnsal nur, und doch von so großer Bedeutung.

Plutarch schreibt, Cäsar sei in der Nacht schweigend am Ufer gestanden und habe lange gezaudert. Dann habe er die Augen geschlossen und, als stürze er sich von einem Felsen in eine unbekannte Tiefe, gerufen: »Der Würfel ist gefallen.«

In den norditalischen Städten stieß Cäsar zunächst auf wenig Zuneigung, die meisten mußten von seinen Truppen erobert werden. Erst als am 21. Februar die Stadt Corfinium kapitulierte, war der Weg frei in die Hauptstadt. Dort verkündete Pompejus den Ausnahmezustand, forderte alle Senatoren auf, ihm zu folgen und verließ noch in der Nacht die Stadt in Richtung Süden. Das alles ging so schnell, daß selbst die rituellen Opfer unterblieben, die bei Ausbruch eines Krieges vorgeschrieben waren. Die Römer selbst flohen zu Tausenden aus der Stadt, während die Landbevölkerung nach Rom drängte. Als Cäsar nach zwei Monaten die Stadt einnahm, kam nicht ein einziger Mensch zu Schaden.

Pompejus hatte sich nach Brundisium zurückgezogen,

Mauern und Gräben umgaben die Stadt, er ließ weite Flächen umgraben und mit spitzen Pfählen bewehren, so sehr fürchtete er Cäsars Legionen.

Cicero an Atticus: »Dieser verrückte, elende Mensch, der niemals auch nur einen Schimmer von Moral gesehen hat! Er behauptet alles zu tun um seiner Ehre willen; wo kann es aber Ehre geben ohne Moral? Ist es denn moralisch, sein Heer zu behalten ohne staatlichen Auftrag? Bürgerstädte zu besetzen, um sich den Weg nach Rom zu bahnen? Sich mit dem Gedanken an Kassierung der Schuldbücher, Rückberufung der Emigranten und tausend anderen Ungeheuerlichkeiten zu tragen?«

Der Würfel war gefallen. Es herrschte Bürgerkrieg, vom Zaun gebrochen von einem Mann, dessen Ruf als bedeutender Feldherr und Staatsmann noch heute ungebrochen ist, der durch die Eroberung Galliens das Gleichgewicht zwischen den östlichen und westlichen Provinzen des Reiches hergestellt hatte, der an der befriedeten Rheingrenze den gen Westen drängenden Germanen für drei Jahrzehnte Einhalt geboten hatte, der bewußt und gezielt den Übergang von der alten Republik zur neuen Monarchie anstrebte.

Gaius Julius Cäsar war trotz seiner 50 Jahre eine unvollendete Persönlichkeit. Echte Liebesbeziehungen schienen ihm fremd wie das sagenhafte Britannien, wenn man von seinen homoerotischen Neigungen absieht. Das war keine Liebe, eher Zuneigung; Leidenschaft gewiß nicht. Zwei Ehen, sagen wir es deutlich, reine Zweckverbindungen. Viel zu sehr Verstandesmensch scheint Cäsar weit entfernt, das Wort Liebe in die Tat umzusetzen. Frauen spielten eine untergeordnete Rolle, Objekte eines Macho, mehr nicht, dafür häufig. Wenn Cäsar bis zu seinem 50. Geburtstag je verliebt war, dann war nur er selbst das Objekt seiner Leidenschaft, seiner Karriere.

Im probe Amor, quid non martialia pectora cognis – unersättliche Liebe, wozu treibst du die sterblichen Herzen nicht! –, sagte Vergil. Schließlich mit 52 Jahren traf Gaius

Julius Cäsar die Leidenschaft wie der Pfeil eines asiatischen Reiters. Es war mitten im Krieg, und die Frau, der dieses Kunststück gelang, hätte gut und gerne seine Tochter sein können. Sie lebte jenseits des Mare Internum in einem sagenumwobenen Land, und aus ihrer Sicht stellte sich Rom, seine Geschichte und natürlich auch Gaius Julius Cäsar ganz anders dar.

Teil II
Cäsar und Kleopatra

Männer regieren die Republik;
Frauen regieren die Männer

Cato

1.

Alexandria, welch eine Stadt! – Der Kampf um Alexanders Erbe – Die Ptolemäer-Dynastie – Wie alexandrinische Kultur die Welt eroberte Museion und Bibliothek von Alexandria – Das Weltwunder von Pharos – Genies und Erfinder – Das Sternbild der Berenike Kleopatra I. und ihre Nachfolgerinnen – Liebe zu dritt auf dem Pharaonenthron – Ägyptens Abhängigkeit von Rom

Alexandria, welch eine Stadt! Rom mag größer, Karthago weitflächiger, Athen doppelt so alt gewesen sein – in Alexandria lebten 700000 Ägypter, Griechen und Juden, Völker dreier Erdteile, an deren Peripherie der große Alexander die Umrisse dieser Stadt in den Sand gezeichnet hatte. Seit tausend Jahren lag hier an dieser Stelle das ägyptische Dorf Rhakotis, und man erzählt, Alexander habe seinen Reitermantel in den Sand geworfen, dessen rechteckigen Umriß nachgezeichnet und mit ein paar Quer- und Längsstrichen Straßen und Gebäude angedeutet, so und nicht anders solle die Stadt aussehen, die zehnte, die seinen Namen tragen würde, von allen die größte.

Kein anderer als Deinokrates konnte diesen Plan verwirklichen, der Rhodier mit dem Hang zum Überdimensionalen, dessen Phantasie unbezähmbar schien wie seine Energie, die sogar der Makedone bremsen mußte, als der Baumeister den felsigen Berg Athos auf der östlichen der drei chalkidischen Landzungen, wo Mardonios im schäumenden Meer Schiffbruch erlitten hatte, mit Hilfe tausender meißelnder Hände in ein Riesenstandbild des Königs verwandeln wollte. Doch Alexander der Große verhinderte den Frevel der Götter, wissend, daß menschliche Größe sich am ehesten in Taten manifestierte und nicht in behauenem Stein.

Das ägyptische Alexandria erwuchs am Westrand des Nildeltas, nicht einmal halb so groß wie Athen, doch es zog siebenmal mehr Einwohner an, ein brodelndes Völkergemisch aus Orient und Okzident, vermengt mit den exotischen Völkern des südlichen Kontinents, vielsprachig unverständlich, zusammengehalten durch die griechische Umgangssprache *koine*, die weiter entfernt war von Homers sprudelnden Gesängen und den drohenden Versen Euripides' als Ägyptens Provinz von der attischen Hauptstadt. Zweifelte selbst Alexander noch am Willen der Götter, gerade hier zwischen Meer und Mareotis-See eine Stadt zu errichten, weil Vogelschwärme das Mehl aufpickten, mit dem Deinokrates die Mauern markiert hatte, so wurden schon bald die Orakel bestätigt, welche verkündeten, diese Stadt Alexanders werde vortrefflich nicht nur sich selbst, sondern auch andere Städte ernähren.

Alexandria, welch eine Stadt! Sechs Kilometer breit und eineinhalb Kilometer tief zog sich die Metropole an der Küste entlang, wie das jonische Milet am Reißbrett geplant, von pfeilgeraden Prachtstraßen durchschnitten, deren mittlere, sechs Kilometer von West nach Ost, den Namen »Rennbahn« trug, weil hier, anders als im wagenfeindlichen Rom, die Pferdegespanne dahinpreschten, bei Tag wie bei Nacht; denn mit Einbruch der Dunkelheit wurden an den säumenden Arkaden, die tagsüber Schatten spendeten, Hunderte von Öllaternen entzündet. Das ganze Altertum sah keine prachtvollere Avenue.

Die ersten fünf Buchstaben des griechischen Alphabetes bezeichneten die fünf Stadtviertel, in die sich ohne sichtbaren Übergang Ägypter, Griechen, Makedonen, Araber, Perser und Juden teilten. Zehntausende von Juden strömten herbei, um sich im östlichen Stadtviertel Delta niederzulassen, angelockt von dem Versprechen, unter gleichem Recht zu leben wie Ägypter und Hellenen. Man wohnte getrennt, aber nicht abgesondert, ein kosmopolitisches Gewirr von Menschen, zweitgrößte Menschenansammlung der Welt, die dem Andenken des großen Makedonen zur Ehre gereichte.

»Paidion«, hatte ihn der alte Prophet in der Oase Siwa genannt, »Söhnchen«, aber der weissagende Barbar hatte wohl Schwierigkeiten mit der griechischen Sprache, nuschelte im Angesicht des großen Feldherrn, des Siegers über den verhaßten Perser Dareios, etwas wie »Paisdios«, und alle konnten es hören. Das aber bedeutete in griechischer Sprache nichts anderes als »Sohn des Zeus«, und Alexander fand damit seine göttliche Abstammung bestätigt. Selbstbewußt und siegessicher zog er gen Osten, die unbezwingbar geltende Festung Tyros erobernd, Persepolis brandschatzend, Marakanda dem Erdboden gleichmachend, bis er den Indus erreichte, um in Tränen auszubrechen, weil es nun nichts mehr zu erobern gab.

Aber Alexander hatte Raubbau mit seiner Gesundheit getrieben, seine physischen Kräfte überschätzt, Trunksucht mag dazu beigetragen haben, daß er frühzeitig starb und 33jährig ein Weltreich hinterließ, wie es sich niemals mehr zusammenfügte.

Ein gewisser Ptolemaios, langjähriger Leibwächter und bewährter Feldherr Alexanders, ein stiernackiger Makedone mit tiefliegenden Augen, erhielt jenen südlichen Teil des Weltreiches als Pfründe, die den übrigen Generalen weit weniger erstrebenswert erschien: Antipater behielt Makedonien, Lysimachos gebot über Thrakien, Antigonos beherrschte Lykien, Pamphylien und Großphrygien, während Seleukos das ferne Babylonien nahm, kein Mißgriff, doch ein folgenschweres Unterfangen, für das er die Hilfe des Ptolemaios beanspruchte.

In der Tat, Ptolemaios schien das beste Los gezogen zu haben. Zwar blieben ihm wie den übrigen Diadochen Kämpfe um das historische Erbe nicht erspart, aber als er im Jahre 305 den Königstitel annahm, da rief dies bei den Völkern an den Ufern des Nils Gedanken an eine ruhmreiche Vergangenheit wach, und Ptolemaios war der erste Namensträger einer Dynastie, deren Herrschaft länger dauern sollte als die aller übrigen Diadochenreiche.

Ptolemaios, der Makedone, ein Pharao, Sohn des Sonnengottes Re?

Genaugenommen wurde das Nilreich schon seit mehr als 600 Jahren nicht mehr von Ägyptern beherrscht. Scheschonk, der die 22. Dynastie begründete, stammte von libyschen Söldnern ab, die im Nildelta siedelten, und in den folgenden Jahrhunderten litt das Reich unter der Herrschaft von Assyrern und Persern, so daß Ptolemaios, der Makedone, gewiß mit weniger Argwohn empfangen wurde als die Asiaten vor ihm.

Soter, nannten sie den Europäer auf dem Pharaonenthron, das bedeutet »Retter«. In der Tat erschien Ptolemaios als Retter des Nilreiches, er schlug den habsüchtigen Diadochen Perdikkas und machte Alexandria zur glänzenden Hauptstadt; dem nicht genug, der Makedone dehnte Ägyptens Herrschaft bis Kyrene und nach Zypern aus, letztes Aufflackern der einst bis an den Euphrat expandierenden Macht des Pharaonenreiches, matter Abglanz zwar der goldglänzenden Dynastien vergangener Jahrtausende und doch ein Geschlecht, das in knapp 300 Jahren 15 Könige und 16 Königinnen auf dem Thron sah.

Alle männlichen Erben des Horusthrones trugen mit Stolz den Namen Ptolemaios nach jenem ersten gleichen Namens, der den Makedonen Lagos zum Vater hatte, die Mutter hieß Arsinoe. Lagiden oder Ptolemäer nannte man die Dynastie, an deren Anfang Ptolemaios stand, der Namengeber, und am Ende Kleopatra, die siebte gleichen Namens in dieser Zeit.

Beseelt von Alexanders Wunsch verzauberte Ptolemaios, der Retter, die neue Stadt im Westen des Deltas in ein Dorado für wagemutige Baumeister, geschäftstüchtige Händler und ehrgeizige Wissenschaftler. Man sprach, dachte, lebte hellenisch. Zu sehr rührte die Menschen aller Herren Länder – auch, vielleicht sogar vor allem, die Unterjochten – das Vorbild des großen Alexander, von dem man glaubte, seine Seele sei zum Himmel geflogen. Der Orient kannte keine Vorbilder, denen nachzueifern gelohnt hätte, und so gewann das Hellenische, das Griechische, obwohl von der hohen Blüte der Klassik schon Menschenalter entfernt, noch einmal weltgeltenden Einfluß, das Zeitalter des Hellenismus hielt seinen Einzug.

Ein Viertel der Stadt nahm der königliche Palast ein, vorgestreckt auf einer Halbinsel, Kap Lochias, mit säulengesäumten Gebäuden, durch die der Wind von See her strich, Parks und eigenem Zoologischen Garten. In den Straßen, die sich nie anders als rechtwinkelig kreuzten, duftete es nach Luxus und Wohlstand. Modisches promenierte, Militärisches paradierte, die Selbstdarstellung feierte nirgends größere Triumphe. Wer die Hauptstraße im Osten durch das Sommertor betrat, den erwarteten sechs Kilometer sonnenbeschienener Luxus, hochgegürtete Mode mit vielfaltigen Gewändern, kunstvoll gelocktes Haar, endloses Scherzen und Necken, aber auch geistvolles Gespräch, und bis er die Straße im Westen durch das Mondtor verließ, hatte nicht selten der Tag sich geneigt.

Das hellenische Alexandria hinterließ kaum Ruinen. Seit jener Zeit bis heute kontinuierlich besiedelt, wurde Altes und Baufälliges sofort durch Neubauten ersetzt. Trotzdem liegt die Vermutung nahe, daß Alexandria eine Stadt der Hochhäuser war, denn im Vergleich zu Karthago war Alexandria nicht einmal halb so groß, hatte aber doppelt so viele Einwohner.

Architektur als Selbstdarstellung, auch in dieser Hinsicht imitierten die Ptolemäer ihre ruhmreichen Pharaonenvorfahren, türmten Gestein machtheißend, verbrämt mit glitzerndem Blendwerk. Alexandrias besondere Lage zwischen Meer und Mareotis-See erforderte den Ausbau zweier Häfen, des Binnenhafens im Süden und des Großen Meerhafens im Norden. Ein Verbindungskanal zum Kanopus-Arm des Nilflusses ermöglichte direkten Schiffsverkehr zwischen der neuen und der alten Reichshauptstadt Memphis.

Die der Küste vorgelagerte Insel Pharos bot natürlichen

Schutz vor hereinbrechenden Winterstürmen, und so legten die Ptolemäer an der schmalsten Stelle zwischen Insel und dem Festland einen befahrbaren Damm an, an zwei Stellen von Brückenbögen überspannt, zum Durchlaß für Fischerboote, und sieben Stadien lang, daher »Heptastadion« genannt. Dieser Damm teilte den Hafen. In der westlichen Hälfte dümpelten die kleinen Schaluppen der Fischer, der östliche Teil blieb der Kriegs- und Handelsschiffahrt vorbehalten, hier lagen die ausgedehnten Schiffswerften und Stapelplätze, im Osten geschützt durch einen Damm von Kap Lochias bis zur östlichen Spitze von Pharos, unterbrochen von einer engen Hafeneinfahrt.

Wo der Damm auf die schmale Zunge der Insel traf, erhob sich ein Leuchtturm, so hoch und so breit, daß ihn die Alten zu den sieben Weltwundern zählten. Historiker und Archäologen hegen bis heute nur Vermutungen über Höhe und Aussehen dieses Weltwunders, denn obwohl der Leuchtturm von Pharos eineinhalb Jahrtausende Dienst tat, obwohl er vermutlich höher in den Himmel ragte als die Pyramiden von Gise, blieb kein Stein auf dem anderen. 1303 und 1326 n. Chr. brachten zwei Erdbeben den Koloß zum Einsturz, aus seinem Gemäuer türmten mittelalterliche Seefahrer an gleicher Stelle eine Festung, die heute längst verfallen ist.

Der erste Ptolemaios, der den Bau begonnen, und der zweite, der ihn 279 vollendet hatte, sah in dem Leuchtturm mehr als einen Zweckbau. Man streitet sogar, ob dieses Wunderwerk ursprünglich als Leuchtfeuer konzipiert war. Vor allem galt es Macht, Reichtum und Herrschaftsanspruch zu demonstrieren. Als Architekt wird Sostratos genannt, dessen Name auch im delphischen Heiligtum auftaucht, ein berühmter Künstler seiner Zeit. Ihn ärgerte die Forderung des Ptolemaios, den König auf einer Inschrift als Erbauer zu preisen, obwohl er, Sostratos, der eigentliche Baumeister war. Also schlug der listige Dorer folgende Inschrift in das Fundament: Sostratos, Sohn des Dexiphanes aus Knidos, im

Namen aller Seeleute, den rettenden Göttern. Dann überstrich Sostratos die Inschrift mit Gips und gravierte eine zweite Inschrift gleichen Inhalts darüber – jedoch mit dem Namen des Königs. Doch im selben Maße, wie sich in das Gesicht des Königs Altersfalten schrieben, bekam der Gips Risse und Sprünge und fiel – Ptolemaios und Sostratos waren längst tot – schließlich ganz ab. So überdauerte der Name des Sostratos die Zeiten.

Er muß sehr stolz gewesen sein über das gelungene Werk, für das ihm Ptolemaios Philadelphos 800 Talente Honorar bezahlte. Mittelalterlichen Berichten zufolge hatte der Turm einen quadratischen Unterbau, auf den ein achteckiges Mittelstück gesetzt war, nur halb so hoch wie der Unterbau. Auf dem Mittelstück erhob sich ein runder Turm, dessen Spitze eine Poseidon- oder Isisstatue krönte. Die Höhenangaben schwanken zwischen 104 und 227 Metern. Über eine Wendeltreppe im Innern gelangte man zur oberen Leuchtkammer, wo Spiegel das Leuchtfeuer – oder bei Tag das Sonnenlicht – bündelten und gen Norden richteten. Ein griechisches oder phönizisches Schiff sah das Feuer von Pharos bereits eine Tagesreise entfernt, mehr als hundert Kilometer.

Der Turm wurde zum Wahrzeichen für Alexandria. Mehr noch, Pharos wurde zum Leuchtturm schlechthin. Bis heute hat sich der Begriff »faro« im Italienischen und »phare« im Französischen für Leuchtturm erhalten.

Nahe dem Palast bauten die Ptolemäer ein Mausoleum für den toten Alexander. Er hatte den Wunsch geäußert, in Ägypten bestattet zu werden, in der Oase Siwa, aber Ptolemaios Soter holte den Leichnam des großen Makedonen aus Babylonien zunächst nach Memphis, wo er eine vorübergehende Ruhestätte fand. Erst unter Ptolemaios Philadelphos wurde Alexander in Alexandria bestattet, und von nun an fanden alle Ptolemäer an der Seite Alexanders ihre letzte Ruhe. Auch damit wollten die neuen Könige Ägyptens deutlich machen, daß sie die wahren Nachfolger des großen Feldherrn und Königs seien.

Ptolemaios, der »Retter«, verstand es geschickt, seine Töchter Arsinoe, Theoxene, Ptolemais und Antigone an den Mann zu bringen; es waren allesamt alte Rivalen, denen er die hübschen Kinder erfolgreich andiente. Gewiß war er selbst, der Klügste unter den Diadochen, ein Historiker von hoher Bildung, der Alexanders Kriege für die Nachwelt aufzeichnete, als Politiker und Verwaltungsfachmann den Rivalen weit überlegen. Als einziger der Diadochen, die Alexanders Reich untereinander aufteilten, war Ptolemaios mit dem großen Makedonen weitläufig verwandt, es gab jedenfalls irgendeine Verbindung zwischen Alexanders Vater Philipp und Ptolemaios' Mutter Arsinoe.

Schon allein deshalb fühlte sich Ptolemaios zum Statthalter berufen, nicht nur für Ägypten, sondern für das ganze Reich. Alexander selbst hatte die Hauptstadt gegründet, und Ptolemaios legte alles daran, den Traum des großen Makedonen in die Tat umzusetzen, Alexandria zur Hauptstadt der ganzen hellenistischen Welt und zum Weltzentrum der Wissenschaft zu machen, so daß sich in Alexandria eine eigene Kultur herausbildete, die Wissenschaft, Literatur und Kunst beeinflußte. Diese alexandrinische Kultur trug ihre ersten Früchte an den hellenistischen Herrscherhöfen, an den Höfen der Makedonen und Seleukiden ebenso wie in Ägypten. Doch sehr bald verlagerte sich das Kulturzentrum in die Hauptstadt des Nilreiches.

Kultur ist Macht. 31 Pharaonen-Dynastien hatten Ptolemaios dies gelehrt, und so förderte der Historiker auf dem Thron Kunst und Wissenschaften in nie gekanntem Ausmaß, gründete das Museion und die alexandrinische Bibliothek, stiftete den Serapis-Kult und einen Reichskult des verewigten Alexanders.

Wo hatte es je eine Einrichtung wie dieses Museion gegeben, ein Heim der tanzenden Musen? Nach dem Vorbild der platonischen Akademie, deren athenische Philosophen sich um ein Musenheiligtum versammelten, stand dieses Museion den Jüngern *aller* neun Musen offen: Klio, der

Muse der Geschichte, Kalliope, der Muse der Erzählkunst, Melpomene, der Muse der Tragödie, Thalia, der Muse der Komödie, Urania, der Muse der Astronomie, Erato, der Muse des Tanzes, Euterpe, der Muse der Musik und Lyrik, Terpsichore, der Muse des Chores und Polyhymnia, der Muse der Pantomime.

Jeweils die Besten ihres Faches lockte Ptolemaios in sein alexandrinisches Museion, das innerhalb des Palastkomplexes im Ostteil der Stadt lag und den Gästen neben zwölf Talenten Jahresverdienst kostenfreie Kost und Logis bot. Erspart blieben den heren Männern von Kunst und Wissenschaft auch Steuern oder öffentliche Leistungen, und so schien es nicht verwunderlich, wenn die Besten ihrer Zeit nach Ägypten drängten, um am Ptolemäerhof Zugang zu finden. Ihre Auswahl aber behielt sich der König vor.

Hatte ein Gelehrter einmal die Marmorstufen des Museions erklommen, so konnte er sich frei und unabhängig seiner Kunst, Forschung und Wissenschaft widmen, sich der Diskussion stellen und selbst den König um Auge und Ohr bitten. Männer von Rang und Namen, die aus aller Welt herbeiströmten, brachten, wenn sie in ihre Heimat zurückkehrten, alexandrinische Kultur in die entferntesten Winkel der damaligen zivilisierten Welt.

Was an Wissen und in der Forschung erarbeitet wurde, fand in der Bibliothek von Alexandria würdige Aufbewahrung. In einem dem Museion angegliederten Gebäude lagerten bis zu 700000 Buchrollen, die gesamte griechische Literatur zurück bis zur homerischen *Ilias*, die Schriften der griechischen Philosophen, sogar das *Alte Testament* in griechischer Sprache. Der Peripatetiker Demetrios aus der athenischen Schule des Aristoteles begann mit der Katalogisierung der Bestände, ein notwendiges Unterfangen bei der Menge des Materials. Das Bestreben, möglichst alles, was jemals niedergeschrieben wurde, in der Bibliothek archiviert zu haben, zeitigte seltsame Blüten: Ägyptische Zollbehörden zogen jede Schriftrolle ein, die in das Land eingeführt wurde,

Schreiber kopierten sie, dann gab man die Kopie zurück, das Original wanderte in die Bibliothek von Alexandria.

Alexandria, welch eine Stadt! Nirgends auf der Welt war die Toleranz gegenüber dem Andersdenkenden so groß wie hier. Anders konnte man sich das Leben in dieser Weltstadt auch gar nicht vorstellen. Einträchtig standen auf Pharos ein Isis- und ein Apollotempel in Sichtweite, im Zentrum lag ein Panheiligtum, Griechen, Ägypter, Phönizier, Juden und Syrer verehrten ihre ureigenen Götter. Man brachte sogar dem Glauben des anderen Interesse entgegen, so entwickelten sich Mischformen.

Befruchtend wirkte die Viele-Kulturen-und-Völker-Gemeinde vor allem auf die Wissenschaft. Euklid von der platonischen Schule Athens wurde in Alexandria zum Lehrmeister der Mathematik und Geometrie. Eratosthenes, Philosoph, Bibliothekar, Prinzenerzieher und Geograph berechnete den Erdumfang auf 252000 Stadien. Hipparchos von Nikaia, Geograph und Astronom, stellte einen Sternekatalog auf. Aristarchos von Samos propagierte das heliozentrische Weltsystem, Sonne und Fixsterne, so meinte er, stünden still, die Erde und die Planeten kreisten um die Sonne. Herophilos aus Chalkedon, Anatom und Pharmazeut, sezierte Menschenleichen und führte seltene Medikamente ein wie Krokodilkot als Augensalbe. Erasistratos von der Insel Keos, Anatom und Physiologe, stellte die Theorie auf, der menschliche Körper setze sich aus Atomen zusammen, die von einem Vakuum umgeben sind. Gleichzeitig beschrieb er bereits die Funktion der Herzklappe.

Dies war selbst für die weltoffenen Alexandriner zuviel. Die Wissenschaft sei, so protestierten sie, dem Leben auf der Spur, pfusche den Göttern ins Handwerk, ein Frevel, dessen Strafe über alle Menschen kommen werde. Unruhen machten sich breit, und der König verbot durch Edikt das ruchlose Forschen.

Ktesibios, Sohn eines Friseurs, entpuppte sich während der Regierung des Ptolemaios Philadelphos als wahres

Genie. Unzählige seiner unterschiedlichsten Erfindungen veränderten die Welt. Bei dem Versuch, eine Spiegel-Hebevorrichtung für den Salon seines Vaters zu konstruieren, verwendete Ktesibios ein Bleigewicht, das in einem Rohr auf und ab lief. Die Pfeiftöne, die es dabei, je nach Größe des Resonanzraumes erzeugte, brachten den Tüftler auf die Idee, auf diesem Prinzip ein Musikinstrument zu bauen. So entstand die Hydraulis, eine Art Orgel. Unter Ausnutzung von Luft- und Wasserdruck entstand die Feuerspritze; mit Hilfe einer Präzisionsdüse, durch die gleichmäßig Wasser tropfte, wurde ein Schwimmer gehoben, der einen Zeiger bewegte und die Stunden anzeigte. Ktesibios' Uhren funktionierten nach unterschiedlichen Prinzipien: Eine Kugeluhr ließ stündlich eine Kugel in eine Schüssel klingeln, eine andere brachte, ähnlich einer Kuckucksuhr, mechanische Vögel zum Singen. Aufzeichnungen des genialen Erfinders lassen darauf schließen, daß er kurz vor der Erfindung der Dampfmaschine stand. Unvorstellbar, wäre dem jungen Alexandriner dieser Geniestreich gelungen.

Ptolemaios Soter wurde 84 Jahre alt. Noch zu Lebzeiten hatte er nach altem Pharaonenbrauch den Sohn seiner zweiten Frau Berenike zum Mitregenten gemacht. Er hieß ebenfalls Ptolemaios und erhielt den Beinamen »Philadelphos«, »Liebhaber der Schwester«, weil er seine Schwester Arsinoe II. ehelichte. Wie sein Vater pflegte Ptolemaios Philadelphos Dichtung und Wissenschaft, Museion und Bibliothek von Alexandria standen unter seiner Regentschaft in voller Blüte.

Ein Mann namens Kallimachos erlangte unter dem zweiten Ptolemaios hohes Ansehen, Kallimachos aus Kyrene. Er kam als Elementarlehrer in die Vorstadt Eleusis, doch der König berief ihn aufgrund seiner Dichtkunst schon bald zum Hofdichter und Leiter der Bibliothek. In beiden Funktionen wurde Kallimachos zum Lehrer einer ganzen Generation von Grammatikern. Seine schwülstigen Gedichte verherrlichten die Herrschaft seines Königs auf dem Gipfel der Macht, die Anspruch auf die Weltherrschaft erhob.

So kunstsinnig, bildungswillig und stolz auf ihre griechische Kultur diese Makedonen aber auch waren, der sie umgebende Orient war stärker: Sie orientierten sich an ägyptischen Sitten, umgaben sich mit orientalischer Pracht und ließen – eingedenk der großen Pharaonen des Alten und Neuen Reiches – jede Handlung von einem anderen Domestiken verrichten, göttergleich.

Noch mehr als sein Vater war Ptolemaios Philadelphos den Juden zugetan. Ein Blick auf die Karte verrät, warum. Bildete doch Judäa einen Puffer zwischen dem übergroßen Seleukiden-Reich im Osten und dem Reich der Ptolemäer. Nicht nur, daß er ihnen gleiche Rechte wie den *enchorioi*, den Einheimischen, zubilligte, er ließ, so jedenfalls berichtet ein Papyrusfund, 100000 Juden frei, die im Zuge der Diadochenkämpfe nach Alexandria kamen, und entschädigte jeden einzelnen für erlittene Unbill. Dem Hohenpriester Eleasar übersandte Philadelphos Weihegeschenke für den Tempel und versprach wirtschaftliche Hilfe. Eleasar revanchierte sich, indem er dem König 72 Übersetzer für seine Bibliothek zum Geschenk machte: Angeblich übersetzten sie die Bibel in die griechische Sprache.

Der zweite Ptolemaios zeugte einen dritten gleichen Namens, der – aus unerfindlichen Gründen »Euergetes«, »Wohltäter«, genannt – militärische Triumphe feierte und dem Reich die größte territoriale Ausdehnung verschaffte. Vater Philadelphos hatte noch zu Lebzeiten die Verlobung seines Sohnes mit der kindlichen Berenike, Tochter des Vizekönigs Magas von Kyrene und seiner resoluten Gemahlin Apama, eingefädelt. Der alte Magas, ein Stiefbruder des zweiten Ptolemaios, konnte schlecht nein sagen, aber Apama, die Tochter des Seleukiden Antiochos I., opponierte heftig gegen die geplante Verbindung. Und als Magas starb, erklärte Mutter Apama die Verlobung ihrer Tochter mit dem Ptolemäer für null und nichtig und diente dem Mädchen stattdessen Demetrios an, den man »den Schönen« nannte, pikanterweise den Sohn ihres eigenen Liebhabers. Doch

Berenike hatte Freunde in der Armee und inszenierte einen Volksaufstand, bei dem Demetrios zu Tode kam. Apama mußte fliehen, Berenike wurde Vizekönigin von Kyrene. Jetzt konnte sie, ein Satrapenreich als Mitgift, Ptolemaios Euergetes ehelichen.

Es wurde eine glückliche Ehe, die 24 Jahre währte, vielbesungen vom Hofdichter Kallimachos. Als Euergetes gen Syrien zog, schnitt Berenike ihr langwallendes Haar ab und weihte es der Göttin Aphrodite im Tempel. Als eines Tages das goldglänzende Haar verschwunden war, erklärten die Priester des Tempels den Vorfall damit, daß Aphrodite selbst das Goldhaar zu sich genommen habe, und die Astronomen von Alexandria entdeckten am nördlichen Himmel einen glitzernden Sternenhaufen aus tausend Galaxien, in der Mitte zwischen Jungfrau und Großem Wagen, und sie nannten das Sternbild »Haar der Berenike«.

Euergetes' Erfolge auf dem Schlachtfeld, er drang über den Euphrat bis an Indiens Grenzen vor, und Berenikes aufopfernde Zuneigung erschienen Anlaß genug, die beiden noch zu Lebzeiten als Götter zu verehren. Nie mehr in späterer Zeit erreichte das Ptolemäerreich diese Ausdehnung, lebten die Menschen in solchem Wohlstand, brachten Kunst und Wissenschaft solche Leistungen hervor.

238 Jahre vor der Zeitenwende führten alexandrinische Astronomen eine Kalenderform des Sonnenjahres ein. Zur selben Zeit gab die Priestersynode von Kanopos, einem Ort östlich der Hauptstadt, ein Dekret heraus, in dem sie den Götterkult des Königspaares bestätigten. Damit der Inhalt der Urkunde möglichst vielen Menschen zugänglich gemacht würde, faßten sie das Schriftstück in drei verschiedenen Schriften und Sprachen ab, den Hieroglyphen der ägyptischen Priester, den demotischen Schriftzeichen der ägyptischen Umgangssprache und in griechisch. Zweitausend Jahre später kam dieses dreisprachige Dekret zu unvermuteter Bedeutung, als die inzwischen vergessenen Hieroglyphen entschlüsselt wurden.

Die Ära des Ptolemaios Euergetes endete tragisch. Der Ehe mit Berenike entstammten vier Kinder, Ptolemaios, Arsinoe, Berenike und Magas. Als Euergetes im Alter von 63 Jahren starb, erhob Ptolemaios, der Älteste, Anspruch auf den Thron. Ptolemaios war noch jung, und Berenike, die Mutter, beharrte zumindest auf einer Mitregentschaft. Das aber schürte den Argwohn der beiden mächtigen Minister Sosibios und Agathokles, die zur Durchsetzung eigener Ziele einen schwachen König der göttlichen Königin vorzogen. Deshalb beseitigten sie Berenike mit Gift, den anderen männlichen Thronerben Magas erschlugen sie im Bade. »Philopator« nannten sie den vierten Ptolemaios, »Einer, der seinen Vater liebte«.

Dekadent, trunksüchtig, wollüstig und dem Luxus ergeben, so schildern die Historiker Ptolemaios IV. Seine Herrschaft stand unter keinem guten Stern. Zum ersten Mal erhoben sich die von dem Makedonengeschlecht unterjochten Bewohner Ägyptens. Der Glanz Alexanders des Großen schien verblaßt, und Ptolemaios Philopator mußte alle Kraft aufbringen, um die innenpolitischen Schwierigkeiten zu bewältigen, das Ende der Lagiden schien unaufhaltsam. Während Finanzminister Sosibios die Regierungsgeschäfte führte, ließ der vierte Ptolemaios sich nilauf-nilab segeln, in einem Schiff aus Zedernholz, mit purpurnen Segeln, vor der Sonne geschützt durch säulengetragene Balustraden. Auch er ehelichte nach alter Pharaonentradition seine Schwester Arsinoe, die ihm sogleich einen Sohn gebar, der nicht anders heißen konnte als Ptolemaios, inzwischen der Fünfte, mit dem Beinamen »Epiphanes«, »der erschienene Gott«.

Dieser fünfte Ptolemäer war gerade sechs Jahre alt, als sein Vater, fettleibig und geschwächt von Fressen, Saufen und Huren, auf einem Feldzug nach Syrien 35jährig verblich. Nach bewährtem Konzept vergiftete Finanzminister Sosibios die Witwe und übernahm selbst die Vormundschaft, unterstützt von den Ministerkollegen Agathokles, Tlepolemos und Aristomenes.

Nicht allzuvieles ist von der Regierungszeit des unglücklichen Ptolemaios Epiphanes – er starb mit 30 Jahren an einem Gift – erwähnenswert. Erst 17jährig wurde er zum König gekrönt, aber nicht in Alexandria, sondern in Memphis, der alten Reichshauptstadt Ägyptens, was deutlich machte, daß der ägyptische Einfluß überhandnahm und Alexandrias Stern zu sinken begann. Ptolemaios V. verlor auf dem Schlachtfeld das südliche Syrien, Palästina und die kleinasiatischen Besitzungen an den Seleukiden Antiochos III., so daß ihm neben Ägypten nur Zypern und Kyrene blieben, dafür gewann er die Zuneigung von Antiochos' einziger Tochter. Sie trug den Namen Kleopatra.

Diese war erst zehn Jahre alt, als man sie dem Ptolemäer zur Frau gab, und die Chroniken schweigen sich aus über ihr Leben. Seltsam, denn Kleopatra I. scheint bei den Ptolemäern so großen Eindruck hinterlassen zu haben, daß fortan alle Königinnen Ägyptens Kleopatra hießen, mehr noch, die Könige mit dem Namen Ptolemaios versinken in Bedeutungslosigkeit gegenüber ihren resoluten Gemahlinnen.

Kleopatra I. führte seit 180 v. Chr. die Regierungsgeschäfte für ihren minderjährigen Sohn Ptolemaios VI. Mord und Totschlag herrschten in Ägypten, als dieser nach zehn Jahren die Alleinregierung übernahm, und es grenzt an ein Wunder, daß damals die Ptolemäerdynastie nicht untergegangen ist. Daß dies nicht geschah, ist sicher das Verdienst seiner Schwester Kleopatra II., die als Mitregentin auftrat, und sogar die Römer um Hilfe bat, als die Alexandriner einen Aufstand anzettelten. Auch sie regierte eine Zeitlang für ihren Sohn Ptolemaios – es war der Siebte –, ließ diesen aber, als sie seine Unfähigkeit erkannte, kurzerhand umbringen, geschmackvollerweise just an dem Tag, an welchem sie ihren jüngeren Bruder Ptolemaios VIII. zwang, sie zu heiraten.

Aus der Ehe mit dem jüngeren Bruder Ptolemaios VI. hatte Kleopatra II. noch eine Tochter, die, wie konnte es anders sein, ebenfalls Kleopatra hieß. Auf die warf Ptolemaios VIII., der im Volk nur »Fettwanst« und »Übeltäter« genannt wurde, und halbnackt in durchsichtigen Schleiern spazierenging, ein Auge, und schon bald führten sie eine Ehe zu dritt. Offiziell nannte er Mutter Kleopatra *gyne* (Ehefrau) und Tochter Kleopatra *adelphe* (Freundin).

Darob kam es zum Bürgerkrieg. Ptolemaios und seine »Freundin« flohen vor der erbosten »Ehefrau« nach Zypern, um von den Seleukiden Hilfe zu erbitten. Die wurde gewährt. Zusammen mit Antiochos VIII. eroberten sie Alexandria. Aber Mutter Kleopatra II. wurde nicht gefangen, nicht ermordet, nein, Mutter und Tochter sowie Gatte und Liebhaber fielen sich in die Arme und liebten sich und regierten weiter – zu dritt. Pikiert stand Antiochos etwas abseits. Er mußte sich wohl verulkt vorkommen, weil er mehr als tausend Kilometer über Land und Meer gezogen war, um zu sehen, wie schön die Liebe zu dritt war. So erhielt denn der Seleukide zum Trost eine Tochter namens Kleopatra, die inzwischen aus der Verbindung von Onkel und Nichte herangereift war. *Difficile est satiram non scribere*, sagt Juvenal, manchmal ist es wirklich schwer, *keine* Satire zu schreiben.

Ziemlich lange hielt der Fettwanst die Ehe zu dritt durch. Im Jahre 116 v. Chr. starb er, immerhin 66jährig, und Kleopatra II. und ihre Tochter, die Dritte, regierten noch ein Jahr gemeinsam, solange bis es Kleopatra III. gelang, ihre Mutter zu beseitigen. Wir befinden uns nun schon im Jahre 115 v. Chr.

Was Kleopatra III. neben ihrer Herrschaft und Verschlagenheit besonders auszeichnete, war ihre Fruchtbarkeit. Sie brachte zwei Söhne zur Welt, die beide Ptolemaios hießen, und drei Töchter mit Namen Kleopatra. Zunächst regierte die Mutter mit ihrem Sohn Ptolemaios IX.; aber das ging nur ein paar Jahre gut, dann warf sie ihn aus dem Palast; der Sohn floh nach Zypern, und Kleopatra III. holte ihren Lieblingssohn Ptolemaios X. zu sich auf den Thron. Der zehnte

Ptolemäer honorierte die großzügige Geste seiner Mutter nicht, nach sechs gemeinsamen Jahren ließ er sie umbringen und heiratete seine Schwester Kleopatra IV., jene, die 14 Jahre zuvor von ihrem Brudergemahl Ptolemaios IX. verstoßen worden war.

Die fünfte Trägerin dieses Namens wurde Schwestergemahlin des zwölften Ptolemaios, nachdem der elfte, der seine Stiefmutter Kleopatra Berenike III. nach 19 Tagen gemeinsamer Regierung ermorden ließ, von den Alexandrinern getötet worden war. Dieser zwölfte Ptolemaios mit den Beinamen »Theos Philopater Philadelphos Neos Dionysos Auletes«, was soviel bedeutet wie »Gott, von seinem Vater geliebt, Liebhaber seiner Schwester, neuer Dionysos und Flötenspieler«, dieser Ptolemaios XII. war der Vater jener legendären Kleopatra, von der in diesem Buch die Rede sein soll. 76 wurde er in Alexandria zum König gekrönt, 69 heiratete er Kleopatra V.

Das Land am Nil und seine unberechenbare Herrscherdynastie beunruhigte die Römer schon lange. Ägypten war keine römische Provinz, befand sich aber in einer gewissen außenpolitischen Abhängigkeit. Die Ptolemäer hatten sich und ihr Reich aus eigenem Verschulden in römische Abhängigkeit gebracht, weil sie stets Hilfe aus Rom anforderten, wenn es einem von ihnen schlecht ging. Und ein Römer rührte nie einen Finger, ohne an den eigenen Nutzen zu denken. Ptolemaios X. zum Beispiel, der 88 v. Chr. von den Alexandrinern verjagt wurde, lieh sich bei den Römern Geld, um eine neue Flotte aufzubauen. Dafür vermachte er das gesamte Königreich in einem Testament den Römern, ein unglaublicher Vorgang, den sein Sohn Ptolemaios XI, der zu Sulla nach Rom fliehen mußte, seinerseits bestätigte. Lucius Cornelius Sulla, seit 82 v. Chr. unumschränkter Diktator in Rom, machte zum ersten Mal deutlich, daß die Fäden des Nilreiches am Tiber gezogen wurden. Nach dem Wunsch Sullas wurde der elfte Ptolemaios König von Ägypten und mußte seine ältliche Stiefmutter ehelichen, was er aber – wie wir gehört haben – nur 19 Tage aushielt. Aufgebrachte Alexandriner prügelten daraufhin den König zu Tode.

Dies geschah im Affekt beim Morgensport und jagte den Ägyptern einen gehörigen Schrecken ein, schließlich war Ptolemaios XI. der Favorit des römisches Diktators. Nun hätten die Römer allen Grund gehabt, das Nilreich zu annektieren. Mit Schrecken erinnerten sich die Alexandriner des Krieges gegen Mithridates, den Sulla in Griechenland vernichtend geschlagen hatte, wobei Athen in Schutt und Asche gefallen war. Aber nichts dergleichen geschah, Sulla war alt geworden, er zog sich ins Privatleben zurück, um seine Memoiren zu schreiben.

Und so blieb Ägypten, was es war, ein von Königswirren gebeuteltes Land am Rande des römischen Einflußbereiches.

Ptolemaios »der Flötenspieler« war gewiß ebenso unfähig wie seine Vorgänger auf dem Ptolemäerthron, aber wenn die Sonne der Geschichte tief steht, werfen auch Zwerge lange Schatten. Er profitierte von der Schwäche seiner Widersacher. Gewiß, die Begehrlichkeit in Rom, wo die Armen immer ärmer, die wenigen Reichen immer reicher wurden, richtete sich immer heftiger gegen das vom Reichtum überquellende Ägypten mit seinen Bodenschätzen, exotischen Früchten und Gewürzen, seinen zwei Ernten im Jahr und dem hohen Profit aus dem Handel mit dem Orient. Lange genug herrschte jedoch im römischen Senat die pragmatische Meinung vor, das Ptolemäerreich könne zwar annektiert, aber keinesfalls gehalten werden. Schließlich machten die Ägypter aus ihrer Aversion gegen die Römer kein Geheimnis und beschimpften sie, ein brutales, kulturloses Volk zu sein. Dennoch, sie lebten in ständiger Furcht, im Handstreich genommen, wie die Griechen ihrer Kulturdenkmäler beraubt und zur tributpflichtigen Kolonie degradiert zu werden.

Das strikte Nein des Senats zu allen ägyptischen Eroberungsplänen zog natürlich – wie damals üblich – eine populare Bewegung nach sich, die neben einem beachtlichen Machtzuwachs einträgliche Geschäfte erwartete.

Vor allen anderen interessierte sich Crassus für Ägypten. Die Kunde, wie er mit Bodenspekulationen, Mietskasernen und dem Gewinn aus Silberminen in kurzer Zeit ein Vermögen verdient hatte, war sogar bis nach Ägypten gedrungen. Aber auch der zweite Triumvir hatte ein Auge auf den Mittelmeerraum geworfen. Er trotzte dem Senat, gestützt auf seine Gunst beim Volk, ein Amt ab, das es bis dahin nie gegeben hatte und das am Nil auf großes Interesse stieß. Vordergründig bat Gnaeus Pompejus für drei Jahre um den Oberbefehl über das gesamte Mittelmeer und seine Küstenlandstriche, um das überhandnehmende Seeräuberunwesen zu bekämpfen. Dies tat Pompejus auch, in drei Monaten räucherte er alle Seeräubernester im westlichen Mittelmeer aus, dann wandte er sich nach Osten. Und erst jetzt wurde deutlich, daß sein Kampf gegen die Seeräuber nur ein Vorgeplänkel gewesen war; denn schon bald griff er Mithridates VI., den König von Pontos, und Tigranes, dessen Schwiegersohn und König von Armenien an, der über einen Teil Mesopotamiens, das obere Syrien, Kilikien und Kappadokien gebot, und schlug beide vernichtend. Die Reste des einst so mächtigen, mit den Ptolemäern rivalisierenden Seleukidenreiches gingen in der römischen Provinz Syrien auf. Als letzter von Alexanders Erben war Ptolemaios »der Flötenspieler« übriggeblieben, und es schien nur eine Frage der Zeit, wann Pompejus die römische Herrschaft auch über Ägypten ausdehnen würde.

Schon hatte das römische Feuer auf Judäa übergegriffen, das Königreich, das einst dem ptolemäischen Machtbereich angehörte, um 200 v. Chr. unter seleukidischen Einfluß gelangte, unter Hasmonäern und Makkabäern jedoch wieder völlige Eigenständigkeit erlangte. Nun war es römische Provinz, das römische und das ptolemäische Reich hatten eine gemeinsame Grenze.

Was hätte Ptolemaios Auletes aber auch tun sollen? Wohl in Panik entschloß sich der ägyptische König zur Flucht nach vorn, er schickte dem Römer Pompejus 8000 ägyptische Reiter entgegen – nicht etwa, um ihn aufzuhalten, nein, als Hilfstruppe, als ob der alte Stratege das notwendig gehabt hätte. Außerdem lud er die Feinde zu einem Gelage im Freien, wohl wissend, daß eine Hand, die den Trinkbecher hält, nicht zum Schwert greifen kann. Tausend Gäste zählte der Ptolemäer und er protzte mit mehr als tausend goldenen Bechern, die er den Römern für jedes neue Getränk vorsetzte. Pompejus verschonte Ägypten.

2.

Geburt und Kindheit der siebten Kleopatra – Priester lehrten die Prinzessin die Liebe – Cäsars erste Kontakte mit Ägypten Ptolemaios Auletes flieht nach Rom – Chaos um den Pharaonenthron – Die Triumviri aus ägyptischer Sicht Aufstieg und Fall des Pompejus – Cäsar schlägt Pompejus bei Pharsalos – Pompejus flieht nach Ägypten

Mitten in dieser Zeit der Angst und Unsicherheit, im Jahre 69, kam Kleopatra VII. zur Welt. Zu ihrem Vater Ptolemaios XII. muß sie tiefe Zuneigung verspürt haben, nicht von ungefähr erhielt sie später den Beinamen »Philopator«, »die ihren Vater liebt«. Ihre Mutter dagegen hat Kleopatra nie gekannt. Die Fünfte gleichen Namens starb im Jahre ihrer Geburt.

Kleopatra war klein und schmächtig, ihre Nase schien etwas zu groß geraten, man konnte sie nur als Adlernase bezeichnen, das Kinn weit vorstehend. Eine Schönheit war dieses Mädchen nicht. Zweieinhalb Jahrhunderte Inzucht hatten die Ptolemäer gezeichnet.

Zwar lebten die Ptolemäerkönige damals noch in ihrem goldstrotzenden Palast im Nordosten Alexandrias, eingerahmt von Palmenplantagen und einem Zoologischen Garten, zwar zehrten sie noch immer vom nicht enden wollenden Reichtum vergangener Jahrhunderte, aber objektiv betrachtet, konnte man das Schicksal dieses Mädchens vorausahnen. Und hätte das Orakel von Siwa damals gesprochen, Kleopatra würde in jungen Jahren den Vater oder Bruder heiraten und bald darauf durch Gift enden, kein Mensch hätte gezweifelt an dieser Prophezeiung.

Hätten die Priester der Weissagung aber vorhergesagt, dieses unansehnliche Mädchen würde eines Tages den mächtigsten Mann des Römischen Reiches bezaubern, eine Weltkrise herbeiführen und das Reich an den Rand der Spaltung bringen, dann hätten die Menschen gelächelt und gesagt, früher seien die Orakelsprüche aus der Oase Siwa auch treffsicherer gewesen und sie hätten wohl geraten, die Branchiden von Didyma oder die Pythia von Delphi aufzusuchen. Daß aber der eine Orakelspruch sich ebenso erfüllen würde wie der andere, das war gewiß mehr als unwahrscheinlich, und doch war es so.

Über Kleopatras Kindheit ist kaum etwas bekannt, was darauf hindeutet, daß sie anders verlief als damals üblich. Ihre hohe Bildung, frühzeitige Unterweisung in den schönsten Künsten, in Tanz und Gesang, steht außer Zweifel. Sicher wurde die siebte Kleopatra schon früh mit den musischen Neigungen ihres Vaters, des »Flötenspielers«, konfrontiert, der mit Vorliebe seine Sängerinnen auf der Doppelflöte begleitete, ein Tun und Treiben, dem heute mehr Kunstsinn anhaftet als im alten Ägypten; denn der Gesang war eigentlich nur Vorwand oder Anreiz zum Geschlechtsverkehr.

Und wenn die Tochter bisweilen ihrem Vater zu Willen sein mußte, so erschien das nach ägyptisch-ptolemäischer Moral weder verwerflich noch ehrenrührig, im Gegenteil, Vater-Tochter- und Bruder-Schwester-Verhältnisse hatten sogar göttlichen Charakter, galt es doch, das Blut der Dynastie rein zu halten von fremdem Einfluß. Wenngleich von griechisch-makedonischer Herkunft, so sahen sich die Ptolemäer doch als Erben des Horusthrones und somit als Abkömmlinge der Götter, und – wie wir gehört haben – ließen sich schon zu Lebzeiten als Gott verehren. Inzucht innerhalb der eigenen Familie geschah nach dem Motto: Göttliches mit Göttlichem zeugt Göttliches.

»Philopator«, der Beiname der siebten Kleopatra, »die ihren Vater liebt«, ist wahrscheinlich auch ein Hinweis auf ein derartiges Verhältnis. Bemerkenswert an der Kindheit der späteren Königin war etwas ganz anderes: ihre ungewöhnliche

Intelligenz, die sich in Klugheit verwandelte und schließlich in Raffinesse. Als erste der ptolemäischen Königinnen lernte Kleopatra die alte ägyptische Schrift und Sprache. Zwangsläufig kam sie dabei mit den ägyptischen Priestern und ihren uralten Geheimlehren in Berührung, einer Mischung aus Okkultismus und wissenschaftlichen Erkenntnissen, wie sie im Museion von Alexandria gelehrt wurden. Medizin, Physik und Chemie erlebten zu jener Zeit eine hohe Blüte, deren Früchte im Volk als Wunder galten, und die von den Priestern allzu bereitwillig als solche gepriesen wurden. Auch das Vermengen griechischer Götter und deren Kulthandlungen mit ägyptischen trug dazu bei, daß eine hohe Zeit der Magie anbrach, in der das Pseudoreligiöse triumphierte.

Zur Lehre der Priester gehörte auch das Fach Erotik, in Ägypten seit altersher als Kunst wie als Wissenschaft gefeiert. Hathor, die Göttin der freien Liebe, trug den Menat, eine Kette, bei deren Berührung die Menschen der geschlechtlichen Lust verfielen. Arten und Unarten dieser Lust wurden in den Hathortempeln gelehrt, kaum vergleichbar mit den Stätten griechischer Hierodulen, jenen »heiligen Sklavinnen«, die im Aphroditetempel von Korinth der sakralen Prostitution nachgingen – in Gottes Namen; denn dies geschah zum Wohle der Tempelinstitution. Auch jene Geldeinnahmequelle war den Ägyptern nicht fremd. Ein Mädchen aber, das im Hathor-Tempel Bildung suchte, tat dies nur zum eigenen Wohl und Nutzen, um der »Großen Sünde« zu entgehen, der Unfruchtbarkeit und Kinderlosigkeit, weshalb es an seltsamen Kulthandlungen teilnahm, riesige Phalli umarmte, sich störrischen Ziegenböcken hingab oder dem heiligen Apisstier von Memphis.

Wie frei und emanzipiert die Frau im ptolemäischen Ägypten lebte, zeigt die Tatsache, daß sieben Königinnen regierten, je nach der Stärke des Bruder- oder Vater-Gemahls als Mit- oder Alleinregentin, und das zu einer Zeit, da sich das gesamte römische Weltreich einer reinen Männerherrschaft unterordnete. Für Ägypten bedeutete dies nichts Neues, denn schon Mitte des zweiten Jahrtausends v. Chr., während des Neuen Reiches, hatte eine weibliche Herrscherpersönlichkeit den Thron der beiden Länder, Ober- und Unterägyptens, an sich gerissen und schon bald Nachahmerinnen gefunden; doch dann waren beinahe tausend Jahre vergangen, ohne daß eine Frau auch nur annähernd Flair und Bedeutung, Hatschepsuts, Nofretetes oder Tausrets erreicht hätte. Nun regierten wieder Frauen, wenn auch keine Ägypterinnen.

Mag ihr Äußeres auch wenig einnehmend gewesen sein, die wenigen Münzbilder lassen keinen anderen Schluß zu, so lernte Kleopatra schon in jungen Jahren die Kunst der Kosmetik, das Einrahmen der Augen mit dunkler Schieferpaste, das Schattieren der Wangen und Betupfen der Lippen mit Mennige, die Verwendung von Kupfersilikat zum Blaufärben des Augenweiß und den Gebrauch von leuchtendrotem Zinnober, mit dem die Brustwarzen betont wurden. Nach europäischem Maßstab noch ein Kind, bediente Kleopatra sich dieser Techniken schon in sehr frühen Jahren.

Magie, die hohe Kunst der Ägypter, wurde von Spezialisten gelehrt, und dabei spielte der Liebeszauber eine bedeutende Rolle. Magische Ringe und Amulette trugen Abbildungen griechischer oder hellenisierter ägyptischer Gottheiten wie Isis und Anubis mit zwanghaften Sprüchen wie »Erfülle meinen Wunsch«, aber auch mit geheimnisvoller Lautzauberei wie »Abanathanaba« oder seltsamer Zahlenmystik mit der Grundidee $\alpha = 1$, $\beta = 2$, $\varrho = 100$ und so weiter. Ihre Kraft erlangten derlei Zauberformeln jedoch erst durch die Weihe-, Opfer- und Beschwörungszeremonie eines Priesters, denen Begriffe wie Telepathie und Hypnose durchaus geläufig waren.

Es liegt nahe – und spätere Verhaltensweisen Kleopatras im Umgang mit Männern lassen gar keinen anderen Schluß zu –, daß die Prinzessin den ägyptischen Liebeszauber in all seinen Variationen erlernte und gezielt einsetzte, wobei die Grenze zwischen Autosuggestion und hypnotischer Wirkung fließend ist.

Im Mittelalter hätte man Kleopatra als Hexe verbrannt, hätte sie sich geheimnisvoller Dinge wie des »Schwertes des Dardanos« bedient, eines uralten, vergessenen, von Demokrit, der das Denken als bloße Erscheinungsform der Materie bezeichnete, wiederentdeckten Zaubers. Man würde sie gefoltert haben, hätte sie einen Magnetstein in den Mund genommen, der das Bild der Aphrodite trug, und den sie unter die Zunge legte und nur mit Hilfe der Zunge drehte, Beschwörung ausstoßend. Magnetsteine enthielten Energie, jedenfalls die Fähigkeit, Metallisches an sich zu ziehen. Warum sollte diese Kraft nicht auf den menschlichen Geist übertragbar sein? Sie hätte auf dem Scheiterhaufen geendet, wäre ihr seltsamer Umgang mit Blattgold bekannt geworden, das sie, mit einer Beschwörungsformel beschrieben, zu einem Klümpchen formte und einem Rebhuhn zu fressen gab, welches – kaum hatte es das Gold verschlungen – getötet wurde, um wieder in Besitz des Goldklümpchens zu kommen. Am Hals hängend sollte es Macht verleihen, vor allem über spröde Männer.

Derlei Zauber galt nicht als verwerflich, so daß man ihn hätte verheimlichen müssen, im Gegenteil, eine Frau, erfahren in allen Dingen der Liebesmagie, erschien begehrenswerter als eine unerfahrene. Zudem wohnte jedem Zauber etwas Göttliches inne – jedenfalls nach Auffassung der Ägypter.

So unterschied sich Kleopatras Kindheit, Erziehung und Ausbildung nicht wesentlich von der ihrer Mutter und Großmutter; doch unvorhersehbare Einflüsse von außen sorgten dafür, daß dieses Leben einen ganz anderen Verlauf nahm.

Ihr Vater, der einen Aufstand nach dem anderen im eigenen Reich niederzuschlagen hatte, war von Rom eben gerade noch geduldet, keinesfalls jedoch zunächst als Ägyptens König anerkannt. Aber im Bewußtsein seines alexandrinischen Erbes hing er an seinem Thron, ja es gelang ihm schließlich doch, römische Anerkennung zu finden. Dafür mußte der Flötenspieler freilich eine hohe Summe bieten.

Cäsar diskutierte nicht lange, forderte 6000 Talente für sich und seinen Freund Pompejus, Crassus verzichtete.

6000 Talente waren ein ungeheurer Betrag; er entsprach mehr als der Hälfte der jährlichen Steuereinnahmen des Nilreiches. Woher sollte Auletes soviel Geld nehmen?

Verzweifelt versuchte der Ptolemäer zu handeln, die Zahlungen zu strecken; doch Cäsar blieb hart, entweder der Flötenspieler – so nannte er den König – zahle sofort oder sein Reich sei verloren; er könne das Geld ja auch borgen. Ptolemaios borgte. Der römische Großbankier Gajus Rabirius Postumus streckte die Riesensumme vor, und Auletes wurde als König Ägyptens und Freund und Verbündeter des römischen Volkes anerkannt.

Zur Zeit dieses verhängnisvollen Handels war Kleopatra gerade zehn Jahre alt, und ohne Zweifel erfuhr sie von den gnadenlosen Repressalien des römischen Politikers, die ihren Vater an den Rand des Abgrundes drängten. Der stellte nun Überlegungen an, wie er seinem Volk klarmachen konnte, daß die Steuern drastisch erhöht werden müßten. Um dafür ein gutes Klima zu schaffen, erließ er zunächst eine Generalamnestie, öffnete die Gefängnisse und stellte alle anhängenden Gerichtsverfahren ein. Seine Aktionen erschienen indes zu durchsichtig, als daß sie Früchte tragen konnten, im Gegenteil, das Volk, das nur noch zum geringeren Teil hinter dem Ptolemäerkönig stand, wurde nun erst recht kritisch in der Beurteilung seiner Situation, und Auletes' Lage verschlimmerte sich von Tag zu Tag. Kleopatras Zukunft sah düster aus.

Man schrieb das Jahr 58, und jetzt kreuzen sich ägyptische und römische Geschichte – Wiederholungen seien gestattet, allerdings aus ägyptischer Perspektive: Cato eroberte die nur eine Seefahrt von zwei Tagen entfernte Insel Zypern und entmachtete Ptolemaios Auletes' Bruder. Die Ägypter, ohnehin schon gereizt durch die drastische Steuererhöhung des Flötenspielers, waren seiner Herrschaft endgültig überdrüssig, als er nicht die geringste Anstrengung unternahm, seinem Bruder zu helfen und Aphrodites wohlhabende Insel vor den Römern zu bewahren. Es kam zur offenen Revolution, und der Flötenspieler zog es vor, das Land zu verlassen.

Ptolemaios Auletes floh zu Schiff nach Rhodos, von dort weiter nach Athen und schließlich nach Rom. Bis heute sind die näheren Umstände dieser Flucht nicht restlos geklärt. Nahm der Flötenspieler die jüngere Tochter Kleopatra Philopator mit sich? Das läßt sich nur vermuten. Sie war gerade elf Jahre alt. Warum ließ er aber die ältere Tochter Kleopatra Tryphaina zurück?

Tatsache ist, daß Kleopatra Tryphaina nach der Flucht ihres Vaters von den Alexandrinern als Königin eingesetzt wurde. Man glaubte also nicht mehr an die Rückkehr des Königs oder beabsichtigte diese sogar zu verhindern. Damals müssen chaotische Zustände geherrscht haben. Inschriften aus dieser Zeit erwähnen nämlich auch den abwesenden Auletes zusammen mit seiner Tochter Kleopatra Tryphaina als König, wieder andere sehen die genannte Kleopatra zusammen mit ihrer Schwester Berenike auf dem Thron, nur Kleopatra Philopator, von der hier die Rede ist, findet keine Erwähnung, so daß in der Tat die Vermutung naheliegt, sie sei mit ihrem Vater geflohen.

Auf Rhodos traf der vertriebene König mit Cato zusammen – auf einer Toilette. Die ungewöhnliche Begegnung soll sich so zugetragen haben: Cato wies die Aufforderung des Ptolemäers, ihn zu besuchen, zurück, er habe Durchfall, der Flötenspieler möge sich zu ihm bemühen. Auletes kam und traf den Römer auf seinem Örtchen sitzend, von dem er sich nicht einmal zur Begrüßung erhob, was nach angeblicher Einnahme diverser Abführmittel durchaus glaubhaft, nach der erkauften Parteinahme für Catos Erzfeind Cäsar jedoch mehr als unwahrscheinlich gewesen sein dürfte. Cato riet denn auch drückend und stöhnend, Ptolemaios solle umkehren, denn in Rom könne nur der Hilfe erwarten, der mit Reichtümern anreise.

Reichtümer aber führte der vertriebene ägyptische König nicht mit sich, und bei nüchterner Betrachtung kam Auletes auch nur vom Regen in die Traufe, denn in Rom verliefen die fünfziger Jahre kaum ruhiger als in Alexandria. Cäsars Abwesenheit im fernen Gallien ermöglichte Clodius, dem Volkstribunen, die Führung eines Schreckensregiments, das selbst den mächtigen Pompejus das Fürchten lehrte. Dieser lebte zurückgezogen mit seiner jungen Frau auf seinen Landgütern, fernab der Tagespolitik; Crassus interessierte Politik nur insofern, als sie einträglich war; so konnte Clodius beinahe ungehindert schalten und walten. Es gelang ihm sogar, den einst gefürchteten Pompejus durch allerlei Possen vor dem Volke lächerlich zu machen. Nach einem offenen Kampf zwischen Anhängern des Pompejus und Sklaven des Clodius verkündete jener, er wolle nicht mehr auf dem Markt erscheinen, solange Clodius Volkstribun sei.

So gesehen muß es für Pompejus eine willkommene Abwechslung gewesen sein, als Ptolemaios Auletes mit seinem Gefolge in Rom eintraf. Crassus interessierte sich nicht für den königlichen Gast vom Nil, aber Pompejus bot dem Flötenspieler seine Villa in den Albaner Bergen als Unterkunft an. Rabirius gewährte neuerliche Kredite – was blieb dem Bankier schon anderes übrig, nur ein über Ägypten herrschender König konnte seine Schulden zurückbezahlen. Bereitwillig unterzeichnete Ptolemaios Hypotheken und Wechsel, er hatte nichts mehr zu verlieren.

Begleitete Kleopatra damals ihren Vater wirklich, so mag sie, elfjährig, zum ersten Mal mit römischer Wirklichkeit konfrontiert worden sein, der Brutalität des Geldes und der Macht, und sie mag angstvoll in die Zukunft geblickt haben. Vielleicht stellte sie sich aber auch schon damals die Frage, ob es überhaupt wünschenswert sei, nach Alexandria zurückzukehren.

Die Kunde von Ptolemaios Ankunft in Rom drang auch bis nach Ägypten, und die Gegner des Flötenspielers beauftragten umgehend den Gelehrten Dion mit einer brisanten politischen Mission. Zusammen mit hundert ausgewählten Alexandrinern sollte Dion nach Rom reisen und Senat und Volk davon überzeugen, daß Ptolemaios Auletes in Ägypten ungeliebt, seine Rückkehr unerwünscht sei. Die Gesandtschaft kam nur bis Puteoli in Campanien. Kurz nach der Landung des alexandrinischen Schiffes wurden die Ägypter überfallen, der größte Teil getötet, nur Dion und ein paar seiner Gefolgsleute konnten sich bis nach Rom durchschlagen.

Auf dem Forum und den Märkten pfiffen es die Spatzen von den Dächern, daß sich Gegner des ägyptischen Königs in der Stadt aufhielten, aber nichts geschah. Beinahe schien es, als hätten die Königsgegner Ptolemaios einen Freundschaftsbesuch abgestattet. Dion, ein hochgelobter Philosoph, lebte beschaulich im Hause eines befreundeten Römers namens Luceijus, und auch den übrigen, die mit dem Leben davongekommen waren, hatte man den Mund mit Schweigegeld gestopft. Doch die Ruhe trog: Eines Morgens fand man Dion ermordet im Hause des Luceijus.

Geld regiert die Welt. Kaum jemals hatte dieser Satz mehr Gültigkeit als in jenen Tagen.

Auletes erkannte, daß seine Möglichkeiten hier inmitten von Gleichgültigkeit, Intrigen und Verzögerungstaktik begrenzt waren, vielleicht fürchtete er aber auch selbst ein Attentat, jedenfalls verschwand er gegen Ende des Jahres 57 aus Rom, jedoch nicht ohne einen Statthalter namens Hammonius zurückzulassen, der mit offenen Taschen durch die Stadt ging – die Götter wissen, woher das Geld kam – und weiterhin Stimmung für seinen Herrn machte. Der Flötenspieler ließ sich samt Hofstaat im Artemis-Heiligtum von Ephesus nieder, vier Tagereisen von Alexandria entfernt.

Zunächst sollte Lentulus Spinter, der designierte Statthalter der Provinz Kilikien, den abgesetzten Ptolemäerkönig zurückführen. Da aber die Optimaten in der Rückkehr des Ptolemäerkönigs eine Stärkung der drei Mächtigen Cäsar, Pompejus und Crassus sahen, liefen sie Sturm gegen diesen Plan. Vor allem Marcus Favonius tat sich dabei hervor, ein in

Rhodos geschulter Redner, Anhänger Catos und erklärter Gegner der Triumviri. Ein alter Gefolgsmann des Pompejus, Aulus Gabinius, konnte schließlich nicht mehr daran gehindert werden, die Rückführung des königlichen Flötenspielers zu inszenieren. Gabinius hatte zusammen mit Lucius Calpurnius Piso im Jahre 58 das Konsulat bekleidet und war nun für das Amt des Statthalters in der jungen Provinz Syrien ausersehen. Für die aberwitzige Summe von zehntausend Talenten erklärte sich Gabinius bereit, den Coup zu übernehmen. Inzwischen war die Schuldenlast von Ptolemaios Auletes so angewachsen, daß sein Gläubiger Rabirius allergrößtes Interesse an der Wiedereinsetzung des Flötenspielers bekundete, alle Verbindungen spielen ließ und letztendlich Auletes selbst nach Ägypten begleiten wollte.

In Alexandria hatten sich verwirrende Dinge zugetragen. Kleopatra Tryphaina, die Sechste ihres Namens, hatte nur ein einziges Jahr regiert, sie war im Jahre 57 verstorben, vielleicht von der Stiefschwester beseitigt worden, so daß die Königsherrschaft auf Berenike überging. Zwar gab es einen Bruder, den Berenike traditionsgemäß hätte ehelichen sollen, doch zählte dieser gerade erst vier Jahre, die Königin mußte sich anderweitig umsehen.

Ein Seleukidenprinz schien angemessen, doch der erste verstarb unerwartet, dem zweiten verwehrte der syrische Prokonsul Gabinius die Anreise, des dritten Herkunft war zweifelhaft bis anrüchig, jedenfalls wurde er als ungehobelter Bursche beschrieben, und von den Alexandrinern »Salzfischhändler« genannt. Nach drei Tagen Ehe ließ Berenike ihn erdrosseln. Ein neuer mußte gefunden werden.

An der nordöstlichen Küste Kleinasiens, im pontischen Komana, lebte damals der Priesterfürst Archelaos von römischen Gnaden. Pompejus selbst hatte ihn, der von sich behauptete, ein Sohn Mithridates VI. zu sein, eingesetzt. Archelaos sah in dem Antrag aus Alexandria die Chance seines Lebens. Ohne in Rom um Erlaubnis zu fragen, beschloß der Pontier, König von Ägypten zu werden. Und da der syrische Prokonsul ihn weder an der Durchreise hinderte noch Einspruch gegen Archelaos' Pläne erhob, darf man wohl annehmen, daß die Römer den pontischen Priesterfürsten ins offene Messer laufen ließen.

Denn kaum hatte Archelaos den Thron bestiegen, da verkündete Gabinius, der ägyptische König plane einen Angriff auf die syrische Provinz und habe sich mit den Seeräubern gegen Rom verbündet. Von Judäa marschierten römische Legionen, fast ausschließlich aus Barbaren rekrutiert, gegen Ägypten. Zwei Männer in diesem Heereszug verdienen besondere Beachtung: Rabirius, der Großbankier, wollte einer der ersten an Ägyptens Fleischtöpfen sein, und Marcus Antonius, ein 26jähriger Reiterhauptmann, dem man ebensogroße Vergnügungssucht wie Tapferkeit nachsagte. Erst im Jahr zuvor hatte ihn Gabinius nach Palästina geholt, jetzt nahm er die Grenzstadt Pelusium kampflos, Gabinius drang nach Alexandria vor. Der römischen Kriegsmaschinerie hatte das ägyptische Heer nichts entgegenzusetzen, Archelaos fiel in der Schlacht, Ptolemaios Auletes ließ seine Tochter Berenike hinrichten, er war wieder König in Ägypten.

Die Vermutung, Kleopatra habe ihren Vater nach Rom und ins Exil nach Ephesus begleitet, wird nun beinahe zur Gewißheit, bleibt doch die 13jährige von der Rache des Flötenspielers ebenso verschont wie der fünfjährige Ptolemaios, der dreizehnte seines Namens. Obwohl als Heißsporn verschrien, erwarb Marcus Antonius sich damals bei den Ägyptern große Sympathien, weil er die Rachegelüste des Flötenspielers bremste, der alle Gefangenen und Anhänger Berenikes mit dem Tode bedrohte. Wir wissen nicht, ob Marcus Antonius damals der jungen Kleopatra begegnete, jedenfalls trennten sich ihre Wege noch einmal für mehr als 20 Jahre.

Rabirius mißtraute der politischen Fortune des Flötenspielers und ließ sich selbst zum Finanzminister des Nilreiches ernennen. Zusammen mit Gabinius wirtschaftete er tüchtig in die eigene Tasche und sandte, da trotz härtester

Repressalien an eine Rückzahlung der Schulden nicht zu denken war, ganze Flottenladungen ägyptischer Luxusgüter nach Rom. Seine Söldnertrupps zogen plündernd und raubend durch das Land, und der Haß gegen die fremden Eindringlinge wurde immer größer. Warum sollte das Volk die Schulden zurückzahlen, die sein unfähiger König gemacht hatte? Schließlich fühlten Rabirius und Gabinius sich in Alexandria nicht mehr sicher und setzten sich eilends nach Rom ab.

Dort hatten sich die Machtverhältnisse verfestigt, der Dreibund zwischen Cäsar, Pompejus und Crassus war 56 in Luca erneuert und bekräftigt worden, und im darauffolgenden Jahr hatten Pompejus und Crassus ihr zweites Konsulat angetreten, die alte Gegnerschaft der Optimaten bestand noch immer. Und obwohl Cäsar seit dem Ende seines Konsulats Rom nicht mehr gesehen hatte, wuchs seine Macht beständig. Als Prokonsul hatte der Julier von Gallia Narbonensis aus ganz Gallien bis zum Rhein genommen, er hatte die Helvetier bei Bibracte besiegt und die Sueben unter Ariovist geschlagen, 57 waren ihm die Belger unterlegen, wenig später fielen ihm Normandie und Bretagne in die Hände. Belger und Helvetier, so wußte er später zu berichten, seien aus gutem Grund die tapfersten von allen gewesen, die Belger, weil sie am weitesten entfernt von der Zivilisation und Kultur des römischen Reiches lebten, die Helvetier, weil sie beinahe täglich in Kämpfe mit den Germanen verwickelt seien, die ihre Grenzen bedrohten.

Der Volkstribun Trebonius hatte im April 55 ein Gesetz durchgesetzt, das Pompejus Spanien und Crassus Syrien als Provinzen zuwies. Pompejus konnte den Ägyptern gleichgültig sein, aber Crassus mußte sie interessieren. Crassus zählte bereits 60 Lebensjahre, ein Alter, in dem sich ein Römer längst zur Ruhe gesetzt hätte, aber er sah sich wohl in dem übergroßen Schatten des Pompejus, vor allem jedoch Cäsars, und so faßte er den verhängnisvollen Entschluß, nach Syrien und von dort gegen die Parther zu ziehen. Mit dem Armenierkönig Artavasdes als Bundesgenossen führte Crassus sieben Legionen und 4000 Reiter über den Euphrat.

Schon die Seleukidenherrscher hatten in allen Kämpfen gegen die Parther schlecht abgeschnitten, der 60jährige Römer überschätzte im Streben nach einer historischen Großtat die eigenen Kräfte und Fähigkeiten vollends. Er mag kein schlechter Heerführer gewesen sein, aber sein Sieg über Spartacus und das Sklavenheer lag beinahe 20 Jahre zurück, seine siegreiche Schlacht an der Porta Collina fast 30 Jahre. Und so rannte Crassus blindwütend gegen die Parther an, wurde von dem jungen Surenas vernichtend geschlagen und auf dem Rückzug bei Carrhae getötet. Der Partherkönig Orodes selbst hatte sich gegen Artavasdes gewandt. Als er von der römischen Niederlage erfuhr, bat er, man möge ihm Kopf und Hand des Crassus während einer Theateraufführung bei Hofe überreichen. Erst Kaiser Augustus gelang es, die damals erbeuteten römischen Feldzeichen auf diplomatischem Weg zurückzuerhalten.

Nun richtete sich das Augenmerk der Ägypter auf Pompejus. Crassus tot, Cäsar im fernen Gallien, das römische Volk forderte einen starken Arm, und zum ersten Mal wurde der Wunsch nach einem Diktator laut. Dagegen opponierten die Optimaten. Jede Abstimmung, jede Wahl war in Rom von Straßenschlachten begleitet, das Gespenst des Bürgerkrieges ging um; aber solange die Römer sich selbst zerfleischten, mußten sich die Ägypter wenig um ihre Zukunft sorgen.

Beinahe täglich wurde Rom von neuen Erfolgsmeldungen aus Gallien überschwemmt. Von Mund zu Mund weitergegeben, wuchsen sie bisweilen bis zu einer Größe, die kaum noch den Tatsachen entsprach. Pompejus wagte nicht daran zu denken, was geschehen würde, wenn der Julier zurückkehrte. Die Ägypter fürchteten dennoch weniger Cäsar als Pompejus. Da er in den Nordprovinzen nichts zu bestellen hatte, lag es nahe, daß er einen Vorstoß nach Ägypten unternehmen würde, um mit Cäsar gleichzuziehen; statt dessen zog Pompejus jedoch mit seiner Frau Julia durch die schönsten Landstriche Italiens und ließ Politik Politik sein.

Julia war 30 Jahre jünger als er, sei es auf Eifersucht oder weil er sie über alles liebte, ließ er sie nie aus den Augen. Doch zu einer Ädilenwahl verließ Pompejus das Haus, Diener wachten über die schwangere Gattin. Irgendwo kam es zu einer Straßenschlacht, es gab Tote und Verletzte, und Pompejus wurde mit Blut bespritzt. Da zog er seine Toga aus und schickte seinen Sklaven nach Hause, ein neues Gewand zu bringen. Julia sah die blutverschmierte Toga ihres Mannes, fiel ihn Ohnmacht und erlitt, als sie wieder zu sich kam, eine Fehlgeburt. Ein Jahr später wurde Julia wieder schwanger, doch bei der Geburt starb sie, das Kind überlebte nur wenige Tage.

Über seine Mittelsmänner in Rom erfuhr Ptolemaios, was in der Hauptstadt des Weltreiches vor sich ging. So wurde ihm auch zugetragen, daß das Volk bei Julias Beisetzung auf dem Marsfeld dem abwesenden Vater Cäsar mehr Ehre erwies als dem anwesenden Witwer Pompejus. So einfältig war Pompejus nicht, daß er diese Stimmung nicht registriert hätte. Sie muß der Auslöser für seine offene Feindschaft gewesen sein, der ehemalige Bundesgenosse wurde zum Gegner. Merkwürdig nur, daß sich mit dieser Gegnerschaft die Schicksale Cäsars und Kleopatras annäherten.

In Rom konnte tagtäglich ein neuer Bürgerkrieg ausbrechen. Der Volkstribun Gaius Lucilius Hirrus forderte, das Volk solle Pompejus zum Diktator wählen. Doch dagegen erhob sich Cato, der als Prätor zurückgekehrt war, er meinte nicht ohne Hintergedanken, ein Mann von der Fähigkeit eines Pompejus könne die Ruhe auch ohne diktatorische Vollmacht herstellen. Den Konsuln dieses Jahres, Lucius Domitius Ahenobarbus und Marcus Valerius Messala, gelang es jedoch nicht, die von Pompejus mit brutaler Waffengewalt geschaffene Ruhe zu halten, ja schon bald schallten die Rufe nach der Diktatur noch lauter, und Cato inszenierte ein neuerliches Schelmenstück: Im Senat erhob sich Bibulus, seit vielen Jahren erbitterter Gegner des Pompejus, und schlug vor, diesen zum *consul sine collega*, zum alleinigen Konsul zu wählen. Entweder, argumentierte er, werde so das Chaos enden, oder aber nicht, dann werde Rom zumindest dem besten Manne unterworfen sein.

War dieser Antrag an sich schon ungewöhnlich genug, so schockierte der Antragsteller noch mehr. Im Senat wurde es still. Alle Augen richteten sich auf Cato, von dem man nun eine feurige Gegenrede erwartete. Der aber erhob sich nachdenklich, er, meinte er, hätten diesen Vorschlag nie unterbreitet, da er nun aber einmal auf dem Tisch liege, empfehle er, ihm zu folgen. Und als er die fragenden Gesichter der Senatoren sah, fuhr er fort, ihm sei jede Form einer rechtmäßigen Herrschaft lieber als die Anarchie. Pompejus sei der einzige, der in den gegenwärtig verworrenen Verhältnissen eine Führungsposition einnehmen könne. Mit diesem klugen Schachzug hatte Cato Pompejus auf seine Seite gezogen, und dieser erklärte nach seiner Wahl, er schulde jenem großen Dank und bat ihn um Unterstützung für seine schwere Aufgabe.

Der alternde Pompejus hatte eine Schwäche für junge Mädchen. Kaum war das Trauerjahr vorüber, da warf der 54jährige ein Auge auf die blutjunge Cornelia, Tochter des Metellus Scipio. Cornelia war bereits Witwe. Ihr Mann Publius, ein Sohn des Crassus, hatte zusammen mit seinem Vater bei Carrhae den Tod gefunden. Von Plutarch erfahren wir, daß Cornelia außer ihrer jugendlichen Schönheit noch viele andere Tugenden zu bieten hatte. Sie sei, sagte er, in den schönen Wissenschaften, in Musik und Mathematik unterrichtet und sogar gewöhnt gewesen, philosophische Schriften zu lesen. Für römische Verhältnisse etwas seltenes. Und dabei sei sie nicht einmal von jener Überspanntheit gewesen, die derlei Frauen damals zu eigen war.

Der harte Besen, mit dem Pompejus in Rom zu kehren begonnen hatte, machte nicht einmal vor seinem Schwiegervater Metellus Scipio halt. Der Unruhestiftung angeklagt, sah sich Pompejus genötigt, alle 360 römischen Richter zu sich kommen zu lassen und ihnen die Unschuld seines Schwiegervaters nahezubringen. Als der Ankläger sah, wie Metellus Scipio in Begleitung aller Richter Roms über das Forum spazierte, stellte er das Verfahren ein. Demonstrativ nahm Pompejus seinen Schwiegervater für die letzten fünf Monate seines Konsulats als Mitkonsul. Vor Ablauf seines Konsulats ließ er sich seine einträglichen Provinzen für weitere vier Jahre bestätigen und jährlich tausend Talente zum Unterhalt seiner Truppen bewilligen.

Pompejus' Umtriebe kamen natürlich auch Cäsar zu Ohren; doch der wiegte sich noch in Sicherheit. Er forderte, ihm in Abwesenheit die Kandidatur für das Konsulat des Jahres 48 zu gestatten, er sei noch in Gallien beschäftigt. Pompejus war dem nicht abgeneigt, denn ein Cäsar in Gallien erschien ihm weit weniger gefährlich als ein wortgewaltiger Feldherr in den Mauern der Stadt.

Cato, der alte Widersacher, berief sich allerdings zum wiederholten Male auf die Gesetze, Cäsar solle erst einmal Privatmann werden und seine Waffen niederlegen, dann könne er seine Kandidatur anmelden. Der Antrag wurde abgelehnt, und gleichzeitig forderte der Senat, Cäsar und Pompejus hätten je eine Legion ihrer Truppen für den Krieg gegen die Parther zu stellen. König Ptolemaios von Ägypten konnte all das nicht teilnahmslos lassen, denn eines schien klar: Würden die Römer erst einmal die Ostgrenze des Reiches befriedet haben, so würden die Tage der Freiheit für das Nilreich gezählt sein.

Es scheint, als habe Gaius Julius Cäsar damals die drohende Konfrontation mit Pompejus noch nicht erkannt. Pompejus war gerade von einer schweren Krankheit genesen und sah nun seine Chance gekommen, den Eroberer Galliens zu übertrumpfen. In Neapel, wo er sich vom Krankenlager erhoben hatte, ließ er ein aufwendiges Dankesfest feiern. Es gab tagelang kostenlose Speise und Trank, man jubelte Pompejus zu, und der Jubel setzte sich von Stadt zu

Stadt, von Dorf zu Dorf fort. Wo immer Pompejus sich zeigte, wurde er mit Blumen beworfen. Auf den Straßen und in den Häfen des Landes gab es ein Verkehrschaos, denn alle wollten teilhaben am orgiastischen Gelage. Pompejus wertete diese Massenpsychose als Sympathie, glaubte wohl, die Menschen feierten ihn als den Retter des Vaterlandes in schwieriger Zeit, und wer Bedenken äußerte, Cäsar könne sich durch diese Vorfälle provoziert fühlen und ein Bürgerkrieg sei nicht ausgeschlossen, den lachte er aus, und in gefährlicher Selbstüberschätzung meinte er: »Wo immer ich in Italien auf den Boden stampfe, werden sich Fußtruppen und Reiter erheben.«

Jetzt erkannte Cäsar, daß seine Anwesenheit in Rom wichtiger war als die Eroberung neuer Provinzen. Gewiß, der Brückenschlag über den Rhein und sein 18tägiger Aufenthalt im gefürchteten Barbarenland Germanien, seine britannischen Abenteuer, bei denen er erstmals die römischen Adler in ein Land getragen hatte, an dessen Existenz viele Römer zweifelten, all das hatte seinen Ruhm als Imperator verklärt, doch der Ruf der Stärke und Unbezwingbarkeit verhallte an der Nordgrenze des Reiches, während in der Hauptstadt andere Triumphe feierten. Endlich kehrte Cäsar nach Rom zurück.

Pompejus und seine Anhänger waren nach Süden geflohen. Zunächst wollte Pompejus dem Julier in der befestigten Stadt Brundisium Einhalt gebieten, er gab diesen Plan jedoch sofort wieder auf, schickte die Konsuln mit 30 Kohorten auf seine Schiffe und hieß sie nach Dyrrhachion an der Küste von Epirus zu segeln, er selbst wollte nachkommen. Cornelia, seine junge Frau, sandte er nach Lesbos, wo er sie am sichersten glaubte. 500 Kriegsschiffe und Aufklärer standen Pompejus zur Verfügung, seine Reiterei zählte 7000 Mann, das Fußvolk war bunt zusammengewürfelt, dürfte sich aber aus 50000 Soldaten rekrutiert haben.

Um zahlenmäßig überhaupt eine Chance zu haben, mußte der Julier neue Truppen ausheben. Deshalb eilte er nach Spanien und zwang am 2. August 49 die dortige Armee des Pompejus zur Kapitulation. Er ließ die Kommandeure frei und bot den Legionären hohen Sold, so daß sie sich bedenkenlos auf Cäsars Seite schlugen. Zurück in Brundisium war gerade Wintersonnwende.

Cäsar hatte nun gerade 22000 Mann unter Waffen und seinem Gegner Pompejus noch immer nicht allzuviel entgegenzusetzen. Vor allem aber verfügte er über viel zu wenig Schiffe. Es war ein Risiko, das gesamte Heer nach Epirus überzusetzen – woher sollte der Nachschub zur Winterszeit kommen? In Orikon gelandet, sandte der Julier Vibullius, einen Freund des Pompejus, den er gefangengenommen hatte, zu ihm, mit dem Vorschlag, sie sollten sich am dritten Tage treffen, ewige Freundschaft schwören, die Truppen entlassen und gemeinsam nach Rom zurückkehren.

Aber Pompejus mißtraute den Worten Cäsars, glaubte sogar an eine Falle und verschanzte sich uneinnehmbar in Dyrrhachion. Er wich einer direkten Konfrontation mit dem Julier aus, sei es aus Furcht vor dem strategischen Genie seines Widersachers, sei es in dem Bewußtsein, daß die Zeit gegen Cäsar arbeitete, der sich zunehmend mit Versorgungsschwierigkeiten herumzuschlagen hatte.

Am Morgen des 9. August 48 hängte Cäsar seinen roten Mantel vor das Zelt. Die Soldaten jubelten und schlugen ihre Schwerter gegen die Schilde: Das Zeichen zur Schlacht.

Östlich von Pharsalos in der thessalischen Ebene standen sich an diesem 9. August zwei gewaltige Heere gegenüber, mit gleichartigen Waffen, gleichen Feldzeichen und in gleicher Taktik geschulte Soldaten. Die Schlachtordnung war dreigeteilt: In der Mitte kämpfte Pompejus' Schwiegervater Scipio gegen Gnaeus Calvinus, der erst seit vier Jahren zu Cäsars Anhängern gehörte. Auf der linken Seite stand der junge Marcus Antonius dem 58jährigen Pompejus gegenüber. Zur rechten kämpfte Cäsar mit der zehnten Legion gegen Lucius Domitius mit seiner schlagkräftigen Reiterei.

Hier auf dem rechten Flügel würde sich die Schlacht entscheiden; das wußte Cäsar, das war Pompejus klar. Cäsars zehnte Legion galt als unschlagbar, doch die Erfahrung seiner 52 Lebensjahre lehrte den Feldherr, daß es nie ratsam war, den Bogen zu überspannen. Er ahnte, sein Gegner würde seine gesamte Elite gegen diese zehnte Legion einsetzen. Deshalb hielt er sechs Kohorten in der Hinterhand, die, den Feinden verborgen, erst nach Beginn der Schlacht vorpreschen und die zehnte Legion entlasten sollten.

So geschah es. Hatte die Reiter des Pompejus schon das plötzliche Zurückweichen der zehnten Legion verwirrt, so standen sie wie gelähmt, als 3000 Leichtbewaffnete hervorbrachen, mitten in die gegnerische Reiterei stürmten, Pferde mit dem blanken Schwert niedermachten und ihre Speere gezielt auf die Augen der Reiter richteten. Es gab ein furchtbares Gemetzel, und auch Pompejus konnte die Massenflucht nicht verhindern. Als er erkannte, daß die Schlacht verloren war, zügelte er sein Pferd und floh von wenigen Getreuen begleitet. Ermattet erreichte er das Tempetal und fuhr auf einem Flußkahn meerwärts. Ein Frachter brachte ihn schließlich zu seiner Frau Cornelia nach Lesbos.

Er lehnte das Angebot der Lesbier, in Mytilene zu bleiben ab, so sehr fürchtete er Cäsar. Stattdessen fuhr er mit Frau, Sohn Publius und seinen Getreuen nach Attaleia in Pamphylien, wo auch ein Teil seiner Flotte zu ihm stieß und einige Dreiruderer aus Kilikien, und erst jetzt erkannte Pompejus Cäsars klugen Schachzug, die Entscheidung zu Lande zu suchen und nicht zur See. Aus den großen Städten der umliegenden Provinzen forderte Pompejus Schiffe und Nachschub, gleichzeitig erörterte er mit seinen Männern, zu denen sich inzwischen 60 Senatoren gesellt hatten, wohin sie sich zurückziehen sollten, um Kräfte zu sammeln für eine neue Schlacht.

Es gab zwei Möglichkeiten: Das Parther-Reich oder Ägypten. Die Parther galten als unberechenbar. Zudem hätten sich die Römer, wiedererstarkt, am Euphrat einer neuerlichen Landschlacht gegen Cäsar stellen müssen. Deshalb entschied Pompejus, in Ägypten Zuflucht zu suchen. Nun kam Kleopatra ins Spiel.

3.

Kleopatra wird mit 18 Königin – Pompejus ermordet
Cäsar landet in Alexandria – Die unerwartete Begegnung
Cäsars mit Kleopatra – Verlor der Imperator den Verstand?
Wie die Bibliothek von Alexandria in Flammen aufging
Arsinoe macht sich zur Königin – Hilfe aus dem Osten:
König Mithridates – Warum Cäsar den Nil umleitete
Auf Kreuzfahrt mit der schwangeren Geliebten – War Cäsar
wirklich der Vater von Kaisarion?

Ptolemaios Auletes hielt sich in Ägypten nur mit Hilfe jener schlagkräftigen Söldnertruppe, die ihm die Rückkehr nach Alexandria ermöglicht hatte. Mit zunehmendem Alter immer merkwürdiger werdend, trat er in Frauenkleidern als Tänzer, Sänger und Magier auf, und es verwundert, daß die nun den Kinderschuhen entwachsene Kleopatra ihrem Vater trotzdem die Treue hielt. Ausgelaugt, verbraucht und lebensmüde hatte der Flötenspieler ein Testament erstellt, das das ägyptische Thronerbe seiner Tochter Kleopatra und seinem ältesten Sohn Ptolemaios, dem dreizehnten dieses Namens, übertrug. Eine Ausführung war in Alexandria verbleiben, eine zweite hatte Auletes nach Rom gesandt.

Im Jahre 51 wurde der Flötenspieler sehr krank, alte Papyrustexte vermelden, er habe damals ein paar Monate zusammen mit seiner Tochter Kleopatra regiert. Mitten im Frühling starb Ptolemaios Theos Philopator Philadelphos Neos Dionysos Auletes, der zwölfte Ptolemäer. Zwar schien die Erbfolge geregelt, Kleopatra war 18, gebildet und unbescholten und damit regierungsfähig; aber ihr Bruder Ptolemaios Philopator Philadelphos zählte gerade zehn Lenze, und dieses Kind stand ihr zur Ehe an.

Die Beinamen des dreizehnten Ptolemäers verraten, daß

er sowohl »seinen Vater liebte« (Philopator) als auch daß er »der Schwester zugetan« war (Philadelphos). Groß kann die Liebe nicht gewesen sein, der Konflikt schien programmiert, Kleopatra trug jedenfalls nur »Philopator« im Beinamen, »die ihren Vater liebt«. Sie muß diesen Mann wirklich geliebt haben; denn noch Jahre nach seinem Tod erschienen phönizische Münzen mit Kleopatras Bildnis und dem Namen ihres Vaters. Kleopatra erkannte überhaupt sehr bald den Wert von Münzbildern zur Steigerung der eigenen Popularität. So blieb uns ihr gewiß geschöntes Porträt in großer Anzahl erhalten, während die kulturell nicht gerade kreative Zeit kaum Statuen oder Reliefs hervorbrachte.

Irgendwann im Jahre 51 v. Chr. muß die 18jährige wohl mit ihrem 10jährigen Bruder vermählt worden sein, nach griechischem Ritus zunächst und anschließend nach ägyptischem, wie es Brauch war; aber es gibt keine Chronik, nicht ein einziges Zeugnis, das sich auf dieses Ereignis bezieht. Vermutlich dürfte die Zeremonie mit der Krönung zusammengefallen und von der jungen Königin verheimlicht worden sein, dabei hatte sie über den Anlaß hinaus große Bedeutung: Mit jedem neuen Pharao begann die Zeitzählung von neuem.

Bis zu seiner Volljährigkeit sollte Ptolemaios von einem Kronrat vertreten werden. Aber zwischen Kleopatra und den drei Regenten Potheinos, Theodotos und Achillas kam es zu Spannungen. Potheinos war ein Eunuch, der sich, weil er Ptolemaios großgezogen hatte, als sein Pflegevater bezeichnete. Theodotos von der Insel Chios hatte sich dem Jungen seit frühester Jugend als Rhetoriklehrer gewidmet. Achillas war Ägypter und oberster Befehlshaber des Heeres.

Zusammen verfügte diese Troika über soviel Macht, daß Kleopatra nach einer Auseinandersetzung im Jahre 50 nilaufwärts nach Oberägypten floh, wo sie Anhänger in der Priesterschaft wußte. Ihr genauer Aufenthaltsort ist nicht bekannt, feststeht, daß sie ein Jahr später auf Betreiben der drei Regierungsstatthalter abgesetzt wurde und dies zum

Anlaß nahm, Ägypten ganz zu verlassen. An einem geheimen Ort in der syrischen Wüste hielt sie sich verborgen.

Der Kindkönig und seine Regenten setzten ein Heer nach Osten in Marsch, um die abgesetzte Königin zu stellen, sie lagerten in Pelusium an der Mündung des östlichen Nilarms. Kleopatra hatte inzwischen in dem Stadtstaat Askalon am Südrand Palästinas Unterstützung gefunden, dessen König versprach, die junge Königin auf den Thron zurückzubringen; die benachbarten Nabatäer schlossen sich dem Heereszug an, eine kriegerische Auseinandersetzung schien unvermeidlich.

28. September 48. Von Zypern kommend näherte sich die Flotte des Pompejus der ägyptischen Küste. Ein Bote eilte voraus und überbrachte die Bitte des Römers, Ptolemaios, das Kind, möge ihm Asyl gewähren. Die Meinungen waren geteilt. Die einen plädierten dafür, Pompejus abzuweisen, eine andere Gruppe hielt es für ihre Pflicht, den Römer aufzunehmen. Da hielt Theodotos eine seiner endlosen Reden – und verwarf beide Möglichkeiten. Denn entschließe man sich, Pompejus aufzunehmen, so würde Cäsar ihr Feind, Pompejus aber ihr Gebieter werden. Weise man ihn ab, so würde sich Pompejus beklagen, daß man ihn verstoßen, Cäsar aber, daß man ihn habe entkommen lassen. Also gebe es nur eine Lösung: Pompejus kommen zu lassen und ihn umzubringen.

Achillas übernahm das Kommando. Zusammen mit dem ehemaligen Kriebstribun Septimius, dem Centurio Salvius und vier Sklaven bestieg er ein flaches Boot, um zu dem seleukidischen Dreiruderer hinüberzufahren, von dem aus Pompejus seine Flotte kommandierte. Die Römer ankerten vor der Reede und verfolgten voll Mißtrauen wie, kaum war das Boot in See gestochen, schwerbewaffnete Schützen am Strand Stellung bezogen. Das Boot drehte bei.

Der Ex-Tribun Septimius grüßte Pompejus auf lateinisch und redete ihn »Imperator« an, Achillas fand griechische Grußworte und bat, Pompejus möge in das Boot herabklettern. Pompejus schien das Komplott zu ahnen. Er verabschiedete sich von Frau und Sohn. Cornelia weinte. In Begleitung zweier Centurionen, eines Freigelassenen namens Philippos und des Sklaven Skythes bestieg Pompejus das Boot.

Ob er nicht schon einmal sein Kriegskamerad gewesen sei? erkundigte sich Pompejus bei Septimius. Der nickte nur. Keiner sprach ein Wort. Je näher sie der Küste kamen, desto mehr wurde es dem Römer zur Gewißheit, daß man Übles im Schilde führte.

In Todesangst fingerte Pompejus eine Schriftrolle aus seinem Gewand, auf der er eine Rede an Ptolemaios in griechischer Sprache vorbereitet hatte, er, der 53jährige, an den 13jährigen. Krachend fuhr das Boot auf den Ufersand.

Pompejus erhob sich, stützte sich auf Philippos, da traf ihn von hinten das Schwert des Septimius, nun stach auch Salvius zu, danach Achillas. Der Römer sank lautlos zusammen, im Fallen die Toga über sein Gesicht ziehend.

Dem toten Pompejus schlug einer der drei den Kopf ab und brachte ihn nach Alexandria. Philippos blieb beim Leichnam seines Herrn zurück, aus Treibholz errichtete er einen Scheiterhaufen und äscherte die Leiche des Pompejus ein. Die römische Flotte aber floh und zerstreute sich in alle Winde.

Vier Tage später. Seinen Widersacher verfolgend, landete Cäsar in Alexandria. Als die zwei Legionen an Land gingen, wurde erkennbar, daß die Schlacht von Pharsalos auch von Cäsars Heer ihren Tribut gefordert hatte. Kaum mehr als ein Drittel der ursprünglichen Stärke war übrig geblieben, nur noch 3200 Mann hatte der Julier unter Waffen. Gaius Julius Cäsar befand sich also nicht gerade in einer Position der Stärke, als er zum ersten Mal äyptischen Boden betrat. Ohne Zweifel suchte er zwar die Konfrontation mit Pompejus, aber gewiß nicht auf dem Schlachtfeld, schon gar nicht zur See, wo er noch weit mehr unterlegen war. Cäsar strebte ein Arrangement mit seinem Widersacher an, vielleicht die Aufteilung des römischen Weltreiches.

An der Häfenlände erschien eine Delegation des Kindkönigs Ptolemaios unter Führung des Rhetoriklehrers Theodotos. Der hieß den Konsul des Römischen Reiches willkommen und überreichte ihm gleichsam als Gastgeschenk – einen Siegelring. Cäsar erkannte ihn ohne ein Wort der Erklärung. Doch als die Begleiter des Theodotos auf einen Wink den Kopf des Pompejus unter einem Tuch hervorholten, brach der Julier in Tränen aus. Die Ägypter hatten seine Pläne durchkreuzt, er mußte umdenken, eine neue Taktik einschlagen, und Cäsar handelte innerhalb weniger Augenblicke.

Er bot nun alles auf, was ihm noch zur Verfügung stand, seine gutausgerüsteten Soldaten, von Paukenschlägen begleitet, in strenger römischer Marschordnung, dahinter kaum mehr als 800 gallische und germanische Reiter mit glitzernd gezäumten Pferden, anschließend zwölf Liktoren, die Rutenbündel hoch vor sich hertragend und schließlich er selbst in der purpurleuchtenden Toga des römischen Konsuls, so bahnten sich die Römer einen Weg zum alexandrinischen Königspalast – ein mühsames Durchkommen. Denn die Alexandriner durchschauten die Bedeutung dieses Auftrittes sofort: Der Herrscher Roms war im Begriff, Ägypten in Besitz zu nehmen.

Dabei war leicht zu erkennen, daß der demonstrative Aufmarsch der Römer nichts weiter als ein großer Bluff war, die eigenen Truppen, die schlagkräftigen Gabinier waren den Eindringlingen um ein Vielfaches überlegen. Deshalb nahm man die arrogant auftretenden römischen Soldaten auch nicht ganz ernst, einzelne Alexandriner stellten sich ihnen in den Weg, es kam zu Handgemengen, hier und da blitzten sogar Schwerter, und noch bevor sie den Königspalast erreicht hatten, waren einige Römer tot auf der Strecke geblieben.

Gaius Julius Cäsar, der Stratege mit dem untrüglichen Gespür für das Nützliche, tat in dieser Situation genau das Richtige, er verschanzte sich in dem verlassenen Palast der

Ptolemäer, dem einzigen Ort in ganz Ägypten, wo er wenigstens einigermaßen sicher war. In der Stadt Alexandria kam es indes zur offenen Rebellion, die Ägypter protestierten und forderten die Rückkehr des Ptolemaios und seiner Truppen aus Pelusium, die Eindringlinge müßten auf schnellstem Weg wieder hinausgeworfen werden.

Ein wenig spielte Cäsar va banque. Er ließ den Königsstellvertreter Theodotos wissen, Ptolemaios, der Nachfolger seines Vaters Auletes, schulde ihm, Gaius Julius Cäsar, Imperator des römischen Volkes, eine beträchtliche Summe Geldes, die Hälfte jener Schulden, die der Flötenspieler bei Rabirius Postumus aufgenommen und bis heute nicht zurückgezahlt habe – genau zehn Millionen Drachmen – die andere Hälfte habe er bei Auletes' Tod gnädig erlassen. Im übrigen fühle er sich als Testamentsvollstrecker des Genannten verpflichtet, den letzten Willen des verblichenen Königs zu erfüllen und Ptolemaios *und* Kleopatra als gemeinsame Regenten einzusetzen.

Damit hatte der Julier seine Ziele klar abgesteckt, und weil er wußte, daß diese Ziele nicht so einfach durchzusetzen waren, schickte er heimlich einen Boten nach Syrien zu Gnaeus Domitius Calvinus, dem Statthalter, er möge ihm zwei Legionen zu Hilfe schicken. Sicher fühlte er sich nicht im Palast von Alexandria. Plutarch berichtet, Cäsar habe so sehr um sein Leben gefürchtet, daß er zu trinken begann und ganze Nächte durchzechte in der Angst, er könne im Schlaf umgebracht werden.

Als erster kehrte Potheinos aus Pelusium zurück. Cäsars Landung in Alexandria hatte den Konflikt mit Kleopatra zur Nebensache degradiert. Potheinos drang zu Cäsar vor und forderte ihn auf, Ägypten zu verlassen, um die Eintreibung der Schulden werde er sich dann persönlich kümmern. Er brauche keine Ratschläge, ließ der Julier den Eunuchen wissen, am allerwenigsten von Ägyptern, und damit war Potheinos entlassen.

Der opponierte daraufhin unverhüllt gegen die römische

Besatzung. Die fremden Soldaten erhielten – in Anrechnung auf die ägyptischen Schulden – nur minderwertiges, zum Teil verdorbenes Getreide. Proteste wischte der Eunuch mit dem Hinweis beiseite, sie sollten zufrieden sein, wo sie doch an fremden Tischen durchgefüttert werden müßten. In der Hofhaltung des Ptolemaios kam nur noch hölzernes und irdenes Geschirr auf den Tisch, und der Eunuch verbreitete, der Julier habe alles Gold und Silber zur Begleichung der ausstehenden Schulden eingezogen. All das schürte den gegenseitigen Haß, und es war nur eine Frage der Zeit, wann die schwelende Lunte das Pulverfaß zur Explosion bringen würde.

Wie Cäsar gefordert hatte, erschien zunächst aber der kleine Ptolemaios, um in Potheinos' Anwesenheit über den Abzug der Römer zu verhandeln. Das war mutig von dem Knaben, mußte er doch damit rechnen, von dem Römer gefangengenommen oder gar getötet zu werden. Doch Potheinos vertraute wohl auf die Schlagkraft des ägyptischen Heeres, das den römischen Söldnern zahlenmäßig haushoch überlegen war, und er war sicher, daß Cäsar das wußte. Längst waren die Besatzer zu Belagerten geworden, die Alexandriner hatten schwerbewaffnet Belagerungsringe um den Palast gezogen, zur See hin versperrten schwere Segler, untereinander mit Ketten verbunden, die Zufahrt. Der Römer sollte zur Aufgabe gezwungen werden.

Eines Abends, Mitte Oktober, meldeten die Wachen die Ankunft eines griechischen Händlers namens Apollodoros, er müsse dringend Cäsar sprechen und überbringe eine Nachricht von Kleopatra. Auf verblüffte Fragen erklärte der aus Sizilien stammende Grieche, er habe die Schiffssperren im Hafen mit einem kleinen Kahn überwunden, später wurde behauptet, die Wachsoldaten seien mit viel Geld bestochen worden, so daß sie Apollodoros Durchlaß gewährten.

Weder die ägyptischen Schiffswächter im Hafen noch die römischen Soldaten im Palast wußten jedoch um die Besonderheit des Gepäckstückes, das der Grieche mit sich trug: einen mit Riemen verschnürten Bettsack. Das war nicht ungewöhnlich für einen Reisenden jener Zeit, der, auf ungemütliche Herbergen angewiesen, am Abend sein eigenes Bettzeug, Decken, Zudecke und ein Kissen, entrollte, um so die Nacht zu verbringen.

Der sizilische Kaufmann legte sein Bündel vor Cäsar nieder, Fragen nach dem Grund seines Besuches nichtachtend. Schweigend nestelte er an den Riemen seines Bettsackes, er rollte ihn behutsam aus – und wie in einem Märchen entstieg den Hüllen Kleopatra. So hatte sich Cäsar die Begegnung mit Alexanders letzter Erbin nicht vorgestellt. Allein dieser listige Einfall, weiß Plutarch zu berichten, habe Cäsars Herz gewonnen, vollends sei er jedoch ihrer Anmut und dem Reiz ihres Umgangs erlegen.

Wenngleich ihr wenig einnehmendes Äußeres erwiesen scheint, so stehen Charme und Liebreiz Kleopatras außer Frage. Diese erwähnt auch der Historiker Cassius Dio in seiner im 3. Jahrhundert entstandenen römischen Geschichte. Kleopatra, schreibt er, habe sich zunächst mit einem persönlichen Schreiben an Cäsar gewandt, sei dann aber zu der Überzeugung gelangt, den Römer eher mit ihrem persönlichen Charme überzeugen zu können.

Da standen sie sich nun unerwartet gegenüber: Kleopatra, 21jährig, zerbrechlich, mit Löckchenfrisur, im Nacken das Haar zum Knoten gebunden, eine junge Frau im blühenden Alter. Cäsar, 52jährig, hochgewachsen, weißhäutig, feingliedrig bis auf das volle Gesicht, mit schwarzen lebhaften Augen, hohem schütteren Haaransatz, korrekt rasiert, sogar an Armen und Beinen. Sueton beschreibt ihn so.

Wer von beiden auf wen mehr Anziehung ausübte, ist schwer zu sagen. Lassen wir beider Äußeres außer acht, so mag die Jugend der Griechin für den alternden Römer nicht ohne Reiz gewesen sein. Ein Mann mit fünfzig findet nicht selten plötzlich Geschmack an jungen Mädchen. In diesem Fall hätte Kleopatra den Stimmungsumschwung bewirkt;

denn bisher verfolgte der Imperator eher den mütterlichen Typ, den Typ züchtige verheiratete Frau von vornehmer Herkunft.

Man sprach in Rom ganz offen über Cäsars Affären mit geachteten Damen, die beinahe mythologische Dimensionen erreichten. Nachgesagt wurden ihm Verhältnisse mit Postumia, verehelicht mit Servius Sulpicius; mit Lollia, verheiratet mit Aulus Gabinius, Tertulla, Ehefrau des Marcus Crassus und Mucia, der besseren Ehehälfte seines Widersachers Gnaeus Pompejus; mit Servilia, der *Mutter* des Marcus Brutus, teilte er während seines ersten Konsulates lange und genußvoll das Lager, was ihm einen Perlenschmuck für sechs Millionen Sesterzien und mehrere Landgüter zum Vorzugspreis wert erschien. Geschenke brachten ihn später auch bei Eunoe, der schönen Gemahlin des Königs Bogud von Mauretanien, ans Ziel, wobei allerdings der gehörnte Ehemann seinen Anteil forderte. Der Volkstribun Helvius Cinna behauptete sogar, Cäsar habe allen Ernstes ein Gesetz vorbereitet, das es ihm, Gaius Julius Cäsar, gestatte, zum Zwecke der Fortpflanzung jede Frau zu begatten, die ihm in den Sinn komme.

Ein Mann, dem dieser Ruf vorausgeht – und er muß auch bis Alexandria gedrungen sein –, wirkt nicht auf jede Frau anziehend. Worin lag überhaupt die Faszination des Juliers? Unzweifelhaft blieben seine militärischen Erfolge auch auf erotischem Gebiet nicht ohne Wirkung. Gaius Julius Cäsar galt als ein Mann, der sich im Ruhm der Unbezwingbarkeit des Imperators sonnte, ein Übermensch, der eines Tages an die Grenzen des Menschseins vorstoßen würde. So gesehen umgab Cäsar eine ganz eigene Art von Anziehungskraft, die des Einmaligen, Übermächtigen.

Mag all das eine Explosion von Emotionen bewirkt haben, so handelte Kleopatra ohne Zweifel doch auch berechnend. Für sie lautete die Alternative: entweder Cäsar oder der Tod. Denn – daran konnte kein Zweifel bestehen – die Chancen, den Bruderkönig und seine Höflinge zu besiegen, waren äußerst gering; und selbst wenn ihr das Unwahrscheinliche mit Hilfe jüdischer Unterstützung gelungen wäre, dann hätte sie schon bald erkennen müssen, daß nicht nur das Militär gegen sie stand – sondern auch das Volk. Das hatte nicht vergessen, daß der von ihr so geliebte Vater Ägypten den Römern preisgegeben hatte. Kleopatra konnte nur von Cäsar Hilfe erwarten. Deshalb zog sie es vor, mit den Waffen einer Frau zu kämpfen. Sie ist die erste bekannte Frau der Weltgeschichte, der dies nachgesagt wird. Man hat Kleopatra deshalb verkannt, sie als Vamp auf dem Pharaonenthron bezeichnet, dabei gab es wahrscheinlich nur drei Männer in ihrem Leben, mit denen sie das Bett teilte. Der eine war Cäsar – und es geschah noch in derselben Nacht.

Wie Kleopatra dabei vorging, verrät keine Chronik, auch nicht, ob dabei der Römer oder die Griechin den aktiveren Part übernahm. Aber es bedarf keiner großen Überlegungen: Kleopatra brauchte Cäsar. Ob ihr der Julier dabei so sehr verfiel, daß man von sexueller Hörigkeit sprechen kann, ist umstritten. Auf jeden Fall erlag der von Frauen vergötterte, von Männern verehrte, bis an die Grenze des Erträglichen kühl und überlegte 52jährige Feldherr neun Monate lang dem Liebeszauber der 21jährigen, bis seine eigenen Soldaten, die ihn wie einen Vater liebten, rebellierten. Der römische Konsul, in Verfolgung seines politischen Gegners an den Ufern des Nils gelandet, vergaß über einer kaum als besonders schön geschilderten Frau, einer aus der Bahn geworfenen Provinzkönigin, daß in Rom ein Aufstand den anderen ablöste, in Campanien die Veteranenlegionen meuterten, in der spanischen Provinz ein neuer Aufstand drohte, und das Heer des geschlagenen Pompejus sich in Afrika neu formierte.

Zwischen Oktober 48 und Juli 47 kannte Cäsar nur zwei Ziele: Kleopatras Zuneigung und ihre Rückführung auf den Thron. Anscheinend willenlos ließ er sich treiben, verwikkelte seine Soldaten in abenteuerliche Kämpfe und leistete sich strategische Fehlleistungen, die den Eroberer Galliens und Spaniens der Lächerlichkeit preisgaben. Hier agierte kein römischer Imperator, das war das traumtänzerische Wesen eines ägyptischen Flötenspielers.

Cäsar und Kleopatra hielten ihr Verhältnis nicht im Verborgenen. Gewiß, der Palast von Alexandria hatte gewaltige Ausmaße, weite Flügel und zahlreiche Gebäudekomplexe, aber sie lebten zumindest in Sicht- oder Rufweite – der 13jährige Ehemann, der 52jährige Nebenbuhler und die 21jährige Ehefrau und Geliebte.

Möglicherweise provozierte Kleopatra den Kindkönig sogar; denn Ptolemaios verlor eines Tages die Nerven, stürmte an den Soldaten vorbei aus dem Palast und zeterte vor den verblüfften Alexandrinern, die ägyptische Sache sei verloren, wenn ihn das Volk nicht gegen den Römer und sein ungetreues Eheweib unterstütze; zornig riß er seine Königskrone vom Kopf und trampelte darauf herum. Zwar eilten sofort römische Söldner herbei, die den tobenden Königsknaben packten und in den Palast zurückbrachten, aber die Szene hatte genügt, um ganz Alexandria in Aufruhr zu versetzen.

Großzügig inszenierte Cäsar ein pompöses Versöhnungsfest. Um das Volk zu beruhigen, entschloß er sich zu einer Geste; die Insel Zypern, unter Cato im Jahre 58 annektiert, solle wieder unter die Oberhoheit der Ptolemäer gestellt und von den jüngeren Geschwistern des Ptolemaios und der Kleopatra, Arsinoe und Ptolemaios, verwaltet werden. Glaubte der Julier im Ernst, er könne römische Provinzen nach eigenem Gutdünken verschenken? Vergaß er die Schwierigkeiten, die ihn zu Hause in Rom bei einer Realisierung dieses Planes erwarteten? Oder war Cäsar nicht mehr Herr seines Willens?

Jedenfalls verpuffte die Geste ohne Nutzen, im Gegenteil, sie zog sogar einen Attentatsversuch nach sich, hinter dem Potheinos und Achillas standen. Vertraue nie deinem Friseur ein Geheimnis an, sonst weiß es sofort die ganze Stadt! Cäsars Barbier jedenfalls deckte das Komplott auf, der Imperator nahm Potheinos gefangen und ließ ihn töten, Achillas entfloh in Richtung Pelusium, wo die ägyptischen Truppen lagerten.

Ein paar Tage herrschte gespannte Ruhe, dann meldeten Kundschafter, Achillas nähere sich Alexandria mit 20000 Söldnern und 2000 Reitern, einer beinahe sechsfachen Übermacht. Cäsar zauderte, schickte dem Angreifer erfolglos zwei Unterhändler entgegen, der Palast wurde umzingelt, die römischen Legionäre verteidigten die Bastion mit vollem Einsatz. Schließlich wandte sich das Interesse beider Parteien dem Hafen zu, wo drei Dutzend bunt zusammengewürfelte Schiffe der Römer die 72 bestens ausgerüsteten Schiffe der ägyptischen Flotte bewachten.

Cäsar wie Achillas wußten, daß der den entscheidenden strategischen Vorteil haben würde, der es verstünde, die Flotte unter seine Kontrolle zu bringen. Als Kriegswerkzeug schien dem Römer die Flotte weniger brauchbar denn als Transportmittel für den Nachschub, seine Stärke war – und das hatte er unzählige Male bewiesen – die klassische Landschlacht, die ausgefeilte Taktik, der Kampf Mann gegen Mann.

Die römischen Söldner kaperten die Flotte im Handstreich, doch im Besitz der 72 fremden Schiffe erkannte der Julier, daß ihre Verteidung zu hohen Aufwand erforderte. Schließlich brauchte er jeden Mann für die Kämpfe um den Palast. Die Flotte durfte dem Gegner nicht in die Hände fallen; deshalb gab Cäsar Befehl, die Schiffe in Brand zu setzen. Im Nu brannten die hölzernen Segler lichterloh, die Römer zogen sich auf die Insel Pharos zurück.

November, die Zeit der stürmischen Nordwinde. Von den Fenstern ihres Palastes mußte Kleopatra ansehen, wie die brennenden Segler gegen die Kaimauern getrieben wurden, wie die Flammen an den Hafenanlagen leckten, das Feuer auf den Markt übergriff, die ersten Häuserzeilen erreichte und sich mit rasender Geschwindigkeit in das Stadtbild fraß. Der Feuersturm machte auch vor den Palastanlagen nicht halt. In der großen königlichen Bibliothek, wo das gesamte Wissen der damaligen Zeit in 700000 Papyrusrollen gestapelt lag, fand das Feuer reichliche Nahrung.

Generationen von Menschen brauchten Jahrhunderte, um mühsam, auf Umwegen, aus fremden Sprachen, oft unvollständig das zu rekonstruieren, was sich an diesem stürmischen Herbsttag innerhalb weniger Stunden in schwarzen Rauch auflöste. Vieles stieg unwiederbringlich in den Himmel der Vergessenheit, aus dem es begabte Poeten und betagte Geister einst auf die Erde geholt hatten, und manches Geheimnis der Geschichte, festgehalten in eindeutigen Schriftzeichen und Zahlen, entschwand damals für ewige Zeiten.

Übriggeblieben in der Asche sind nur noch die Grundsteine für einen Wiederaufbau der Alexandriner Bibliothek. Marcus Antonius schickte später 200000 Bände aus der Bibliothek von Pergamon; 272 n. Chr. unter Kaiser Aurelian und 295 unter Diokletian wurde sie nochmals zerstört und unter dem christlichen Bischof Theophilus hundert Jahre später endgültig der Vernichtung preisgegeben. Aber selbst danach muß der Fundus noch so groß gewesen sein, daß Kalif Omar I. 641 n. Chr. bei der Eroberung Alexandrias genügend Heizmaterial für die öffentlichen Bäder vorfand, das weit weniger stank als der sonst verwendete Kamelmist. Omar hatte einen simplen Maßstab für den Umgang mit den Resten der Bibliothek: Stimmten die griechischen Schriften mit dem Koran überein, so seien sie ohnehin nutzlos und bedürften keiner Erhaltung, wichen sie aber vom Koran ab, so seien sie sogar gefährlich und müßten vernichtet werden.

Der Julier, viel eher ein Mann der Tat als der hehren Gedanken, äußerte sich nie zu dem größten Schaden, den je ein Mensch der Geistesgeschichte der Menschheit zugefügt hat. Auch sein Sekretär und Vertrauter Aulus Hirtius, der den Alexandrinischen Krieg beschrieb, schweigt über das Inferno. Er kämpfte mit Cäsar in Gallien, zog 50 mit ihm nach Spanien und begleitete ihn 47 in Antiocheia; in Alexandria war er freilich nicht. Der römische Epiker Lucanus, Neffe des Philosophen Seneca, Freund Kaiser Neros, der den römischen Bürgerkrieg unter dem Titel *Pharsalia* beschrieb, erwähnt den Vorfall ebenfalls nicht. Sein Werk bricht im zehnten Buch mit dem ägyptischen Aufstand gegen Cäsar ab, nicht ohne jedoch die von den Schiffen ausgehende Feuersbrunst zu erwähnen.

Moderne Historiker haben aus der Tatsache, daß die dem Ereignis am nächsten stehenden Chronisten den Bibliotheksbrand nicht erwähnen, den Schluß gezogen, er habe gar nicht stattgefunden, nur ein Schiff mit Papyrusrollen, die Kleopatra dem Imperator zum Geschenk gemacht habe, sei damals verbrannt. Dem steht freilich entgegen, daß alle späteren Geschichtsschreiber wie Plutarch, Dio Cassius, Orosius, Gellius und Ammianus Marcellinus auf den Brand der Bibliothek Bezug nehmen. Auch die großzügige Bücherschenkung des Marcus Antonius kann nur als Zeichen der Wiedergutmachung gewertet werden. Und wenn selbst Cäsars persönliche Feinde aus dem Vandalismus kein Kapital schlugen, so wohl deshalb, weil der Schock, den das Ereignis nach seinem Bekanntwerden auslöste, eine Art Kollektivschuld bewirkte. Die Römer galten ohnehin nicht nur im griechisch orientierten Osten des Weltreiches als kulturloses Volk, einen Ruf, den man durch die Vernichtung der in der ganzen damaligen zivilisierten Welt berühmten Bibliothek nicht noch verstärken wollte.

Wenn damals nicht ganz Alexandria in Schutt und Asche fiel, so deshalb, weil die mondäne Metropole von breiten Ost-West-Straßen durchzogen war, die Feuerschneisen bildeten, und weil die Häuser der wohlhabenden Stadt aus Stein gebaut waren, nicht aus Holz wie in Rom oder Athen. Die Kämpfe verlagerten sich nun auf die Insel Pharos. Das strategische Konzept war klar: Wer den Leuchtturm beherrschte, der konnte den Seeweg von und nach Alexandria abschneiden. Das Ringen um die Insel muß mehrere Tage, vielleicht sogar Wochen gedauert und furchtbare Opfer gefordert haben, wobei die sechsfache Überlegenheit der Ägypter zum Tragen kam.

Während der Kämpfe gelang Kleopatras jüngerer Schwester Arsinoe und ihrem Kämmerer Ganymedes die Flucht aus dem Palast. Die Alexandriner empfingen sie jubelnd, und es bedurfte keiner großen Überredungsgabe des Ganymedes, Arsinoe zur Königin auszurufen. Damit wurde Ganymedes zum starken Mann der Ägypter, und Achillas, der gegen den Emporkömmling revoltierte, bezahlte seinen Unmut mit dem Leben. Cäsar mußte sich nun mit Ganymedes auseinandersetzen.

Der neue ägyptische Befehlshaber brachte die Römer in arge Bedrängnis, er zog den Belagerungsring um den Palast noch enger, brachte die Brunnen im Innern zum Versiegen, dann faßte er die Rückeroberung des Heptastadions und der Insel ins Auge. Über Nacht gruben Cäsars Söldner neue Brunnen, auf dem Damm, der die Insel mit dem Festland verband, begannen sie Barrikaden zu errichten. Ganymedes durchschaute die Taktik, brachte sich in Besitz einiger Binnenschiffe, vermutlich aus dem Mareotis-See, den ein Kanal mit dem Meer verband, stach in See und landete hinter den Barrikaden der Römer.

Auch dieses Unternehmen muß wohl bei Nacht ohne Wissen des ahnungslosen Gegners abgelaufen sein, denn als die römischen Söldner die gegnerische Kriegslist erkannten, brach eine Panik aus. Die Soldaten stürzten in wilder Hast auf die wenigen am Heptastadion festgemachten Schiffe und drängten sich lärmend Mann an Mann, so daß die Segler manövrierunfähig wurden. Mitten unter den Soldaten Cäsar. Er erfaßte die aussichtslose Situation zuerst und sprang in voller Kriegsausrüstung in das Hafenbecken. Dabei verlor er seinen roten Mantel, der von den Ägyptern geborgen und später als kostbare Kriegsbeute herumgezeigt wurde. Er selbst schwamm wohl einige hundert Meter durch das winterkalte Meer. Von Speeren und Pfeilen der Ägypter beschossen, erreichte er, mit einer Hand wichtige

Papiere über Wasser haltend, den Pulk der meerwärts ankernden Römerschiffe. Sein eigenes Schiff war bei den Kämpfen mit allen Soldaten gesunken.

Unter großen Verlusten gelangten die Römer schließlich wieder in den Palast. Nun griff der Julier zu einer List: Cäsar entließ den jungen Ptolemaios, der, wie er meinte, nicht Gefangener in seinem Palast sein dürfe, sondern Kommandeur seiner Truppen sein müsse. Angeblich schied Ptolemaios unter Tränen. Welcher Umstand die Tränen auslöste, wissen wir nicht. Wir wissen nur, daß Cäsars Zugeständnis – er glaubte wohl, der Kindkönig würde zwischen Arsinoe und Ganymedes Zwietracht säen – ungewollte Folgen zeitigte. Von den Ägyptern wurde der König in ihrer Mitte als wahrer Führer bejubelt, Ganymedes seines Postens enthoben, der 13jährige schwor Rache, Rache an Kleopatra.

Nun mußte sich der Imperator des römischen Weltreiches mit einem 13jährigen herumschlagen, der beinahe sein Enkel hätte sein können. Aber Cäsar hielt sich zurück. Hatten die bisherigen Einsätze seine Truppe so dezimiert, daß er sich nur noch auf die Verteidigung beschränken konnte? Oder zog ihn Kleopatra so in ihren Bann, daß er sich nur noch verteidigen wollte? Zu Beginn des Jahres 47 wußte Kleopatra bereits, daß sie von Cäsar ein Kind erwartete, sie war im dritten Monat schwanger.

Hätte Ptolemaios damals die Römer angegriffen, Cäsar hätte der gewaltigen Übermacht der Feinde kaum etwas entgegensetzen können. Der Frühling kam, und nichts geschah. Anfang März ging die Nachricht wie ein Lauffeuer durch das Land: Gewaltige Heere marschierten auf die Ostgrenze Ägyptens zu, römische Söldner aus Asien, Syrien, Judäa und Arabien unter Führung des Mithridates von Pergamon.

Die Unterstützung jüdischer Truppen mochte überraschen, weil sich die Bewohner von Judäa im römischen Bürgerkrieg auf die Seite des Pompejus geschlagen hatten, aber Pompejus hatte sich in Judäa nicht sehr zurückhaltend benommen, er hatte den Tempel geschändet, und nun, da offenkundig war, daß die Judäer aufs falsche Pferd gesetzt hatten, wollten sie die Scharte wieder auswetzen.

Nach achttägigem Wüstenmarsch erreichten die Söldner die Grenzfestung Pelusium. Mithridates glaubte, dort würde es zur Konfrontation mit den Ägyptern kommen. Zu seinem Erstaunen waren die ägyptischen Truppen jedoch abgezogen, die Einwohner ergaben sich kampflos. Was führte der junge König im Schilde? Mithridates zog zunächst südwärts nach Memphis zur Gabelung der Nilarme, um nicht über jeden Arm einzeln übersetzen zu müssen, und marschierte dann nach Nordwesten, auf Alexandria zu.

Ihre letzten verbliebenen Schiffe hatten die Römer inzwischen durch den Landkanal in den Mareotis-See gebracht, mißtrauisch beäugt von den ägyptischen Truppen. Auf dem Mareotis-See nahmen die Römer Kurs nach Osten, worauf Ptolemaios erwartete, die Vereinigung Cäsars mit dem Ersatzheer solle am Ostufer des Sees erfolgen. Doch nach Einbruch der Dunkelheit löschten die Römer alle Lichter auf ihren Schiffen, machten kehrt und segelten in stockfinsterer Nacht nach Westen. Als der Trag graute, traf Cäsar auf Mithridates.

Am 27. März 47 v. Chr. schlug Cäsar mit seinen vereinigten Heeren den Kindkönig Ptolemaios XIII. in einer Schlacht am Nil vernichtend. Von allen Seiten umzingelt, flüchteten die Ägypter in ihr Hauptlager zurück, doch statt Rettung fanden sie dort den Tod, die meisten jedenfalls, denn die römischen Truppen stürmten das Lager und machten es dem Erdboden gleich.

Wo war Ptolemaios geblieben? Gefangene Ägypter zeigten wortlos in Richtung Nil. Römische Legionäre nahmen die Verfolgung auf. Sie sahen gerade noch, wie sich der König und seine letzten Getreuen in ein Boot stürzten, um rudernd das jenseitige Ufer zu erreichen. Aber schon kurz nach dem Ablegen kenterte das überladene Boot, alle Insassen ertranken.

Einen Tod wie Osiris, der zu Mythen und Spekulationen

hätte Anlaß geben können, gönnte Cäsar dem Kindkönig nicht. Deshalb soll er Befehl gegeben haben, den Fluß umzuleiten, um die Leiche des Ptolemaios zu bergen. Vielleicht handelte es sich nur um einen Nebenarm des Flusses oder es mußte nur ein Brachwasser abgelassen werden, jedenfalls entdeckten die Römer noch am selben Tag den toten Ptolemäer. Der verunglückte Pharao trug eine goldene Rüstung.

Diese Rüstung stellte Cäsar zur Schau, als er in Alexandria einzog, Triumphzug eines Imperators, wie ihn nur die Römer kannten, eine Huldigung an das Genie des Siegers, der den Lorbeerkranz trug, auf seinem Streitwagen huldvoll winkend, Genugtuung für das, was ihm in Rom versagt geblieben war. Verzweifelt senkten die Alexandriner die Häupter. Beinahe drei Jahrhunderte hatte kein feindlicher Eroberer die Stadt betreten, und der unbeugsame Stolz der Alexandriner war sprichwörtlich gewesen; nun, besiegt, gedemütigt, trugen sie den Römern ihre Götterbilder zum Zeichen der Unterwerfung entgegen.

In Spanien oder in Gallien hätte Cäsar eine derart widerspenstige Stadt dem Erdboden gleichgemacht, und niemand hätte ihn deshalb besonderer Brutalität bezichtigt, das entsprach allgemeiner Gepflogenheit bei Römern, Griechen und Barbaren, aber Alexandria war die Stadt Kleopatras, für sie hatte der Julier gekämpft, und ihr legte er nun die eroberte Stadt, das zurückgewonnene Königreich zu Füßen.

Kein Zweifel, der Julier liebte die Ptolemäerin und nicht einmal Kleopatras Schwangerschaft ließ seine Leidenschaft erkalten – sie befand sich jetzt immerhin schon im sechsten Monat. Um ihre Königsherrschaft zu legalisieren, inszenierte Cäsar eine fellineske Hochzeit: die 22jährige, hochschwangere Kleopatra ehelichte ihren jüngsten, gerade 12jährigen Bruder Ptolemaios XIV., eine Farce, nichts weiter, doch nach dem Gesetz konnte Kleopatra nun regieren, und niemand durfte ihr den Thron streitig machen. Der Römer nannte den neuen Kindkönig *socius et amicus* – Mitregent und Freund der Königin, damit hatte er seine Befugnisse klar umrissen. Der 14. Ptolemäer trat auch nie mehr in Erscheinung, Chronisten vermelden nur seinen Tod im Jahre 44, dem Jahr, in dem auch Cäsar starb.

Als ahnte er, daß er nur noch drei Jahre zu leben hatte, wagte Cäsar nun einen Schritt, der überhaupt nicht zu ihm und in sein Leben paßte, etwas ganz Unvorstellbares – er machte zehn Wochen Urlaub. Der Imperator und die Königin unternahmen auf einem Luxusschiff eine Fahrt auf dem Nil.

Während in Rom Cicero orakelte, es sei um Cäsars Sache in Alexandria so schlecht bestellt, daß dieser sich schäme, über seine dortigen Angelegenheiten zu berichten, bestieg der Julier mit seiner schwangeren Geliebten eine etwa hundert Meter lange Königsbarke aus Zedern- und Zypressenholz, deren Erscheinen auf den Wassern selbst die an märchenhafte Götterkulte gewohnten Ägypter in Begeisterung versetzte. In der Tat hatte Cäsar seit Ende Dezember keine Nachricht mehr nach Rom gesandt, zunächst wohl, weil es nur wenig Erfreuliches zu berichten gab, und nach errungenem Sieg nahm Kleopatra ihn wieder gefangen.

In Rom tobten Straßenschlachten, auf dem Forum wurden achthundert Menschen niedergemetzelt, und der junge Marcus Antonius, den Cäsar mit der Wahrung seiner Interessen beauftragt hatte, schlug sich und seine Sache bald dem Volkstribun Dolabella, bald dem gegnerischen Trebellius zu, wankend wie ein Rohr im Wind. Während sich die versprengten Pompejaner neu sammelten und Cäsars kleinasiatischer Statthalter Domitius Calvinus vom Partherkönig Pharnakes geschlagen wurde, rekelte sich der Julier auf dem säulengerahmten Deck der Königsbarke, neben sich die geliebte schwangere Königin und genoß die Frühlingssonne Ägyptens.

An der Seite dieser Frau, die für Cäsar das jahrtausendealte Pharaonenreich verkörperte, fühlte sich der Imperator wie ein orientalischer Herrscher – außerhalb jeder Realität.

Staunend näherte er sich den Tempeln der alten Hauptstadt Memphis, der ersten, stufenförmigen Pyramide in Sakkara, er sah die weiten Ebenen von Amarna, wo Nofretete, eine Königin von ähnlicher Faszination wie Kleopatra, einst hofgehalten hatte und von den Nachfahren mit Vergessenheit gestraft worden war. In Abydos bestaunte er die strahlenden Tempel von Sethos I. und Ramses II., und dann das hunderttorige Theben, Aigyptos' Stadt, wie Homer singt, wo reich sind die Häuser an Schätzen, nun eineinhalb Jahrtausende von seiner Blütezeit entfernt, aber noch immer war Amun präsent, Sphingenalleen geleiteten zu ihm, Pylonen wehrten den Zutritt, goldbeschlagene Obelisken wiesen zum Himmel. Zum Zauber der Geliebten gesellte sich nun noch der Zauber des Landes.

Die Nilfahrt der Verliebten verfehlte nicht ihre politische Wirkung. Kleopatra war weder bei den Alexandrinern noch bei der sechs- bis siebenmal größeren Landbevölkerung des Reiches sehr beliebt, dort vor allem kannte man sie überhaupt nicht, und das galt für Cäsar natürlich in noch höherem Maße. Daß sich der Eroberer nun an der Seite der Königin zeigte, sich jedoch keineswegs wie ein Besatzer benahm, eher wie ein staunender Besucher, das schaffte dem Julier wie der Ptolemäerin Sympathien, so daß die Flotte, die das Prunkschiff der Königin begleitete – eine Quelle spricht von 400 Schiffen – ihre Schutzfunktion mehr und mehr verlor und zuletzt wohl nur noch Repräsentationszwecken diente.

Dem Unternehmen rein politische Gründe zu unterstellen, wäre verkehrt; denn gewiß hätte eine bloße Good-will-Tour nilaufwärts nicht zehn Wochen gedauert. Vor allem das abrupte Ende der Reise spricht dagegen: Cäsar und Kleopatra wären vielleicht doppelt solange geblieben, hätten die Cäsar begleitenden Truppen nicht gemeutert. Die tapferen, kampferprobten Legionäre weigerten sich, weiter nilaufwärts zu fahren. Vielleicht hatte Cäsar aber auch den Wunsch geäußert, nach Abu Simbel zu reisen. In diesem Fall hätten die Legionäre die Schiffe an den Stromschnellen des ersten Kataraktes vorbei über Land ziehen müssen. Jedenfalls endete die Kreuzfahrt der Selbstvergessenen, ohne ein namhaftes Ziel erreicht oder einen erklärten Zweck verfolgt zu haben.

Späteren römischen Geschichtsschreibern war es sichtlich peinlich, zu vermelden, daß der große Gaius Julius Cäsar sich in unruhiger Zeit wie ein weltfremder Aussteiger hatte gehenlassen, während das Vaterland nach ihm rief. Deshalb blieb auch unbekannt, ob das Kind, welches Kleopatra im Sommer des Jahres 47 zur Welt brachte, während der Nilkreuzfahrt geboren wurde oder in der Hauptstadt Alexandria oder ob Cäsar zu dieser Zeit Ägyptens Hauptstadt bereits verlassen hatte.

Ptolemaios Cäsar Theos Philopator Philometor, so lautete der Name des ptolemäisch-julischen Sprosses, Ptolemaios Cäsar Gott, der seinen Vater liebt, der seine Mutter liebt. Damit waren alle Verwandtschaftsverhältnisse, Bestimmungen und Zuneigungen abgedeckt. In Ägypten freilich sprach kein Mensch vom Prinzen Ptolemaios, die originellen Alexandriner nannten den Sohn Kleopatras ganz einfach Kaisarion – Cäsarlein. Das könnte ein Kosename gewesen sein, wahrscheinlich war es jedoch ein Spottname.

Man hat viel herumgerätselt, ob Gaius Julius Cäsar wirklich der Vater von Kleopatras Sohn gewesen sein kann, und Zweifel sind nicht völlig unbegründet. Trotz seiner zahllosen amourösen Abenteuer hatte Cäsar bis zu seinem 52. Lebensjahr nur ein einziges Kind gezeugt, die Tochter Julia, er war damals 16 Jahre alt. Nun kannten zwar die käuflichen Damen des Altertums vielerlei Verhütungsmittel, Fischblasen zum Beispiel und Tiergedärm, das schon der legendäre König Minos von Knosses als Kondom benutzt haben soll, für anständige Frauen aber, wie sie der Julier mit Vorliebe beglückte, schickte sich so etwas nicht. Sollte Cäsar in seinen besten Mannesjahren wirklich kein Kind gezeugt haben?

Seine Gegner, von denen er Zeit seines Lebens genug hatte, meinten, wie oben erwähnt, kein Rockzipfel sei vor ihm sicher gewesen. Hätten diese Gegner nicht jeden Fehltritt des Imperators liebend gerne zum Skandal ausgeweitet? Auch Schweige- und Bestechungsgelder hätten ein solches Geheimnis nicht zu unterdrücken vermocht. Rom lebte von Gerüchten, und keines war niederträchtig, dümmlich und unwahrscheinlich genug, als daß man es nicht kolportiert hätte. Aber Cäsar als Vater eines unehelichen Kindes? – nicht einmal gerüchteweise war davon zu hören. Daß er unter epileptischen Anfällen litt, wußte die ganze Stadt. Wäre der Julier zeugungsunfähig gewesen, man darf sicher sein, die frivolen Römer hätten das zum Anlaß für Spottlieder genommen. Es bleibt ein Geheimnis, wie Cäsar nur zwei Kinder zeugen konnte – im Abstand von 36 Jahren.

Oder liegt das Geheimnis bei Kleopatra? Zuzutrauen wäre es ihr, in Kenntnis der Unfähigkeit ihres Geliebten, diesem ein Kind unterzuschieben, das der Imperator, stolz auf seine wiedergewonnene Manneskraft, akzeptierte. Schlief Kleopatra mit ihrem 13jährigen Bruder Ptolemaios, während der Römer um ihren Thron kämpfte? Zur Ptolemäerzeit war ein 13jähriger durchaus zeugungsfähig. Welche Ironie verbirgt sich hinter Cäsarleins Beinamen »der seinen Vater liebt«?

Cäsar mißtraute den Alexandrinern und ließ bei seiner Abreise nach Syrien drei Legionen zum Schutz der Königin zurück, angeführt von Rufio, dem Sohn eines Freigelassenen. Er schien dem Julier Gewähr für Treue und keine eigenständigen politischen Interventionen. Was den Imperator nach Asien trieb war der Aufstand des Königs von Pontos. Der Sohn des Mithridates und ehemaligen Parteigängers des Pompejus hatte bereits alle Stämme zwischen Kuban und Don, Tanais und Phanagoreia und die Dandarier unterworfen und sich zum Großkönig ausgerufen. Im Vorjahr war von ihm Kolchis, Kleinarmenien und ein Teil Kappadokiens besetzt worden, Domitius Calvinus, der bei Pharsalos die Mitte des cäsarischen Heeres anführte, hatte er bei Nikopolis geschlagen. Nur Cäsar konnte helfen.

Der Imperator hatte kaum Ägyptens Grenzen hinter sich gelassen, da erwachte in ihm der alte Kämpfer, der gefürchtete Stratege, der nüchtern abwägende Politiker. Als sei er aus einem unendlichen Traum erwacht, als versuchte er, in kurzer Zeit Versäumtes gutzumachen, eilte er durch die Provinzen, sorgte für Ruhe und Ordnung, Lob und Tadel austeilend, Steuern neu festsetzend oder Privilegien verteilend. Das war wieder der alte Gaius Julius Cäsar.

Antipatros, bisher nur Verwalter von Judäa, machte er mit einem Federstrich zum Epimeletes, zum Statthalter, so daß er nun seine Macht unter seine Söhne, darunter der legendäre Herodes, aufteilen konnte. Um sich den langen Landweg zu sparen, setzte Cäsar nach Zypern und Kilikien über, machte in Tarsos halt, dem Sitz des römischen Statthalters, und marschierte mit drei Legionen nordwärts durch das anatolische Hochland nach Pontos.

Am 2. August 47 stellte er bei Zela den Großkönig Pharnakes, rieb sein Heer völlig auf und vertrieb den aufmüpfigen König der Könige. Im Telegrammstil berichtete er knapp nach Rom: *Veni, vidi, vici* – ich kam, sah, siegte!

4.

Cäsar ordnet die Verhältnisse in Rom – Der Afrika-Feldzug Vier Triumphe des Juliers – Kleopatra kommt mit Kaisarion nach Rom – Skandal bei der Tempelweihe – Für Kleopatra hielt Cäsar sogar die Zeit an – Sein Hang zur Gigantomanie Cäsar als umstrittener Sittenwächter – Flucht vor der Geliebten – Ein rätselhaftes Testament – Warum Cäsar seinen Sohn verleugnete

Über Athen und Patras kehrte Cäsar mit seinen Legionen nach Italien zurück, am 24. September 47 landete er in Tarent und erreichte Rom in den ersten Oktobertagen, aber die Römer empfingen den Imperator nicht gerade jubelnd.

Seit er Ende 49 die Hauptstadt verlassen hatte, um seinen Widersacher Pompejus zu verfolgen, waren beinahe zwei Jahre vergangen, seitdem hatten sich die politischen und sozialen Konflikte weiter verschärft. Mit der Ermordung des Pompejus war der Bürgerkrieg keineswegs beendet. Cato und Scipio, die von Pharsalos nach Afrika entkommen waren, hatten dort, während sich Cäsar in Ägypten aufhielt, mit Unterstützung des Numiderkönigs Juba zehn komplette Legionen aufgestellt, vier weitere bot König Juba auf, dazu 120 Elefanten, außerdem verfügten Cato und Scipio wieder über beachtliche Flottenverbände. Cäsar ließ deshalb seine Legionen in Campanien zurück, während er selbst daran ging, die wirren Verhältnisse in Rom zu ordnen.

Viele Freunde hatte der Julier nicht mehr in Rom, schuld daran waren vor allem drei Männer, die vorgaben, Cäsars Sache zu vertreten: sein gleichaltriger Freund Marius, der nach außen stets als verständnisvoller Vermittler auftrat, in Wirklichkeit jedoch nur in die eigene Tasche wirtschaftete, der junge Publius Cornelius Dolabella, zur Zeit gerade Volkstribun und stets sein Fähnchen in den Wind hängend, und schließlich Marcus Antonius, der häufig betrunkene *magister equitum*, provozierend vergnügungssüchtig, nur von goldenem Geschirr essend, wie Weingott Bacchus in einem löwenbespannten Wagen fahrend oder weltvergessen in Begleitung obszön entkleideter Huren über das Forum wankend. Zur selben Zeit wußten Hunderttausende Römer nicht mehr, wie sie ihre Miete bezahlen sollten.

Cäsar distanzierte sich von Antonius, ließ sich für das Jahr 46 zum dritten Mal zum Konsul wählen, und setzte gegen den Protest der Hausbesitzer zunächst einmal einen Mieterlaß für ein Jahr durch. Den ebenfalls geforderten generellen Schuldenerlaß wußte der Julier dagegen zu verhindern, weil er damit den massiven Protest der Reichen und des Adels auf sich gezogen hätte.

Geld, wieder einmal Geld beeinflußte den Fortgang der Geschichte. Aus Gallien schwerreich heimgekehrt, hatte der Bürgerkrieg Cäsars Barvermögen restlos aufgezehrt, er konnte den heimkehrenden Legionären nicht einmal den Sold auszahlen – von den versprochenen Prämien für drei siegreiche Schlachten ganz zu schweigen. Die alten Kämpfer meuterten, sogar die zehnte, Cäsars altgediente Lieblingslegion, verweigerte den Gehorsam, und als der Imperator zwei Prätoren nach Campanien entsandte, um die aufgebrachten Söldner zu beruhigen, brachten diese die Kuriere kurzerhand um und formierten sich zu einem Marsch auf Rom. Die Lage schien äußerst bedrohlich. Als die randalierenden Legionäre auf dem Marsfeld vor den Toren der Stadt eintrafen, trat ihnen der Imperator unbewaffnet und ohne jeden Schutz allein entgegen. Er kannte seine Soldaten und wußte, daß nur so ein unvorstellbares Massaker verhindert werden konnte. Und als die Legionäre den eher gleichmütig wirkenden Cäsar vor sich sahen, da verhallten tatsächlich ihre aufrührerischen Rufe, ihre Anführer wurden kleinlaut, und auch das letzte Protestgemurmel verstummte auf dem weiten Marsfeld.

Schweigen.

Da hob Gaius Julius Cäsar die Hand, wie er es unzählige Male im Feld getan hatte, um sich Gehör zu verschaffen, und er begann ruhig: »Ihr Bürger ...«, ja, der Imperator sprach seine Legionäre nicht wie sonst mit »Soldaten« an, er sagte »Bürger«. Das traf. Cäsar verkündete, sie seien entlassen, sie würden auch Sold und Prämien erhalten, doch bat er um Geduld, er werde jeden einzelnen ausbezahlen, wenn er mit seinen neu ausgehobenen Truppen siegreich aus Afrika zurück sei.

Diese Worte rührten die alten Kämpfer so sehr, daß sie den Imperator lärmend umringten und um Verzeihung baten, weil sie ihm untreu geworden seien. Er möge doch sie, und nur sie, seine alten Legionäre, mit nach Afrika nehmen. Der große Taktiker zögerte, als ob er sich die Sache noch einmal überlegen müsse, und erklärte sich dann gnädig bereit, mit ihnen und drei weiteren Legionen den afrikanischen Feldzug durchzuführen.

In der Person des Marcus Aemilius Lepidus stand Cäsar für das Jahr 46 ein Mitkonsul zur Seite, wie er ihn sich nicht besser wünschen konnte, ein farbloser, willfähriger Mann, der ideale Statthalter von Cäsars Gnaden. Beruhigt konnte sich der Julier zur Wintersonnenwende auf den Weg nach Afrika machen. Die Überfahrt muß chaotisch organisiert gewesen sein; als der Julier bei Hadrumetum an Land ging, hatte er gerade noch 3000 Mann und 150 Reiter bei sich, er machte kehrt, um die restlichen Verbände auf dem Meer einzusammeln, was ihm dann auch nach einigen Schwierigkeiten gelang.

Damit seine zahlenmäßig weit unterlegenen Legionäre nicht am Sieg zweifelten, bediente Cäsar sich einer List. Er erklärte, ihm sei zu Ohren gekommen, die von Metellus Scipio geführten Feinde setzten auf ein altes Orakel, wonach einem Scipionen in Afrika stets der Sieg beschieden sei. Deshalb ließ er aus dem letzten Glied einen Legionär vortreten und fragte ihn vor versammelter Mannschaft nach seinem

Namen. Scipio Sallvito, antwortete dieser; er stammte in der Tat über fünf Ecken aus dem Geschlecht der Afrikaner. Daraufhin beförderte Cäsar den Legionär zum General, der im Gefecht an vorderster Front der Truppen kämpfen sollte.

Lange, das stand fest, würde sich Cäsar hier nicht mit seinen Truppen halten können. Es gab Nachschubprobleme, der Proviant war knapp, die Pferde mußten Seetang fressen, den man mit Süßwasser abgespült und mit ein wenig Heu vermischt hatte. Zudem litt Cäsar wieder einmal unter epileptischen Anfällen, die sich durch immer heftiger werdendes Schütteln ankündigten, worauf sich der Imperator zurückzog. Anfängliche kleinere Scharmützel waren zugunsten der Pompejaner ausgegangen, und als er sah, daß seine Leute flohen, soll Cäsar einen der Adlerträger im Nacken gepackt, in entgegengesetzte Richtung herumgedreht und gebrüllt haben: »Dort sind die Feinde!«

All das mag Cato, der die alte phönizische Hafenstadt Utika besetzt hielt, bewogen haben, der bevorstehenden Schlacht fernzubleiben. Metellus Scipio hatte sein Heerlager oberhalb eines Sees in der Nähe von Thapsos aufgeschlagen, der Numiderkönig Juba und General Afranius lagerten gesondert. Lucius Afranius erregte Cäsars besonderen Unwillen, weil er diesem alten Pompejaner nun schon mehrmals auf dem Schlachtfeld begegnet war. In der Schlacht von Ilerda hatte er den Kampf aufgeben müssen, war von dort mit ein paar Kohorten nach Dyrrhachion geeilt und hatte – wieder erfolglos – bei Pharsalos gegen ihn gekämpft. Jedesmal mußte Cäsar ihn laufen lassen, nun stand er ihm erneut gegenüber.

6. April 46 v. Chr. Alles ging in rasender Eile vonstatten: Cäsars Truppen stießen aus einem Waldgelände auf Scipios Lager vor, umzingelten den Gegner und griffen ihn, völlig unvorhersehbar, von hinten an. Noch ehe die Pompejaner sich zum Kampf formieren konnten, waren sie geschlagen. Im Rausch des Erfolges überrannten Cäsars Legionen nun auch noch die Lager der Numider und des Afranius. Afranius

wurde gefangengenommen und getötet. Sueton bemerkt jedoch ausdrücklich, daß es nicht Cäsar gewesen sei, der den Befehl zur Exekution gegeben habe. Angeblich stand der Imperator bei diesem Blitzunternehmen nicht einmal an der Spitze seiner Truppen. Sei es durch seine Anfälle geschwächt oder weil er den Sieg ohnehin sicher glaubte, verfolgte er das Unternehmen von einem Turm und sandte Boten mit seinen Befehlen. Daß er diese Schlacht in der Tat nicht sehr ernst nahm, geht aus Berichten hervor, wonach er im Kampf gegen die afrikanischen Elefanten auch Reiter einsetzte, nur um die Pferde an den Geruch der Dickhäuter zu gewöhnen.

Der Stoiker Cato, der sich seit Pompejus' Flucht aus Italien hartnäckig weigerte, sich die Haare schneiden und sich rasieren zu lassen, verkündete, als er vom Sieg der Cäsarianer erfuhr, er werde zum Zeichen der Trauer von nun an beim Essen nicht mehr liegen, wie es römischer Sitte entsprach, sondern nur noch aufrecht sitzen. Noch hoffe er, der Stadtkommandant von Utica, nun seinerseits dem Julier eine Niederlage bereiten zu können. Doch bei den eigenen Soldaten regte sich Widerstand, sie wußten, daß Cäsar trotz seiner Unterlegenheit die erdrückende Übermacht der Pompejaner vernichtet hatte und fürchteten sein strategisches Genie, dem bisher jeder unterlegen war, der sich ihm in den Weg gestellt hatte. Als Cato, noch nicht einmal 50 Jahre alt und überzeugter Republikaner, erkannte, daß die Sache der Pompejaner erfolglos war, gab er Utica auf. Er verhinderte noch das Plündern seiner Soldaten, rief dann aber seinen Sohn zu sich und nahm ihm das Versprechen ab, den Julier um Gnade zu bitten. Er selbst, in Freiheit aufgewachsen, sei dazu nicht fähig. Dann rammte er sich ein Schwert in den Leib.

Cäsar erhielt die Nachricht vom Selbstmord Catos auf dem Weg nach Utica. »Cato«, soll der Julier ausgerufen haben, »ich gönne dir diesen Tod nicht, denn du hast mir die Erhaltung deines Lebens auch nicht gegönnt.«

Der afrikanische Norden wurde nun neu geordnet. Nach dem Fall von Karthago hatten die Römer 146 v. Chr. bereits die Provinz Africa gegründet. Nun fügte ihr Cäsar mit dem alten Königreich Numidien die neue Provinz Africa nova hinzu. Statthalter wurde Sallust. Einen Teil Numidiens erhielt der campanische Ritter Sittius, der in Africa Söldner vermietete und Cäsar bei seinen Kämpfen uneigennützig unterstützt hatte. Der brutale und Cäsar persönlich verhaßte Parteigänger der Pompejaner, der Numidenkönig Juba, war nach verlorener Schlacht in die Stadt Zama, südwestlich von Karthago, geflohen und hatte, als ihn die dortigen Bürger abwiesen, zusammen mit dem Pompejaner Marcus Petreius Selbstmord begangen. Allen Städten, die sich nicht von vornherein auf die Seite der Cäsarianer geschlagen hatten, erlegte der Julier harte Tribute auf: Korn, Öl und Gold. Damals soll es zu einer Affäre mit Eunoe, der schönen Gemahlin des mauretanischen Königs Bogut, gekommen sein, deren Gunst Cäsar mit teuren Geschenken an die Frau und König Bogud erkaufte.

Am 25. Juli 46 kehrte Gaius Julius Cäsar nach Rom zurück. Eine Volkszählung machte deutlich, wie tiefe Spuren der Bürgerkrieg in der Hauptstadt hinterlassen hatte: Von 320000 Einwohnern lebte nur noch knapp die Hälfte: 150000. Um die bedrückenden Erinnerungen an den Bürgerkrieg zu tilgen und natürlich auch das eigene Ansehen zu mehren, inszenierte der Julier Ende September vier Triumphzüge und verkündete, er habe Länder von solcher Größe erobert, daß dem Staat in Zukunft alljährlich 200000 Scheffel Korn und drei Millionen Pfund Öl zufließen würden, Senat und Volk von Rom könnten also hoffnungsvoll in die Zukunft blicken.

Die Römer hatten keinen Grund, an seinen Versprechungen zu zweifeln, wurden doch ganze Wagenladungen mit Kriegsbeute in die Stadt gekarrt, darunter allein 20414 Pfund Gold, angebliche »Stiftungen« der Provinzstädte. Cäsar gab öffentliche Bankette, ließ 22000 Eßliegen herbeischaffen, Fleisch wagenweise, 6000 fette Aale und Falerner Wein. Seine Legionäre erhielten dreimal mehr Sold nachgezahlt als Pompejus gezahlt hatte. Das schaffte Freunde. Gefragt, wie er mit all dem Reichtum fertig werde, hatte Cäsar geantwortet, er werde sich bemühen, mit den Römern reich zu sein.

Damit beim Volk nicht Erinnerungen an den Bürgerkrieg aufkommen konnten, bei dem Römer gegen Römer gekämpft hatten, inszenierte Cäsar seine Triumphzüge als Siege über Gallien, Ägypten, das Königreich Pontos und Afrika. Beim gallischen Triumph trat Gaius Julius Cäsar zum ersten Mal eingerahmt von 72 ranghohen Beamten auf, dreimal 24 Männer für seine insgesamt drei Diktaturen.

Zum Diktator wurde ein Politiker auf Vorschlag des Senates in unruhigen Zeiten ernannt, und zwar für unterschiedliche Dauer. Ursprünglich nannte man den Diktator nur *magister populi* – Volksführer –, ihm zur Seite stand der *magister equitum* – Befehlshaber der Reiterei. Dieses Amt war lange in Vergessenheit geraten, Sulla hatte es wieder als verfassungsmäßiges Instrument zur Rettung des verfallenden Staates benützt. Zum ersten Mal war Cäsar im Jahre 49 vom Prätor Marcus Aemilius Lepidus zum Diktator ernannt worden, er hatte dieses Amt in Rom aber nur elf Tage ausgeübt und war dann in Verfolgung des Pompejus nach Epirus gereist. Nach dem Sieg bei Pharsalos erhielt der Julier die zweite Diktatur, diesmal für ein Jahr. Die dritte war ihm eben erst verliehen worden – nun aber für zehn Jahre.

Ein Triumph wurde zum um so größeren Erfolg, je spektakulärer, je exotischer der Festzug war. Beim gallischen Triumph hielt ein Sklave über Cäsars Haupt eine schwere Goldkrone, und auf einem Wagen wurde eine goldene Statue in Ketten vorgeführt, die den Ozean in Anspielung auf das britannische Abenteuer symbolisierte. Unruhe entstand, als eine Achse von Cäsars Prunkwagen brach und die abergläubischen Römer sogleich bevorstehendes Unheil fürchteten, weil der Triumphator die Götter gefordert habe. Cäsar ließ den Vorfall jedoch bald in Vergessenheit geraten, indem er auf Knien die Stufen zum Jupitertempel auf dem Kapitol hinaufrutschte, versöhnte er die Götter.

Die größte Aufmerksamkeit im gallischen Triumphzug galt jedoch dem einst gefährlichsten Gegner Roms, dem Arvernerfürsten Vercingetorix. Dieser keltische Freiheitsheld, der 52 v. Chr. den großen Gallieraufstand gegen Cäsar angeführt hatte, war, wie schon berichtet, nach dem Fall Alesias in die Hände des Imperators gefallen und seither im Tullianum, dem fensterlosen Unterraum des mamertinischen Kerkers am Fuße des Kapitols, gefangengehalten worden. Gleich nach dem Ende des Zuges brachte man Vercingetorix zurück in das Staatsgefängnis, wo der Gefangene erdrosselt wurde.

Drei Tage später ein neuer Triumphzug: der ägyptische. Darstellungen des toten Achillas und des toten Potheinos fanden noch eine gewisse Begeisterung, ein junges Mädchen aber, eine leibhaftige ägyptische Prinzessin in Ketten fand allgemeines Mitleid: Kleopatras Schwester Arsinoe. Dieses Mitleid, das Menschen aller Volksschichten ergriff, zwang den Diktator, ihr Leben – entgegen allgemeiner Gepflogenheit – zu schonen. Cäsar erteilte ihr eine Ausreisegenehmigung in die Provinz Asien, wo sie, wie einst ihr Vater Ptolemaios, im Artemisheiligtum von Ephesos Zuflucht fand.

Vom pontischen Triumph sind nur zwei Szenen überliefert, vorgeführt wurde der vor den Römern geflohene Großkönig Pharnakes und ein Bronzeschild mit Cäsars drei berühmtesten Worten: *veni, vidi, vici.*

Im afrikanischen Triumphzug wurde jede Anspielung auf Scipio unterlassen. Nicht verzichten wollte Cäsar jedoch darauf, dem Volk die Niederlage seines größten römischen Feindes vor Augen zu führen. Eine Szene von Catos Selbstmord in dem Festzug erregte die Gemüter und trug zur Legendenbildung bei. Zentrale Figur dieses Zuges war indessen der Numiderkönig Juba. Daß der Julier ihn besiegt und aus seinem Königreich vertrieben hatte, symbolisierte sein erst vierjähriger Sohn gleichen Namens, der im Festzug mitgeführt wurde. Der kleine Juba genoß übrigens später eine hervorragende Erziehung, wurde König von Mauretanien und heiratete eine Tochter Kleopatras.

Gladiatorenkämpfe, Tierhatzen mit 400 Löwen und Giraffen, die Sallust aus Afrika geschickt hatte, Schiffsgefechte auf einem eigens ausgehobenen künstlichen See, sollten die Feierlichkeiten abschließen, da kündigte sich ein neues, völlig unerwartetes Schauspiel an, Kleopatra, die Königin von Ägypten, war in Italien gelandet und näherte sich mit großem Gefolge der Hauptstadt.

Der Ptolemäerin ging ein legendärer Ruf voraus, der zwischen Bewunderung für ihren märchenhaften Reichtum und Aversionen gegen die undurchsichtige orientalische Herrscherin schwankte. Vor allem die republikanischen Gegner Cäsars hatten ihr unterstellt, daß sie den Julier mit magischen Praktiken verhext und verzaubert hatte. Der ungewöhnliche Besuch kam gewiß nicht auf Einladung Cäsars zustande, denn nach den vier Triumphzügen und vor einem neuen Spanienfeldzug kam die Ägypterkönigin höchst ungelegen. Im übrigen schien der Diktator inzwischen den Versuch unternommen zu haben, sich von Kleopatra zu lösen. Die Affäre mit Eunoe mag ein Hinweis darauf sein.

Aber da die ägyptische Königin nun einmal begleitet von ihrem 13jährigen Kindgemahl Ptolemaios XIV. und mit Cäsars gerade vier Monate altem Sohn in Rom einzog, blieb dem Julier gar nichts anderes übrig, als gute Miene zum bösen Spiel zu machen. Obwohl Kleopatra, wie sie offiziell verkündete, in politischer Mission angereist sei, um den mit ihrem Vater geschlossenen Beistandspakt zu erneuern oder zu verlängern, bemühte sich Cäsar, die Visite der Königin herunterzuspielen, er quartierte sie samt Gefolge in seinem Landhaus nahe dem Janiculum ein und schirmte sie so gut es ging vom öffentlichen Leben ab.

Den gewünschten Vertrag besiegelte Cäsar mit einem Federstrich, doch wer glaubte, Kleopatra, am Ziel ihrer Wünsche, würde nun die Heimreise antreten, sah sich getäuscht. Ihr gefiel es in den transtiberischen Gärten so gut, daß sie sich zuerst einmal – von der Öffentlichkeit weitgehend unbeachtet – zum Überwintern einrichtete. In dieser Zeit muß sie wohl auch Cäsar erneut für sich gewonnen haben. Zwar gibt es darüber keine schriftlichen Berichte, aber einige seiner Handlungen lassen keinen anderen Schluß zu.

Seit fünf Jahren baute der Diktator unmittelbar hinter der Kurie, die während der Bürgerkriegswirren stark in Mitleidenschaft gezogen worden war, an einem eigenen Forum. Auf dem Forum Romanum mit seinen Tempeln, Hallen, Gedenksäulen und Statuen herrschte zu mancher Zeit solches Gedränge, daß an Versammlungen oder Reden an das Volk nicht zu denken war. Deshalb plante Gaius Julius Cäsar sein eigenes Forum, ein Forum Julium mit Marktplatz, Versammlungshalle und Weihetempel.

Vor Pharsalos, als es eine Zeit lang schien, als schwankte Mars, wem er das Kriegsglück zuweisen sollte, dem überlegenen Pompejus oder dem unterlegenen Cäsar, hatte der Julier feierlich gelobt, der Stammutter der Julier, der Venus Genetrix, auf seinem Forum einen Tempel zu errichten. Für viel Geld mußte Cäsar ganze Häuserzeilen aufkaufen, denn der ausersehene Platz lag in einem dichtbesiedelten Gebiet. Jetzt war der Tempel vollendet.

Das Götterbild einer Venus Genetrix in durchsichtigem Gewand, den Amorknaben auf einer Schulter tragend, wurde von dem griechischen Bildhauer Arkesilaos geschaffen, der griechische Maler Timomachos hatte den Portikus des Tempels mit mythologischen Szenen ausgeschmückt. Stephanos, ein weiterer Grieche, war der Schöpfer eines marmornen Springbrunnens vor dem Tempel, um dessen hochschießende Fontäne sich zierliche Wassernymphen scharten, sogenannte Appiaden.

Die Einweihung des Tempels wurde zu einem handfesten Skandal: Im Inneren des würdevollen Bauwerkes fanden die frommen Besucher nämlich eine goldene Statue vor, eine anmutig gestaltete Frau, die jeder kannte: Kleopatra. Nicht die Tatsache, daß der Julier damit seine vierte, um 23 Jahre jüngere Frau Calpurnia in aller Öffentlichkeit bloßstellte, schockierte die Römer, sondern der taktlose Schritt an sich.

Noch nie war das Standbild eines Königs oder Staatsmannes in einem römischen Tempel aufgestellt worden. Das mochte im fernen Ägypten üblich sein, wo der Pharao schon zu Lebzeiten als Gott verehrt wurde, aber Rom war nicht Alexandria. Wie konnte der Pontifex maximus solchen Frevel wollen?

Darüber lästerte später Ovid in seiner *Liebeskunst*: »Auch die Märkte sogar – wer dächte das? – dienen dem Amor; Und auf dem schwirrenden Markt findet sein Feuer man oft. Wo sich die Appias fügt an dem Marmortempel der Venus Und in die Luft emportreibt die springende Flut, Dort wird häufig bedrückt der rechtserfahrene von Armor, Und, der andre beriet, selber berät er sich nicht; An dem Orte gebrichts dem Beredten häufig an Worten; Neues kommt ihm, er muß führen den eigenen Prozeß. Ihn verlacht aus den Tempeln, den nahe gelegenen, Venus. Der ein Patron erst war, wünscht ein Klient nun zu sein.«

Wir kennen die Umstände nicht, die zur Aufstellung der Statue Kleopatras führten. War es ein Liebesbeweis des Diktators oder hatte die Ptolemäerin sogar auf dieser Ehrenbezeugung bestanden? Gewiß, die ägyptische Königin galt in ihrem Heimatland als Inkarnation der Liebesgöttin Isis, und Isis und Aphrodite hatten in Alexandria *einen* Tempel, und was Aphrodite für die Griechen, das war für die Römer Venus. Diese Verkettungen mögen die Aufstellung von Kleopatras Standbild im Tempel erklären, rechtfertigen sie aber nicht. Der gewagte Schritt sollte für die römische Kaiserzeit noch von großer Bedeutung sein.

Möglicherweise nahm Kleopatra auch Einfluß auf eine Reform des römischen Kalenders. Mag sein, daß der Imperator den Plan schon bei seinem Aufenthalt in Alexandria gefaßt hatte, weil er vom hohen Niveau alexandrinischer Astronomen überzeugt war, mag sein, daß Kleopatra darauf drängte, weil sie sich und ihr Reich mit einer einheitlichen Zeitrechnung dem römischen Imperium annähern wollte, vielleicht wollte der Imperator, der schon ihre Statue in einen römischen Göttertempel stellte, der Geliebten aber auch noch die

Zeit zum Geschenk machen. Ein König mochte das Herz einer Frau mit Gold und Juwelen erobern, dem großen Diktator erschien das zu gering, er hielt die Zeit an. Es ist eine Tatsache: Das Jahr 46 v. Chr., in dem Cäsar und Kleopatra in Rom weilten, zählt als einziges Jahr der Weltgeschichte 445 Tage.

In Begleitung der Ptolemäerkönigin befand sich auch der Astronom Sosigenes. Man kann ihn nur als einen der größten Pechvögel der Geschichte bezeichnen, denn von seiner Leistung profitieren wir noch heute, den Ruhm erntete jedoch nicht er, sondern Gaius Julius Cäsar. Schon die alten Ägypter hatten sich drei Jahrtausende vor der Zeitwende mit dem Kalender herumgeschlagen, sie kannten drei Jahreszeiten, Nilschwemme, Winter und Sommer, und hatten ihr Mondjahr in 354 Tage eingeteilt, doch das war lange her.

Alexandrinische Astronomen, absolute Meister ihres Faches, rechneten längst nach dem Sonnenjahr mit 365 Tagen. Bis 153 v. Chr. zählten auch die Römer nach Mondjahren mit zunächst zehn, später zwölf Monaten. Um mit dem Lauf der Sonne in Übereinstimmung zu kommen, mußte alle zwei Jahre ein *mensis intercalaris*, ein Schaltmonat, von abwechselnd 22 und 23 Tagen eingeschoben werden. Heilloses Durcheinander bei der Auffindung von Daten und Terminen war die Folge.

Bei seinen Berechnungen im Auftrag Cäsars konnte Sosigenes auf das Werk des Kallipos von Kyzikos, eines Zeitgenossen des Aristoteles, zurückgreifen, der schon im vierten Jahrhundert v. Chr. für das Jahr 365¼ Tage veranschlagte. In diesem Rhythmus sollte im Römischen Weltreich fortan gezählt werden. Sosigenes schlug vor, zwischen November und Dezember zwei zusätzliche *menses intercalares* von 28 und 29 Tagen einzufügen. 46 war ohnehin ein Schaltjahr mit einem zusätzlichen Monat, so daß dieses Jahr letztendlich auf 445 Tage kam. Zu Ehren Cäsars wurde der Monat Quintilis in Julius umgetauft und der Kalender der Julianische genannt.

Er zählte fortan die Jahre des Abendlandes, aber die Astronomen erkannten im späten Mittelalter, daß die Berechnungen des Sosigenes auch noch nicht völlig exakt gewesen waren, daß das Julianische Jahr genaugenommen um 0,0078 Tage zu lang war. Ende des 16. Jahrhunderts betrug der Unterschied bereits zehn Tage, und Papst Gregor XIII. ließ, um die exakte Festsetzung des Osterfestes zu ermöglichen, die Zeit etwas schneller laufen, auf den 4. Oktober 1582 folgte sogleich der 15., das Datum 5.–14. Oktober 1582 gibt es demnach nicht. Hatte Cäsar den durch vier teilbaren Jahren jeweils im Februar einen Schalttag hinzugefügt, so änderte Papst Gregor dieses System dahingehend, daß von den vollen Jahrhundertzahlen wie 1900 oder 2000 nur diejenigen ein Schaltjahr sein sollen, deren erste beiden Zahlen durch vier teilbar sind. Auf diese Weise wird es noch 2500 Jahre dauern, bis unser Kalender um einen Tag vom Lauf der Sonne abweicht.

Cäsar stand auch bei anderen Projekten, die er in diesen Tagen anging, unter Kleopatras oder zumindest unter ägyptischem Einfluß. In Alexandria und in Mittelägypten hatte der Julier das weitverzweigte Kanalsystem der Ägypter besichtigen können, das vielerorts Voraussetzung des wirtschaftlichen Wohlstandes war. Große Bewunderung hatte der Imperator der gigantischen künstlichen Wasserstraße entgegengebracht, die von den Ramessiden, vielleicht aber auch schon in früherer Zeit, durch die Wüste getrieben worden war, um das Rote Meer mit dem Mittelmeer zu verbinden. Sand hatte den Kanal über weite Strecken bereits wieder zugeschüttet, aber, was er sah, genügte, seinen Ehrgeiz zu wecken und ähnliche Projekte in Angriff zu nehmen.

Ein Kanal sollte die Pontinischen Sümpfe trockenlegen, und der Isthmos von Korinth – jene sechs Kilometer breite Landenge zwischen der Peloponnes und dem griechischen Festland, sollte endlich durchstochen werden, damit es den Römern erspart blieb, auf dem Weg nach Athen oder in die Provinz Asien die griechische Halbinsel zu umschiffen oder ihre entladenen Segler auf einem Diolkos genannten, gepflasterten Schleifweg sechs Kilometer über Land zu ziehen, während Fuhrwerke die Ladung nachkarrten. Die griechischen Tyrannen waren an diesem Projekt gescheitert, sollte er, Gaius Julius Cäsar, vor sechs Kilometer Fels resignieren, wo die Pharaonen ihren Kanal hundert Kilometer durch die Wüste vorangetrieben hatten?

Gleichzeitig faßte Cäsar einen Plan, der Erinnerungen an sein ägyptisches Abenteuer wachrief: die Errichtung einer großen öffentlichen Bibliothek. Mit dem Projekt wurde der 70jährige Marcus Terentius Varro beauftragt, ein anerkannter Historiker, der einst auf seiten des Pompejus gekämpft und den ersten Bund der Triumviri in seinem bösen Pamphlet »Dreikopf« verhöhnt hatte. Später konnte Cäsar Varro allerdings für seine Landreform Lex Julia agraria gewinnen, und seither standen sich die beiden zwar durchaus kritisch, aber nicht mehr feindselig gegenüber. Varros Auftrag lautete, alle erreichbaren griechischen und römischen Schriften aufzuspüren, zu archivieren, katalogisieren und öffentlich zugänglich zu machen.

Cäsars Hang zur Gigantomanie wurde nun immer deutlicher. Vom Glanz der ägyptischen Hauptstadt beeindruckt, beschloß er, Rom seinen eigenen Stempel aufzudrücken. Das führte, wie Sueton berichtet, dazu, daß er von Tag zu Tag an mehr und größere Entwürfe dachte. Wollte er die gigantischen Bauwerke im Lande Kleopatras, die eine jahrtausende alte Geschichte hervorgebracht hatte, in den Schatten stellen? Den größten Tempel der Welt wollte er errichten, größer als das Artemisheiligtum von Ephesos, größer als die Tempelstadt im hunderttorigen Theben.

Größer. Gigantischer.

Dem Kriegsgott Mars sollte er geweiht sein und an jener Stelle erstehen, wo er erst kürzlich einen künstlichen See für Schiffsschlachten hatte anlegen lassen. Und daneben ein Theater von ungeahnten Ausmaßen, angelehnt an den Tarpeiischen Felsen, von dem man Übeltäter zu stürzen pflegte, die einer Vestapriesterin die Unschuld genommen hatten, größer als das Epidauros-Theater des Polyklet, und wie dieses aus Stein bis zu den höchsten Rängen.

Viele Feinde schaffte sich das Diktator, weil er bei allem orientalischen Prunk, den er öffentlich zur Schau stellte, im privaten Bereich Bedürfnislosigkeit forderte. Auch diese deutliche Distanz der Herrschenden zum Volk entsprach ägyptischer Tradition, die den einzelnen Bürger ignorierte und nur das Volk in seiner Gesamtheit zur Kenntnis nahm. Mit der diktatorischen Vollmacht, über die er verfügte, verbot Cäsar eine spezifisch römische Unsitte, die Fortbewegung in Sänften. Wer immer auf sich hielt, ging kaum noch zu Fuß, ließ sich, hinter zugezogenen Vorhängen, von zwei oder vier Sklaven tragen, Verkehrsstockungen, verursacht durch Sänften, waren in den engen Straßen Roms an der Tagesordnung.

Aber auch Purpurgewänder, die leuchtendroten, sündhaft teuren phönizischen Stoffe, verbot der Diktator, desgleichen Perlenschmuck; nur bestimmte Personen eines gewissen Alters erhielten an bestimmten Tagen Ausnahmegenehmigungen. Ein weiteres Gesetz richtete sich gegen den Tafelluxus. Nicht alles, was es gab, durfte verkauft und verzehrt werden. Ohne konkrete Luxusspeisen zu nennen, erwähnt Sueton Polizeiaufseher auf den Märkten, die »verbotene Speisen« beschlagnahmten; und wenn den Aufsehern auf den Märkten etwas entgangen war, dann mußten die vornehmen Römer immer noch damit rechnen, daß während des Mahles im Triclinium Liktoren auftauchten, die die aufgetragenen Gerichte kontrollierten und gegebenenfalls beschlagnahmten.

Zu all dem stand das Leben, das Kleopatra auf Cäsars Landgut führte, im krassen Gegensatz. Aus Ciceros Korrespondenz mit seinem Freund Atticus geht hervor, daß die Ptolemäerin mit wahrhaft orientalischem Prunk lebte, teuere Feste veranstaltete und einflußreiche Männer Roms mit kostbaren Geschenken bedachte. Cicero empörte sich über die Unverschämtheit der Königin, die mit Geld um sich warf, während den Römern Spargesetze auferlegt wurden. Allerdings wagte er diese Kritik nicht zu Cäsars Lebzeiten, der große Anwalt der Schwachen war ja nicht der Mutigsten einer.

Mit Frauen hatte Cicero es ohnehin schwer, zwei Ehen scheiterten, und eine sexuell aggressive Frau wie Kleopatra, noch dazu eine Griechin und gescheit, erregte Ciceros totale Ablehnung. Als Kleopatra ihm dann aber auch noch Geschenke »literarischer Natur« – wie er sich auszudrücken pflegte – versprach, sie aber nie überreichte, während weniger bedeutende Männer des Staates reichbeladen vom anderen Tiberufer nach Rom zurückkehrten, verwandelte sich Ciceros Ablehnung in offene Aversion gegen die Ptolemäerin. Dieser Aversion verdanken wir immerhin einige Bemerkungen über den Aufenthalt der Königin in Rom, im übrigen sprudeln die Quellen sparsam, vielfach sind wir auf Vermutungen angewiesen.

Cäsar selbst, der schon wieder daran ging, für seine geplanten Feldzüge Gelder zu sammeln, lebte privat äußerst bescheiden. Einer der Gründe, weshalb er die Zurschaustellung des Reichtums bekämpfte, war die Gefahr, die von großen sozialen Gegensätzen ausging, sie waren ein latenter Herd für innere Unruhen.

Neben der zehnjährigen Diktatur, der Redepriorität im Senat und dem Recht, alle Magistrate zu ernennen, war dem Julier auch der Titel *praefectus morum* zuerkannt worden. Das war neu und beinhaltete censorische, also polizeiliche Vollmachten, mit deren Hilfe ausschweifende Orgien und provozierender Luxus verhindert werden sollten.

Aber nicht nur Kleopatras Verhalten in Rom mußte provozierend wirken und die ursprünglich mit dem Amt des Sittenwächters verbundenen Absichten ins Gegenteil verkehren, auch Cäsars eigene Unternehmungen isolierten ihn zunehmend von den Römern. So war es für den Mittelstand schwer einzusehen, warum man sparen mußte und keine Purpurgewänder mehr tragen durfte, während der Julier gigantische Bauten in Angriff nahm, zu nichts nutze als der eigenen Selbstdarstellung wie seine Bronzestatue in einem goldenen

Triumphwagen auf dem Kapitol. Die Römer begriffen allmählich auch immer weniger, warum das Reich durch Eroberung ständig neuer Provinzen immer größer werden mußte, wo doch allein die Probleme in der Hauptstadt kaum lösbar erschienen.

Zur Lösung eben dieser Probleme war Gaius Julius Cäsar mit Vollmachten ausgestattet worden, über die nie zuvor ein Römer verfügte. Die Notlage des Staates war dafür verantwortlich, daß Cäsar weit über das Ziel hinausschoß, und als man es merkte, war es für beide Seiten zu spät – für Senat und Volk, weil sie Cäsars Ansinnen bereits legalisiert hatten, für den Diktator, weil er in seiner Allmacht sich bereits göttergleich sah, entrückt und für den Mann auf der Straße unberechenbar.

Gerüchte gingen um. Die einen wollten wissen, daß Kleopatra den Diktator überredet habe, die Hauptstadt des Weltreiches von Rom nach Alexandria zu verlegen, andere verbreiteten, Cäsar wolle das Regnum künftig von Troja aus regieren, Troja, unter dessen Königen der Göttliche seine Ahnen suchte. Regnum – welch ein abscheuliches Wort! Die Römer interpretierten es nicht in seiner ursprünglichen Bedeutung von Regierung oder Reich, für sie verband sich mit dem Begriff Regnum die Alleinherrschaft, die Willkürherrschaft eines Tyrannen, und wenn die Römer etwas fürchteten, dann war es die Tyrannei. Das einmal gesäte Mißtrauen begann zu keimen.

Anfang November sammelte Gaius Julius Cäsar in aller Eile neue Legionen um sich, mit dem Ziel, die spanischen Provinzen zu befrieden. Man könnte das hastige, überstürzte Vorgehen des Imperators als Flucht vor Kleopatra auslegen, doch wird diese Möglichkeit von keinem Zeitgenossen erwähnt. Es ist immerhin erstaunlich, daß Cäsar die Geliebte in Rom zurückließ, um in Spanien eine Schlacht zu schlagen, deren Anlaß nicht zwingend erscheint, schon gar nicht zu diesem Zeitpunkt. Schließlich hatte er vier Triumphe mit einem vierzigtägigen Fest begangen, wissend, daß die Pompejus-Söhne

Sextus und Gnaeus sich mit ihren letzten Getreuen in Spanien verschanzt und den Statthalter der Westprovinz abgesetzt hatten. Nun auf einmal sollte Eile geboten sein?

Senat und Volk von Rom gaben dem Diktator noch ein viertes Konsulat mit auf den beschwerlichen Weg, man ernannte ihn sogar zum *consul sine collega*, aber dies alles geschah nur, um den Gesetzen Genüge zu tun. Ein Diktator, der ohnehin alle Vollmachten auf sich vereinigte, bedurfte nicht des Konsulamtes, und wer wollte da noch als *collega* auftreten?

Der Diktator hatte es eilig. In 27 Tagen erreichte er das südliche Spanien auf dem Landweg. Es war Ende Dezember. Mehr als 80 Tage geschah nichts. Am 17. März 45 v. Chr. stieß Gaius Julius Cäsar auf die Pompejus-Söhne Gnaeus und Sextus und seinen alten Gegner Labienus, der einst sein Freund gewesen war und seit drei Jahren mit den Pompejanern focht. Wieder einmal war die Überlegenheit der Feinde offensichtlich. Die Stadt, bei der sich die beiden Heere begegneten, trug den Namen Munda, nahe dem heutigen Cordoba. Schon einmal war Munda Kriegsschauplatz gewesen, damals im Jahre 214 v. Chr., als Gnaeus Scipio hier die Karthager geschlagen hatte.

Zunächst sah es nicht gut aus für Cäsar und seine bunt zusammengewürfelten Legionen, die Pompejaner gewannen die Oberhand. Schon begann die Front von Cäsars Truppen zu wanken, die ersten Soldaten wandten sich zur Flucht, da rannte der Imperator wild schreiend durch die Schlachtreihen und beschimpfte seine Soldaten, sie sollten sich schämen, ihn diesen grünen Jungen ans Messer zu liefern. Dieses Geschrei motivierte die Soldaten so sehr, daß sie kehrtmachten und mit wahrer Verbissenheit gegen die Gegner losrannten.

Plutarch berichtet, Cäsars Legionen hätten an diesem 17. März 30000 Gegner niedergemacht, selbst aber nur 1000 Mann verloren. Gnaeus Pompejus floh und wurde auf der Flucht ermordet, Labienus fiel in der Schlacht, nur Sextus Pompejus entkam, er war gerade 22 Jahre alt und gab sich noch lange nicht geschlagen. Cäsar aber sagte, als er das Schlachtfeld verließ, er habe schon oft um den Sieg gerungen, heute habe er zum ersten Mal um sein Leben gekämpft.

Als Folge des spanischen Sieges gründete Cäsar in der Provinz neue Bürgerkolonien, Städte, in denen er Veteranen seines Heeres, aber auch römische Proletarier, die in der Hauptstadt kein Auskommen fanden, ansiedelte. Zu diesem Zweck bediente sich der Diktator in erster Linie der Ländereien jener Städte, die sich freiwillig den Pompejanern angeschlossen hatten. Städte, die sich auf Cäsars Seite geschlagen hatten, wurden dagegen mit dem römischen Bürgerrecht ausgezeichnet. Die römischen Gründungen Valentia, Cordoba und Italica erhielten Zuwachs durch die Kolonien Tarraco, Carthago nova, Urso und Hispalis. Bei der Durchquerung der Provinz Gallia Narbonensis gründete Cäsar die Kolonie Arelate (Arles), die Einheimischen wie Veteranen offenstand, und Forum Julii (Fréjus), einen wichtigen Kriegshafen.

Zur Heranbildung einer neuen provinzialen Oberschicht verlieh der Diktator einigen auserwählten Städten das latinische Recht, das heißt, die Beamten und Staatsangestellten dieser Städte erhielten das volle römische Bürgerrecht und konnten es ihren Kindern weitervererben, ein erster Schritt zur Dezentralisierung des Weltreiches, womit den Provinzen höheres Gewicht beigemessen werden sollte. Dazu gehörte, daß im Senat, dessen Mitgliederzahl der Julier auf 900 erhöhte, auch Männer aus der Oberschicht Galliens aufgenommen wurden, Ratsmitglieder der Provinzstädte, Provinzelite eben. Die römischen Stadtaristokraten waren entsetzt.

Seit Munda litt Gaius Julius Cäsar wieder unter heftigen epileptischen Anfällen, Kopfschmerzen und Ohnmachten setzten ihn oft tagelang außer Gefecht, aber auch diese heimtückische Krankheit konnte den Imperator nicht zu einem schnellen Rückmarsch bewegen. Cäsar ließ sich volle sechseinhalb Monate Zeit, bevor er nach Rom zurückkehrte.

Kein Chronist erwähnt, wie Kleopatra während der zehnmonatigen Abwesenheit des Diktators in Rom die Tage verbracht hat. Sie war jung und konnte warten. Möglich aber auch, daß sich in diesen zehn Monaten bereits ein Verhältnis mit Marcus Antonius anbahnte, das erst später mit seinen politischen Konsequenzen zum Tragen kam. Antonius, der vorübergehend in Ungnade gefallen war, begleitete jedenfalls den Imperator nicht auf seinem Spanienfeldzug. Es fällt auch auf, daß Cäsar nach seiner Rückkehr Ende September 45 v. Chr. sein Landgut Lavicum südöstlich von Rom aufsuchte, als strafe er die Ptolemäerin mit Mißachtung.

Daß zwischen den beiden irgend etwas vorgefallen sein mußte, wurde erst nach Cäsars Tod deutlich. Denn auf dem Land bei Lavicum machte der gesundheitlich stark angeschlagene Diktator in diesen Oktobertagen sein Testament. Niemand kannte seinen Inhalt, es wurde unter Aufsicht versiegelt, und wie üblich wachten die Vestapriesterinnen in ihrem Heiligtum über das brisante Dokument.

In jenen Oktobertagen verfügte Gaius Julius Cäsar bereits wieder über ein immenses Privatvermögen, das mit einem Siebtel des römischen Staatsschatzes angegeben wird. Auf moderne Verhältnisse übertragen, machte hier nicht etwa ein Millionär sein Testament, nein, ein vielfacher *Milliardär* bekundete seinen letzten Willen. Aber nicht die Milliarden sind das Interessante an diesem Testament, sondern die Namen, die darin auftauchen oder – noch interessanter – *nicht* erwähnt werden. Wäre der Inhalt damals durch eine Indiskretion bekannt geworden, wer weiß, ob nicht ein neuerlicher Bürgerkrieg die Folge gewesen wäre. Das Erstaunlichste aber ist: In dem Testament taucht weder der Name Kleopatra noch der ihres Sohnes Ptolemaios Cäsar auf.

Nach dem Gesetz konnte ein Römer weder einen Provinzialen noch einen Ausländer zum Erben einsetzen. Kleopatra und ihr Sohn waren Ausländer, gewiß, aber ein Federstrich Cäsars hätte genügt, zumindest das Kind erbfähig zu machen. Schließlich hatten spanische Provinzbeamte von heute auf morgen das römische Bürgerrecht erhalten. Unter diesem Aspekt wird das Verhältnis Cäsar–Kleopatra immer rätselhafter. Zwar kannte auch die Ptolemäerkönigin den Inhalt nicht, aber der Diktator war nicht der Mann, der einer Frau schöntat, während er sich in Wirklichkeit schon innerlich von ihr abgewandt hatte. So muß man vermuten, daß das Verhältnis des Römers mit der Ägypterin damals im Oktober 45 bereits beendet war.

Hätte Cicero nicht einen Monat nach Cäsars Ermordung Kleopatras überstürzte Flucht aus Rom erwähnt, man könnte annehmen, die Königin hätte damals schon nicht mehr in der römischen Hauptstadt geweilt. So aber ist offensichtlich, daß sich ihre Wege getrennt hatten, obwohl sie nahe beieinander lebten. Offensichtlich hatte es der von Krankheit gezeichnete Diktator verstanden, sich von der Ägypterin zu trennen und wollte nun, auf dem Höhepunkt seiner Macht, diese Phase seines Lebens vergessen. Was Kleopatra noch in Rom hielt, warum Cäsar sie nicht hinauskomplimentierte, bleibt ein Geheimnis.

Das Testament setzte jedenfalls Cäsars Großneffen Gaius Octavius zum Haupterben ein. Dieser hochaufgeschossene Junge mit den abstehenden Ohren war ein Sohn von Cäsars Nichte Atia. Er hatte mit vier Jahren den Vater verloren und mit zwölf seiner Großmutter Julia die Leichenrede gehalten. Damals wurde Cäsar auf ihn aufmerksam. Im Vorjahr hatte er den erst 17jährigen beim afrikanischen Triumphzug mitgeführt, obwohl er wegen seiner Jugend gar nicht mitgekämpft hatte. Und Octavius war dem Großoheim nach Spanien nachgereist, als er vom schlechten Gesundheitszustand des Diktators erfuhr und hatte sich mit Hingabe um ihn gekümmert. Diesem jungen Mann vermachte Gaius Julius Cäsar drei Viertel seines Vermögens, er adoptierte ihn sogar testamentarisch.

Ein kühler Rechner wie Cäsar dachte an alles: das restliche Viertel sollten die Enkel seiner Schwester erhalten. Sollte aber, so der Diktator in seinem Testament, nach seinem Ableben ein von ihm gezeugtes Kind zur Welt kommen, so sei für dieses das restliche Viertel bestimmt. Zeugungsunfähig, wie vielfach angenommen, war Gaius Julius Cäsar also wohl kaum. Und damit werden auch Zweifel an der Vaterschaft für den kleinen Ptolemaios Cäsar beseitigt, was freilich wiederum die Frage aufwirft, warum der Imperator seinen leibhaftigen Sohn so stiefväterlich behandelte.

Dafür gibt es nur *eine* Erklärung: Kaisarion war für den Römer die Verkörperung Kleopatras, und inzwischen empfand er für die Ptolemäerin bestenfalls nur noch Gleichgültigkeit.

Anfang Oktober genehmigte sich der Diktator einen neuerlichen Triumph, den spanischen Rückblick auf einen Sieg, bei dem er beinahe – wäre Sextus Pompejus nicht entkommen – das uralte Geschlecht der Pompejaner ausgelöscht hatte. Die Römer, behauptet Plutarch, hätten eben diesen Triumph als bitterste Kränkung aufgefaßt, weil Cäsar diesmal ganz eindeutig keinen fremdländischen Heerführer oder einen Barbarenkönig bezwungen hatte, sondern einen Römer, einen der besten des Volkes, welcher politischen Richtung auch immer er angehört haben mochte. Es zeuge, so Plutarch, von wenig Edelmut, wenn er jetzt über das Unglück des Vaterlandes triumphierte und sich mit Taten brüstete, für die es vor Göttern und Menschen keine Rechtfertigung gebe. Trotzdem fand sich in Rom eine Mehrheit, die ihn zum Diktator auf Lebenszeit wählte und ihm göttliche Verehrung zubilligte.

5.

Der Göttliche übt Milde – Cäsars Alexander-Komplex Weltflucht ins Partherreich – Der Königstitel: Anfang vom Ende – Attentatspläne und drohende Vorzeichen – Brutus und seine geheime Mission – Der Mord an den Iden des März Der feigen Tat folgt grausame Rache – Rom in Aufruhr Beging der Diktator in Wirklichkeit Selbstmord? – Kleopatra flieht aus Rom – Der Kampf um Cäsars Erbe beginnt

Ob es der Einfluß des Orients war, der die altrömischen Traditionen verdrängte, oder Cäsar von seinen eigenen Erfolgen und der Machtposition, die er erlangt hatte, berauscht war: Er verlor zunehmend den Sinn für die Realität. Bei den Zirkusspielen wurde seine Statue jetzt mitten unter den Götterbildern getragen, im Tempel des Staatsgründers Romulus ließ er sein Standbild aufstellen; schließlich veranlaßte der Senat sogar, daß er als Jupiter Julius mit eigener Priesterschaft unter die Staatsgötter aufgenommen wurde. In einer Zeit, in der Zweifel an den heimischen Göttern wuchsen, schuf dieses Verhalten neue Feinde, und Plutarch stellt ganz offen die Frage, ob »derartige Übertreibungen« von Schmeichlern des Diktators oder von seinen Gegnern in Szene gesetzt wurden.

Nachdem seine Gegner niedergeworfen und seine Stellung scheinbar unanfechtbar geworden war, übte Cäsar Milde gegenüber den einstigen Feinden, die *Clementia Caesaris* wurde geradezu sprichwörtlich. Dabei mögen auch taktische Überlegungen eine Rolle gespielt haben.

Natürlich wußte Cäsar, daß er mehr Feinde als Freunde hatte und er der Sympathiewerbung dringend bedurfte.

Anhängern der Pompejaner, die gegen ihn die Waffen geführt hatten, gewährte er großzügige Verzeihung, die tapfersten setzte er in Ämter und Ehrenstellen, so übertrug er

Brutus und Cassius zum Beispiel das Prätorenamt. Die von seinen eigenen Leuten während des Bürgerkrieges umgestürzten Standbilder des Pompejus ließ der Diktator nun wieder aufrichten, was Cicero mit den Worten kommentierte, der Julier habe, indem er Pompejus' Bildsäulen wiederaufrichtete, seine eigenen befestigt.

Seine wenigen Freunde bestürmten damals den Diktator, sich mit einer Leibwache zu umgeben, weil sie wußten, daß die Opposition sich zu formieren begann, aber Cäsar lehnte ab; die Liebe der Bürger, meinte er, sei ihm der schönste und sicherste Schutz. Erkannte Gaius Julius Cäsar nicht, was um ihn vorging? Zumindest meinte er, ein Angriff auf ihn würde weniger ihm als dem Staat schaden, deshalb verkündete er öffentlich, Angst kenne er nicht, wenn es sein müsse, sei es besser einmal zu sterben als ständig auf den Tod zu warten. Damit aber auch jeder erkannte, mit wieviel Nachsicht und Milde er seine Gegner behandelte, initiierte der Diktator einen Senatsbeschluß, durch den dem Divus Julius und der Clementia, der göttlichen Milde, ein gemeinsamer Tempel errichtet wurde, in dem sich beide, der göttliche Julius und die göttliche Milde, die Hände reichten.

Silbermünzen mit dem Tempel und der Aufschrift *Clementiae Caesaris* – der Milde Cäsars geweiht, trugen das Ereignis bis in die fernen Provinzen. Denn auch die Provinzen waren einbezogen in seine Strategie der Zuneigung. Karthago und Korinth, zwei einst blühende Städte, vor hundert Jahren von den Römern zerstört und seither verödet, wurden zur gleichen Zeit wiederaufgebaut und mit 80000 Veteranen besiedelt. Wer für die Kolonistenstädte keine Zuzugsgenehmigung erhielt, durfte in Rom an öffentlichen Speisungen teilnehmen oder konnte sich kostenlose Getreiderationen abholen.

Um den ohnehin schon aufgeblasenen Beamtenapparat zufrieden zu stellen, wurden neue Posten geschaffen, die Alten befördert, hohe Ämter verdoppelt; auf einmal gab es 40 Quästoren und 16 Prätoren – mit halbierter Machtverteilung. Plutarch wörtlich: »Keinen ließ er ohne Hoffnung, da ihm viel daran lag, über Männer zu herrschen, die sich ihm freiwillig unterordneten.«

Der Historiker aus dem griechischen Böotien charakterisiert Cäsars psychischen Zustand ein Jahr vor seinem Tod folgendermaßen: »Von der Natur hatte er Ehrgeiz und hochgemuten Tatendrang mitbekommen, so daß auch seine vielen Erfolge ihn nicht verlocken konnten, die Früchte seiner Arbeit ruhig zu genießen, im Gegenteil, sie feuerten ihn an und stärkten sein Vertrauen in die Zukunft. In seiner Phantasie gestalteten sich immer gewaltigere Pläne, er sehnte sich nach neuem Ruhm, als sei der alte schon verbraucht und abgenutzt. Eine leidenschaftliche Unruhe erfüllte ihn, er war auf sich selbst eifersüchtig wie auf einen Nebenbuhler und vom Wunsch besessen, die Taten der Vergangenheit in der Zukunft zu übertreffen.«

Suetonius Tranquillus hingegen, der *römische* Historiker, nannte Cäsars Verhalten »despotischen Übermut« und kreidete dem Diktator vor allem dessen Äußerungen über das Staatswesen an. Die Republik, hatte Cäsar angeblich behauptet, sei ein Nichts, ein bloßer Name ohne Körper und sichtbare Gestalt. Und Sulla habe das ABC der Politik nicht gekannt, als er die Diktatur niedergelegt habe.

Selbst Warnungen der Eingeweideschauer vor ungünstigen Vorzeichen, die seit Jahrhunderten über Krieg und Frieden entschieden, nahm Cäsar nicht mehr ernst, und als die Harcuspices sich die Haare rauften, weil sie in einem Opfertier das Herz nicht finden konnten, was furchtbares Unglück verheiße, da machte der Diktator eine abfällige Handbewegung, das Glück werde schon kommen, wenn *er* es nur wolle.

Cäsar war 55 Jahre alt, doch er wirkte älter, das zeigen späte Porträts des Diktators. Vor allem der Gallische Krieg hatte tiefe Furchen in das Gesicht des Juliers geschrieben, Kopfschmerzen überfielen ihn anfallartig, und die Epilepsie zwang ihn tagelang auf das Lager. Trotzdem faßte Cäsar neue Eroberungspläne, ein Unternehmen, das sogar den Bellum Gallicum in den Schatten stellen würde: die Eroberung des

Partherreiches. Im Hintergrund stand das Vorbild Alexanders des Großen. Alexander hatte ein Reich erobert, das von den Küsten Afrikas bis nach Indien reichte, jetzt wollte Cäsar es dem Makedonen gleichtun. Römische Legionen sollten den Euphrat überschreiten und nach Indien vordringen, wo der Ozean das Ende der Welt markierte. Die Finanzierung des Unternehmens war noch unklar, feststand jedoch der Beginn des Feldzuges, der 17. März 44, und die Marschroute über Korinth nach Armenien zum Oberlauf von Euphrat und Tigris und dann südwärts nach Parthien. Der Rückweg nach siegreicher Schlacht – daran durften überhaupt keine Zweifel bestehen – sollte durch Hyrkanien am Kaspischen Meer, den Kaukasus und das Gebiet der Skythen erfolgen, von wo aus donauaufwärts die germanischen Nachbarländer erobert werden sollten. Dann, so der Diktator, würde der Ozean die natürliche Reichsgrenze sein.

Der Plan zu diesem Unternehmen gibt noch heute manches Rätsel auf. So faszinierend Alexanders Weltreich auf Cäsar gewirkt haben muß, so erstaunlich ist es, daß ein Mann von der Intelligenz des Juliers einen auf fünf Jahre veranschlagten Feldzug im Bewußtsein der eigenen körperlichen Gebrechlichkeit auf sich nehmen wollte. Schließlich wußte er, daß er bei seiner Rückkehr – so alles gut ginge – 60 Jahre alt sein würde, daß er aber mit größter Wahrscheinlichkeit den Feldzug gar nicht überlebt hätte. Er wäre, schreibt Cicero, nie zurückgekommen. Vor allem aber war abzusehen, daß fünf Jahre Abwesenheit des Diktators Rom in ein einziges Chaos stürzen mußten.

So trägt das parthische Abenteuer eher Anzeichen einer Flucht. Trieb der Alexander-Wahn den göttergleichen Diktator in eine Todessehnsucht, wollte er so sterben wie der göttliche Makedone, irgendwo an den Ufern des Euphrat oder gar zwischen Indus und Ganges?

Während des Winters rekrutierte Gaius Julius Cäsar 16 Legionen und 10000 Reiter und Bogenschützen, er vergab alle Ämter in Rom und in den Provinzen für zwei Jahre im voraus, zum Stellvertreter bestimmte er Marcus Aemilius Lepidus, einen willfährigen Gefolgsmann, von dem keine Gefahr ausging. Er war 46 Cäsars Mitkonsul gewesen und hatte in seiner Abwesenheit als *magister equitum* die Regierungsgeschäfte geführt. Für die Jahre 44 und 43 übertrug Cäsar Lepidus Gallia Cisalpina und Hispania Citerior als Provinzen, was gehörige Einnahmen und damit neue Freundschaft versprach. Marcus Antonius wurde Makedonien, Dolabella Syrien zugesprochen.

Ein Mann wie Cäsar durfte sich im 1. vorchristlichen Jahrhundert beinahe alles erlauben, nur zwei Dinge durfte er nicht: nach der Götter- und Königswürde streben. An beiden aber schien dem Julier besonders gelegen, und das bedeutete den Anfang vom Ende.

Die Römer reagierten auf den Königstitel mit noch mehr Abscheu als auf die Deifizierung. Mit dem Divus Julius hatten sie sich, wenn auch widerwillig, bereits abgefunden; nun aber schwebte das Königsdiadem wie ein Menetekel über der Stadt Rom. Anhänger des Diktators verbreiteten das Gerücht, in den Sibyllinischen Büchern, die die großen politischen Weissagen enthielten, stehe geschrieben, nur ein *König* könne das Partherreich bezwingen.

Während sich Cäsar gegenüber Weissagungen sonst ablehnend verhielt, scheinen sie in diesem Falle jedoch in sein Konzept gepaßt zu haben. 83 v. Chr. waren diese Bücher zwar während Sullas Abwesenheit im Süden Italiens verbrannt; aber es gab Abschriften, und die Römer forschten danach in Ilion, Samos, Sizilien, Afrika und Erythrai.

An der Küste Joniens gegenüber der Insel Chios wurden sie fündig, und im Jahre 76 brachten römische Gesandte die Abschriften der Sibyllinischen Bücher unter strengster Geheimhaltung nach Rom. Nur 15 Männer kannten den Inhalt der Sibyllinischen Bücher, unter diesen geheimnisvollen Umständen war der Spekulation Tür und Tor geöffnet. Ein gewisser Lucius Cotta verkündete lauthals, er werde, damit dem parthischen Unternehmen Erfolg beschieden sei, in der nächsten Senatsversammlung den Antrag stellen, Gaius Julius Cäsar zum König auszurufen. Die Erregung der Römer wuchs.

15. Februar 44 v. Chr. Fest des Faunus. Der Gott der Hirten und Herden hatte auf der Tiberinsel einen Tempel, und einmal im Jahr, gegen Ende des Winters, wurde ihm zu Ehren und zu Ehren des altitalischen Herdengottes Lupercus ein Fest gefeiert, die *lupercolia*, bei dem sich auch vornehme Römer, junge Patrizier und Magistratsbeamte als zottige Hirten verkleideten oder nackt durch die Straßen rannten und scherzhaft mit Peitschen und Fellen Schläge verteilten. Vor allem Frauen setzten sich mit Vorliebe diesen Hieben aus, versprachen sie doch den Kinderlosen Fruchtbarkeit, den Schwangeren eine leichte Geburt – eine Art Perchtentreiben.

Cäsar, angetan mit den Insignien des Triumphators, wohnte dem Festzug auf dem Forum bei. Er hatte in einem goldenen Sessel auf der Rednerbühne Platz genommen, gegenüber der von ihm errichteten Basilica Julia. Das Forum um ihn herum schwarz von Menschen. An dem Maskentreiben beteiligte sich auch Marcus Antonius, damals Konsul; er verfolgte einen, wie er glaubte, besonders raffinierten Plan. Mit einem lorbeerumkränzten Diadem, das eine weiße Binde trug, das Zeichen der Königswürde, stürmte Antonius auf die Rednerbühne und setzte Cäsar den Kranz aufs Haupt. In Sekunden verebbte das übermütige Treiben. Eisiges Schweigen. Wie gebannt starrten die Römer auf den gekrönten Diktator. Ein paar bezahlte Claqueure klatschten heftig Beifall, ließen aber in ihrem Bemühen sofort nach, als sie die Aussichtslosigkeit ihres Unternehmens erkannten. Wieder herrschte Stille.

In dieser fatalen Situation behielt Gaius Julius Cäsar einen klaren Kopf: Gelassen nahm der Diktator das Diadem vom Kopf und reichte es Marcus Antonius zurück. Beifall brauste auf, der jäh abbrach, als Antonius einen zweiten Versuch unternahm, Cäsar die Krone aufzusetzen. Da erhob sich der Julier und rief, man solle das Diadem auf das Kapitol bringen und dem höchsten Jupiter als Weihegabe übereignen. Durch das Volk ging ein Aufatmen. Cäsetius Flavus und Epidus Marullus, die beiden Volkstribunen, nahmen sich der Sache an und trugen das Diadem zum Tempel des Jupiter.

Mit Entsetzen aber stellten sie fest, daß Cäsars Götterbilder im Tempel, es gab deren bereits mehrere, allesamt mit Königsdiademen geschmückt waren. Entschlossen rissen sie die Kronen herunter. Als Cäsar davon erfuhr, enthob er noch am selben Tag die Volkstribunen ihres Amtes, »sei es«, wie Sueton kommentiert, »aus Verdruß über die unglücklich abgelaufene Anregung seiner Erhebung zum König, oder sei es, wie er selbst geltend machte, weil sie ihm den Ruhm genommen, die Königskronen auszuschlagen«.

Die Sitzung des Senates, in der über Cäsars Königskrönung abgestimmt werden sollte, wurde auf den 15. März 44 festgesetzt. Dieser Termin in der Kurie des Pompejus, neben seinem Theater gelegen, brachte die Gegner des Diktators in Zugzwang, sollte Cäsar ihnen nicht mit der Annahme der verhaßten Monarchie, dem Symbol von Willkür und Tyrannis, zuvorkommen. Doch der Göttliche galt als unüberwindbar. »Dem unbesiegten Gott« stand in goldenen Lettern unter seinem Götterbild im Quirinustempel. So bedurfte es immerhin des Zusammenschlusses von mehr als 60 gestandenen Männern, Pompejanern wie ursprünglichen Cäsarianern, die sich gegenseitig Mut machten, der römische Staat könne nur durch den Tod des Diktators vor der Gewaltherrschaft eines einzelnen bewahrt werden.

In Rom, wo die Müßiggänger von der Weitergabe von Gerüchten lebten, war es schon für zwei schwer genug, ein Geheimnis zu bewahren, bei 60 Geheimnisträgern wäre allein der Versuch unsinnig gewesen. Und so sprach man in den ersten Märztagen des Jahres 44 ganz offen über Attentatspläne. Man redete viel, wußte wenig, zumindest nichts Genaues, das Geschäft der Zukunftsdeuter blühte.

Aus der Kolonie Capua kam die Nachricht, Kolonisten seien beim Häuserbau auf das Grabmal des Capys gestoßen, der als Gründer von Capua galt, und sie hätten dabei eine eherne Tafel mit griechischen Schriftzeichen gefunden, die verkündeten: Würden einst die Gebeine das Capys gefunden, so würde ein julischer Sproß von eigenen Verwandten getötet, sein Tod aber werde durch furchtbare Heimsuchungen Italiens gerächt.

Eine nördliche Provinzstadt meldete, die Rosse, die Cäsar beim Überschreiten des Rubicon den Göttern geweiht hatte und die seither frei auf den Weiden herumliefen, wollten nicht mehr fressen. Heftige Frühlingsgewitter mit dröhnendem Donner über der Stadt verbreiteten Schrecken. Und zum wiederholten Male erhob der Opferschauer beim Morgenopfer warnend die Stimme, der Diktator solle sich vor den Iden des März hüten.

14. März 44 v. Chr., ein Tag vor den Iden. Über der Stadt lag spannungsgeladene Ruhe. Sklaven fegten die Pompejanische Kurie, wo tags darauf die 900 Senatoren zusammentreten sollten. Aus einem nahegelegenen Hain tönte Vogelgeschrei: Schwarze Vögel verfolgten einen kleinen Zaunkönig mit einem Lorbeerzweig im Schnabel. Unmittelbar über der Kurie holten sie ihn ein, stürzten sich auf den Flüchtenden, Federn flogen, der Zaunkönig fiel blutig zerfetzt auf das Pflaster.

Zur Abendstunde ging der Diktator begleitet von seinem Schreiber und ein paar Sklaven zu Marcus Lepidus. Lepidus hatte zum Abendessen geladen. Kannte der Göttliche keine Furcht? Es scheint so – zumindest nicht zu diesem Zeitpunkt. Er lag gelöst bei Tisch, plauderte mit dem Freund und diktierte dazwischen – wie es seine Art war – Briefe und unterschrieb sie. Natürlich kamen auch die Attentatspläne zur Sprache, die Stadt war voll von Gerüchten. Cäsar winkte ab. Welcher Tod denn der beste sei, wollte Lepidus wissen. Schnell, als habe er schon oft darüber nachgedacht, antwortete der Diktator: »Der unerwartete!«

Cäsar ging nach Hause. Plutarch will wissen, daß er sich »wie sonst an die Seite seiner Frau Calpurnia legte«. Gegen Mitternacht schreckte er hoch: Alle Fenster und Türen des

Schlafgemachs seien gleichzeitig aufgesprungen. Fahler Mond schien in das Zimmer. Der Julier versuchte einzuschlafen. Aber Calpurnia hinderte ihn daran, sie weinte im Schlaf. Endlich sank er in einen unruhigen Schlaf voller Alpträume.

15. März 44 v. Chr. Bei Tagesanbruch stand Cäsar auf, schickte sich an, zur Senatssitzung zu gehen. Calpurnia flehte den Gemahl an, zu Hause zu bleiben, im Traum habe sie gesehen, wie der Giebel ihres Hauses einstürzte und Cäsar von Häschern erdolcht wurde. Zum ersten Mal wurde der Julier nachdenklich. Auch er, sagte Cäsar, habe einen merkwürdigen Traum gehabt, über den Wolken schwebend habe er versucht, Jupiter die Hand zu reichen.

Calpurnia geriet außer sich vor Erregung, das war ungewöhnlich, denn Cäsar kannte von ihr weder Hysterie noch Aberglaube. Der Hausseher wurde gerufen, nach den Opferzeichen des beginnenden Tages gefragt. Nur Zeichen von unglücklicher Vorbedeutung, war die Antwort. Da schickte der Diktator nach Marcus Antonius, er solle die Senatssitzung verschieben.

In der Kurie des Pompejus hatten sich inzwischen nahezu 900 Senatoren vollzählig versammelt. Auch hier schien die Atmosphäre zum Zerreißen gespannt. Die Purpurträger erwarteten den Göttlichen Julius. Wo blieb er? Die Unruhe wuchs, je länger sie warteten. Die einen, und das war wohl die Mehrzahl, weil sie etwas ahnten, aber nichts Genaues wußten, die anderen, weil sie ihre Pläne scheitern sahen.

Seit über einem Jahr verfolgten die Verschwörer ihren Plan, Cäsar umzubringen, doch hatte sich keiner gefunden, der bereit war, den Dolch zu führen. Der Diktator muß das wohl gewußt haben; denn er nahm Gerüchte wegen eines Attentats nie ernst, obwohl im bekannt war, aus welcher Ecke die Gefahr drohte. Als ein Zweckgerücht Marcus Antonius und Dolabella anschwärzen sollte, um von den wahren Attentätern abzulenken, meinte Cäsar, vor diesen wohlbeleibten Herren mit dem üppigen Haar sei ihm nicht bange, eher vor den mageren, blassen.

Mager und blaß waren Brutus und Cassius. Marcus Junius Brutus, 41 Jahre alt, von Beruf Anwalt, gerüchteweise ein Sohn Cäsars, in Wirklichkeit aber ein Sproß des gleichnamigen von Pompejus getöteten Volkstribuns und der Servilia, die lange Zeit Cäsars Geliebte gewesen war, hatte seine politische Laufbahn als Münzmeister begonnen, war in Kilikien Quästor und eben von Cäsar mit der städtischen Prätur ausgezeichnet worden. Politisch kann man Brutus nicht einordnen, er stand bald auf dieser, bald auf jener Seite, kämpfte im Bürgerkrieg auf der Seite des Pompejus, der seinen Vater umgebracht hatte, war eine Zeitlang Ciceros politischer Freund und galt seit 48 als Anhänger Cäsars, der ihn für das Jahr 41 bereits als Konsul eingeplant hatte.

Seit Cäsar die Diktatur auf Lebenszeit innehatte, kannte Marcus Brutus nur ein Ziel, den Julier zu beseitigen. Zunächst wies er jedoch alle Pläne der Verschwörer, er selbst solle das Attentat ausführen, weit von sich. Er war keineswegs der wilde Mann, als den man ihn oft hinstellte. In der Philosophenschule von Athen unterrichtet, galt sein Interesse den Künsten, der Wissenschaft und Geschichte, und sogar in den Krieg zog Brutus mit Büchern, jedenfalls soll er während der langen Belagerung bei Pharsalos die Bücher des hellenistischen Historikers und Staatstheoretikers Polybios bearbeitet haben.

Dieser Polybios – er lebte im 2. Jahrhundert v. Chr. – scheint nicht ohne Einfluß auf das Denken des Brutus gewesen zu sein. Er war übrigens der erste, der im Ablauf der Geschichte zwischen innerem Anlaß und äußerer Ursache unterschied. Vor allem aber zeigte Polybios sich als Bewunderer römischer Macht und Größe, die in der römischen Verfassung, einer Mischform aus Monarchie, Aristokratie und Demokratie begründet sei. Eben diese Verfassung hatte der Diktator auf Lebenszeit außer Kraft gesetzt. Die Beseitigung Cäsars erschien Brutus daher als Notwehr, um die Verfassung wiederherzustellen.

Radikaler und rücksichtsloser und eigentlicher Drahtzieher des Attentats soll sein Schwager Gaius Cassius gewesen sein; die genaue Herkunft ist nicht bekannt, aber er stand im Ruf, ein hervorragender Soldat zu sein, dabei habsüchtig und rücksichtslos. Auch er ein Anhänger des Pompejus, wurde von Cäsar nach Pharsalos begnadigt und hatte zur Zeit das Amt des Prätors inne. Nach seiner Überzeugung mußte nicht nur Gaius Julius Cäsar beseitigt werden, auch Marcus Antonius stand auf der Todesliste. Cäsar machte sich gelegentlich lustig über den »Bläßling«, der ihm gar nicht gefalle, was dessen Abneigung gefördert haben mag.

Als Prätor versuchte er, seine Prätorenkollegen davon zu überzeugen, daß sie die Ausführung des Attentats übernehmen müßten, und er war wohl auch der Initiator des Psychoterrors, der Brutus galt. Jeden Morgen, wenn dieser die Gerichtshalle betrat und auf seinem Richterstuhl Platz nahm, fand er Täfelchen und Pergamente vor mit Parolen wie »Brutus, du schläfst!« oder »Du bist kein Brutus!« Letzteres nahm Bezug auf Brutus, den legendären Begründer der römischen Republik, der König Tarquinius Superbus vertrieben hatte.

Schließlich hatten sich die Verschwörer geeinigt, jeder einzelne solle selbst den Dolch führen, Brutus müsse zuerst zustoßen.

Seit über einer Stunde warteten die Häscher voll Unruhe auf ihr Opfer. Hatte man ihre Pläne verraten? Warum kam der Diktator nicht?

Decimus Brutus, mit Marcus Brutus nicht verwandt, galt als Freund Cäsars. Der konnte nicht wissen, daß auch er sich längst auf die Seite der Verschwörer geschlagen hatte. Ihn schickten sie zu dem Julier: Er könne die Senatoren nicht einfach sitzenlassen, schließlich seien sie auf seine Weisung zusammengetreten, der Senat würde das als bösen Affront betrachten, jetzt, da die Purpurträger sich endlich zu dem Beschluß durchgerungen hätten, ihm den Königstitel in den außeritalischen Provinzen zuzuerkennen und das Diadem, wo immer er sich befinde, zu Wasser und zu Lande. Nun solle er, Decimus Brutus, den Wartenden verkünden, sie könnten nach Hause gehen und wiederkommen, wenn Calpurnia einen besseren Traum geträumt habe? Falls er schon die anberaumte Senatssitzung absagen wolle, dann müsse er zumindest selbst vor die erlauchten Herren treten und dieses sein Vorhaben verkünden.

Cäsar raffte sich unwillig auf. Es heißt, Brutus habe ihn gepackt und mit sich fortgezogen. Es war um die fünfte Stunde, also bereits gegen zehn Uhr.

Cäsar wußte, wie es um ihn stand, er wußte, daß er die überwiegende Mehrheit gegen sich hatte, nicht nur im Senat. Julius, der Göttliche, war seinem Volk entrückt, die Römer verstanden ihn nicht mehr. Was nützte es, ein Weltreich zu beherrschen, ein Weltreich ohne Untertanen? Die Geschichte lehrt: Götter werden geliebt oder gehaßt, geduldet werden sie selten. Was blieb dem Göttergleichen anderes als Jupiter – wie im Traum – die Hand zu reichen?

Auf der Straße trat dem Julier ein Freund wortlos entgegen, Artemidoros von Knidos. Der in Rom ansässige griechische Gelehrte hatte von den Attentatsplänen erfahren und sie in einer Schriftrolle aufgezeichnet: Mit der Bemerkung, der Inhalt sei wichtig, er solle sich sofort davon in Kenntnis setzen, reichte Artemidoros dem Julier das Schriftstück. Cäsar dankte und gab die Schriftrolle nicht, wie sonst üblich, dem Sklaven in seiner Begleitung; doch jedesmal, wenn er Anstalten machte, hineinzusehen, trat ein anderer auf ihn zu und verwickelte ihn in ein Gespräch. Unter ihnen auch Spurinna, sein Wahrsager. Die Iden des März, spottete der Diktator, seien nun auch ohne ein großes Unglück gekommen. Spurinna jedoch hob abwehrend die Hände und meinte, sie seien zwar gekommen, aber noch nicht vorüber.

Das Attentat war sorgfältig geplant: Nachdem Marcus Antonius den Diktator auf den Stufen der prachtvollen Kurie des Pompejus in Empfang genommen hatte, sollte Brutus Albinus Antonius in ein längeres Gespräch verwickeln und vor dem Eingang festhalten.

Die Senatoren erhoben sich, als Cäsar die Kurie betrat und sie setzten sich erst, nachdem er auf seinem weißen Marmorsockel an der Stirnseite Platz genommen hatte. Das sorgsam einstudierte Todesritual nahm seinen Lauf.

Ein Mann namens Tullius Cimber trat vor, bat für seinen verbannten Bruder um Gnade. Der Diktator lehnte ab. Tullius gab nicht auf, kniete vor Cäsar nieder, bekam seine Toga zu fassen und riß ihm das Obergewand von den Schultern, das vereinbarte Zeichen für die Meuchelmörder. Von hinten trat Publius Servilius Casca heran. Er zitterte am ganzen Leib. Doch als er die vielen erwartungsvollen, fordernden, beschwörenden Augen auf sich gerichtet sah, stieß er Cäsar den Dolch in den Nacken.

Der Diktator stieß einen Seufzer aus. Er wandte sich um und als er Casca erkannte, rief er: »Verruchter Casca, was tust du?« und durchstach den Arm des Attentäters mit seinem Schreibgriffel.

Noch glaubte Cäsar an einen Einzelgänger, er versuchte sich zu erheben, um sich auf Casca zu stürzen, so daß dieser seinen Bruder laut um Hilfe rief, doch eben in diesem Augenblick hatten die übrigen Verschwörer die Fassung wiedergewonnen, mit Dolchen und Schwertern stachen sie auf den Diktator ein wie Gladiatoren auf ein wildes Tier.

Cäsar schlug um sich, versuchte zum Ausgang zu entkommen, aber er kam nur bis zur Statue seines Erzfeindes Pompejus. Blut spritzte über das Standbild. Im Taumeln erkannte der Julier Brutus, den Sohn seiner langjährigen Geliebten Servilia, und in Anspielung auf die ihm gewährte griechische Ausbildung soll Cäsar in griechischer Sprache ausgerufen haben: »Auch du, mein Sohn Brutus?«

Brutus ließ sich dadurch nicht von seinem Vorhaben abhalten. Brutal stieß er dem Diktator sein Schwert in den Unterleib. Cäsar konnte gerade noch einen Zipfel seines Gewandes über den Kopf ziehen – für einen Römer das Zeichen der Trauer – dann brach er lautlos zusammen. Cäsar war tot.

In dem allgemeinen Chaos, das dadurch entstanden war, daß jeder der über 60 Verschwörer einen Stich gegen den Diktator führen sollte, hatten sich die Attentäter auch gegenseitig verletzt. Mitten in der Menge der von Angst erstarrten Senatoren rannten blutende Männer herum. Unbeteiligte konnten sich zunächst keinen Reim machen, wer hier gegen wen kämpfte. Sie flohen.

Und Brutus war nicht in der Lage, seine vorbereitete Rede zu halten, durch die die Tat begründet und gerechtfertigt werden sollte. Plutarch berichtet, unter den Senatoren, die sich heimlich davonschlichen und in fremden Häusern Zuflucht suchten, befanden sich auch Cäsars beste Freunde, Antonius und Lepidus.

Die hektische Planung der Tat, von der Cicero meinte, sie sei mit männlichem Herzen, aber dem Verstand eines kleinen Jungen begangen worden, sah keinen geregelten Ablauf der Machtübernahme vor. Genaugenommen hätte es auch des Mordes an Marcus Antonius sowie an Lepidus bedurft; denn beide waren ausführende Organe des Diktators, Antonius als Konsul, Lepidus, der designierte Stellvertreter, und beide verfügten über genügend militärische Schlagkraft, um jeden Gegner niederzuwerfen.

Ursprünglich, berichtet Sueton, sei vorgesehen gewesen, den Leichnam Cäsars in den Tiber zu werfen, sein Vermögen einzuziehen und alle seine Gesetze und Vorschriften zu annullieren; aber die Mörder fürchteten Antonius und Lepidus, ließen die Leiche liegen und gingen mit gezogenen Schwertern und heiterer Miene, dem Volk die Freiheit verkündend, zum Kapitol, wo sie sich eilends zerstreuten.

Calpurnia schickte schließlich drei Sklaven mit einer Sänfte, die den toten Diktator nach Hause trugen, wobei – wie Sueton erzählt – seine Arme aus der Sänfte baumelten. Unrühmliches Ende eines Göttlichen.

Wider Erwarten blieb es ruhig in der Stadt, es gab keine Beifallskundgebungen, aber auch keine Proteste. Durch ihr Schweigen, sagt Plutarch, gaben die Römer zu erkennen, daß ihnen Cäsars Schicksal zu Herzen ging, andererseits aber wollten sie auch Brutus und Cassius ihre Achtung nicht versagen. Der Senat trat zusammen.

Grotesker hätten seine Beschlüsse nicht ausfallen können:

1. Cäsar ist für alle Zeiten als Gott zu verehren.
2. Keines der Gesetze, die er während seiner Regierung eingebracht hat, darf angetastet werden.
3. Brutus erhält für das kommende Jahr die Provinz Kreta zugesprochen, Cassius die Provinz Kyrenaika.

Diese unglaublichen Beschlüsse kamen wohl unter dem Schock zustande, unter dem ganz Rom stand. Schon am folgenden Tag wendete sich das Blatt. Im Hause des Marcus Antonius wurde das Testament eröffnet, das der Diktator am 13. September 45 auf seinem Lavicanischen Landgut niedergeschrieben hatte.

Daß Gaius Octavius drei Viertel seiner Hinterlassenschaft erhalten sollte, rief zwar Erstaunen hervor, weil Cäsar des öfteren den Gnaeus Pompejus als seinen Erben genannt hatte, daß er die Enkel seiner Schwester, Lucius Pinarius und Quintus Pedius, mit dem restlichen Viertel bedachte, schien sogar angemessen, daß er aber einige seiner Mörder als Vormund benannte, falls nach seinem Ableben ein von ihm gezeugter Sohn geboren würde, weckte Mitleid mit dem Diktator. Als die Römer vernahmen, Cäsar habe seine berühmten Gärten am Tiber dem Volk vermacht und jedem einzelnen 300 Sesterzien zugesprochen, schien der Schock, der sie bisher gefangenhielt, gebrochen. Jubel erschallte zu Ehren des toten Diktators, des Göttlichen, und erste Rufe wurden laut, die feigen Attentäter zu strafen.

Nahe dem Grabmal der Julia errichteten die Leichenbestatter auf dem Marsfeld den Scheiterhaufen, davor ein Podest für die Totenredner und ein vergoldetes Gerüst, das dem Tempel der Venus Genetrix ähnelte. Innerhalb dieser Tempel-Attrappe stand ein Paradebett aus Elfenbein, belegt mit goldverbrämten Purpurdecken, deren Gebrauch dem gemeinen Bürger verboten war. Darauf lag der von Wunden verunstaltete Körper des Gaius Julius Cäsar.

Der Zeremonie war eine aufgeregte Diskussion vorangegangen, ob man den Julier in der Cella des Jupiter Capitolinus oder in der Kurie des Pompejus verbrennen sollte, wo der Diktator sein Leben ausgehaucht hatte. Aber noch während der Leichenspiele, bei denen Theaterstücke aufgeführt und Chöre gesungen wurden, während ein Herold den Senatsbeschluß verkündete, dem Julier alle göttlichen und irdischen Ehren zuteil werden zu lassen, und Marcus Antonius die Trauerrede hielt, traten zwei bewaffnete Unbekannte vor und setzten das Gerüst mit der Totenbahre des Diktators in Brand.

In wenigen Augenblicken loderte das Leichenfeuer haushoch zum Himmel, und es schien, als griffen die Flammen auf die Herzen der Menschen über, als würde den Römern erst jetzt im Angesicht des Totenfeuers die Tragweite des brutalen Verbrechens bewußt. Wutentbrannt schleppten sie die Richterstühle der Prätoren herbei und warfen sie ins Feuer, auch die Gerichtsbänke mußten brennen, Tische und Geländer aus öffentlichen Gebäuden.

Jetzt rissen die Römer brennende Holzscheite aus dem Leichenfeuer, rannten durch die Straßen, auf der Suche nach Verschworenen. Schauspieler warfen ihre Verkleidungen ins Feuer, Veteranen ihre Waffen, Matronen ihren Schmuck.

Brutus und Crassius hatten sich, als sie erkannten, was in der Menge vor sich ging, in einem Versteck verborgen. Doch der Volkszorn schrie nach einem Opfer. Ob er nicht dieser Cinna sei, wurde ein Mann auf der Straße gefragt. Er bejahte, und im selben Augenblick prügelten und stachen die rasenden Römer auf ihn ein, schlugen ihm den Kopf ab und trugen das Haupt des Gelynchten auf einer Lanze durch die Stadt.

Dieser Cinna war das tragische Opfer einer Namensverwechslung geworden. Ein gewisser Cornelius Cinna hatte tags zuvor in einer öffentlichen Versammlung den Diktator angegriffen, und man glaubte, dieser Mann müsse den Verschwörern angehören. Tatsächlich hieß der Gelynchte Cornelius Cinna, hatte zwar den Namen, aber nicht die Gesinnung mit diesem gemein.

Cäsars Tod – er starb mit 56 Jahren – führte sehr bald zur Legendenbildung und gab zu vielerlei Spekulationen Anlaß. Sueton schreibt, während der Festspiele, die sein Erbe Octavius zu seinen Ehren aufführen ließ, sei sieben Tage lang jeweils um die elfte Stunde ein Komet am Himmel erschienen, die Römer hätten diese Erscheinung als Cäsars Himmelfahrt angesehen, und alle Bilder des Göttlichen seien mit einem Stern über dem lichten Scheitel verziert worden.

Die Kurie des Pompejus, wo man ihn ermordet hatte, wurde vermauert, die Iden des März erhielten den Namen »Tag des Vatermordes«, und zum Gedenken errichteten die Römer eine etwa sechs Meter hohe Säule aus numidischem Marmor mit der Inschrift: »Dem Vater des Vaterlandes«. An ihrem Fuße opferten sie, legten Gelübde ab und schworen heilige Eide beim Namen des vergöttlichten Gaius Julius Cäsar.

Als die Verschwörer ihre Dolche zogen, ahnten sie nicht, daß ihre Tat das Gegenteil von dem bewirken sollte, was sie vor Augen hatten. Zwar versetzten sie Cäsar den Todesstoß, aber ebenso der Republik, die sie unter allen Umständen erhalten wollten. Doch diese Republik hatte sich längst selbst überlebt, sie kränkelte seit beinahe einem Jahrhundert, mühsam am Leben gehalten von der Angst vor der Tyrannis. Die Ermordung des Juliers wurde zum Fanal, deutliches Menetekel für das Ende der Republik, dramatische Ouvertüre für eine neue Staats- und Regierungsform, die exakt dem Geiste Cäsars entsprach. Cäsar – der Name wurde für den Fortgang der Geschichte zum Programm.

Kein Zweifel, Gaius Julius Cäsar war zu weit gegangen, die Distanz zwischen ihm und dem Volk, die er stets mit jovialen Gesten und populären Entschlüssen zu überbrükken versucht hatte, war zu groß geworden. Seine notwendigen Ideen und Reformen hatten revolutionären Charakter angenommen, ein Wort, das die Römer nicht einmal kannten, sie nannten sein Handeln schlicht unmoralisch. Der unsterbliche Ruf freilich, den Cäsar postum erwarb, ist der Ruf des unvollendeten Genies, des Idols, das durch allzu frühen Tod an der Vollendung seiner selbst gehindert wird. Daß den Römern das Königtum verhaßt war wie die Tyrannis, war letztlich sein Todesurteil, daß aber die neuen Monarchen sich aus Furcht vor dem Namen König ausgerechnet den Namen Cäsar = Kaiser gaben, das ist die Ironie der Geschichte.

Schon damals gab es Spekulationen, die besagten, der Julier sei freiwillig in den Tod gegangen, er habe den Tod gesucht, weil man Cäsar nicht so viel Naivität zutrauen wollte, daß er den Verschwörern so einfach ins Messer lief. Cäsar hatte gewiß schwierigere Situationen gemeistert, und sich dieser 60 Feinde zu entledigen, wäre ein Leichtes für ihn gewesen. Sueton meint, Cäsar habe nicht länger leben wollen, weil er ein schwerkranker Mann war.

Auf späteren Münzporträts erscheint der Diktator mit erschreckendem Äußeren. Das ist nicht das Gesicht eines dynamischen Imperators, es ist die Physiognomie eines Verlebten, Vergreisten. Manche Menschen erahnen ihr Ende, und Cäsar hatte seine Abneigung vor einem langsamen Sterben schon früher geäußert. Das Leben des Perserkönigs Kyros, das er aus den Schriften des Xenophon kennengelernt hatte, war ihm stets ein abschreckendes Beispiel gewesen.

Marcus Antonius trug Sklavenkleidung zum Zeichen der Trauer. Mochte Cäsar Octavius zum testamentarischen Erben eingesetzt haben, das *politische* Erbe beanspruchte Antonius. Listig lud er Cassius zum Abendessen, um ihm sein politisches Konzept zu erklären. Brutus, von Antonius offenbar als weniger bedeutend eingestuft, wurde von Lepidus empfangen. Man einigte sich.

Antonius rief den Senat zusammen und beantragte eine allgemeine Amnestie, Brutus und Cassius sollten die versprochenen Provinzen erhalten. Die Purpurträger stimmten zu. Und weil Antonius Konsul war, die Sympathien des Volkes genoß und Gaius und Lucius, zwei seiner Brüder, die wichtigen Ämter eines Prätors und Volkstribuns bekleideten, konnte er in den Wirren der ersten Tage nach dem Attentat ungehindert schalten und walten.

Hinzu kam, daß Cäsars Witwe Calpurnia Zutrauen zu dem jungen Mann gefaßt hatte und ihm neben ihrer Barschaft von viertausend Talenten Cäsars Akten, Pläne und Aufzeichnungen zur Verfügung stellte. So konnte sich Antonius bei umstrittenen Amtshandlungen, bei der Freilassung von Verbannten, der ungerechtfertigten Ernennung von Beamten stets darauf berufen, Cäsar habe das in seinen Aufzeichnungen so bestimmt.

»Charoniten« nannten die Römer nun spöttisch jene Leute, die unverhofft zu Geltung gelangten, nach Charon, dem Diener des Totengottes. Und Marcus Tullius Cicero, der sich nach seiner Begnadigung im Jahre 57 politisch sehr zurückgehalten und sich mehr der Redekunst, der Philosophie und der Historie gewidmet hatte, Cicero meinte, der Tyrann sei zwar tot, aber die Tyrannis lebe weiter.

Fünf Wochen nach dem Tod des Diktators schrieb Cicero aus Puteolanum an seinen Freund Atticus: »Ich fürchte, die Iden des März haben uns nichts eingebracht als nur die Freude und das Gefühl, Rache genommen zu haben für unseren Haß und unseren Schmerz. Was muß ich aus Rom hören. Was muß ich hier erleben. Ach, es war eine herrliche Tat, doch führte man sie nicht durch bis zum Ende.« Der letzte Satz spielt auf die Beseitigung des Marcus Antonius an, die ihm unerläßlich schien. Eine neue Feindschaft bahnte sich an.

Unbeachtet von der Öffentlichkeit hatte Ägyptens Königin Kleopatra das Attentat in Rom miterlebt. Nicht eine einzige zeitgenössische Quelle gibt Auskunft darüber, wie sich die

Ptolemäerin dabei verhielt. Stand sie noch mit Cäsar in Verbindung? Daß sie nicht auf seiten der Verschwörer gestanden hat, scheint sicher, wenn wir den Fortgang der Geschichte betrachten. Doch stellt sich erneut die Frage: Worauf hatte Kleopatra in Rom gewartet?

Auf das Wesentliche reduziert lautet die Antwort wohl: auf Schaffung eines römisch-ägyptischen Weltreiches, die zahlreichen Freundschaften, die anzuknüpfen sie bemüht war, sollten dafür offensichtlich den Boden bereiten.

In dieser Hinsicht stand die Begegnung Cäsars mit Kleopatra unter idealen politischen Voraussetzungen: Der Römer wie die Ägypterin waren gleichermaßen vom Weltreich Alexander des Großen fasziniert und erstrebten dessen Erneuerung. Hätte es eine einfachere Lösung aller Probleme gegeben als die Heirat der beiden? Kleopatra mag dies sofort erkannt haben, Cäsar möglicherweise erst viel später, und als der Julier die Pläne der Königin durchschaute, dürfte er sich mißbraucht gefühlt haben. Vor allem war er nicht der Mann, der die Herrschaft über ein solches Reich mit einer Frau teilte. Liegen hier die Ursachen für die sich abzeichnende Entfremdung der beiden?

Nur indirekt erfahren wir, daß Kleopatra überstürzt abreiste. Unter dem Datum des 15. April 44, also genau vier Wochen nach Cäsars Ermordung, schrieb Cicero an seinen Freund Atticus, er habe gegen die Flucht der Königin nichts einzuwenden. Das Wort »Flucht« macht deutlich, daß ein schwerwiegender Anlaß für ihre plötzliche Abreise gegeben sein mußte: Cäsars Ermordung.

Erscheint dieser Hinweis Ciceros noch hilfreich bei der Rekonstruktion der wirren Geschehnisse jener Tage, so macht der Redner vier Wochen später eine Bemerkung, die noch heute von Historikern Gedankenakrobatik fordert. Cicero am 11. Mai 44, wiederum an Atticus: »Ich hoffe, es ist wahr, was man über die Königin und jenen Cäsar hört.«

Was man hörte, darüber schweigt der große Redner. Erst über hundert Jahre später liefert der weströmische Dichter

Lucanus in seinen den Bürgerkrieg beschreibenden *Pharsalia* einen interessanten Hinweis auf »jenen« Cäsar – er weiß nämlich von außerehelich gezeugten *Kindern* des Diktators zu berichten. Das könnte bedeuten, daß Kleopatra abermals schwanger war und in den Fluchtwirren eine Fehlgeburt erlitt. So gewänne der ciceronische Satz an Logik: »Ich hoffe, es ist wahr, was man über die Königin und jenen Cäsar hört.«

Wie und unter welchen Umständen Kleopatra nach Ägypten gelangte, ist unbekannt. Ein Papyrusfund unwichtigen Inhalts bestätigt jedoch ihre dortige Anwesenheit im Juli 44. Es ist erstaunlich, daß während Kleopatras langer Abwesenheit am Nil Ruhe herrschte; immerhin hatte sie eineinhalb Jahre in Rom verbracht. Sofort nach ihrer Rückkehr scheint die Ptolemäerin jedoch ein straffes Regiment geführt zu haben, wobei sie der erst 15jährige Brudergemahl Ptolemaios XIV. Philopator, den Cäsar ihr pro forma an die Seite gestellt hatte, offenbar behinderte.

Im September desselben Jahres wurde sein Name aus den Annalen gestrichen. Vielleicht erlag er einer Krankheit, wahrscheinlich wurde er aber von der resoluten Königin beseitigt. Josephus Flavius, der Chronist des Jüdischen Krieges, behauptete über hundert Jahre später, Kleopatra habe den 14. Ptolemäer vergiftet.

Noch im Jahr von Cäsars Tod ernannte Kleopatra ihren Sohn Ptolemaios Cäsar zum Mitregenten. Seine königliche Hoheit war gerade drei Jahre alt. Das Kind neben ihr auf dem Pharaonenthron bedeutete mehr als eine traditionelle Geste, die ihre eigene Regierungsfähigkeit legalisierte, es war ein Programm.

Dieses dreijährige Kind regierte offiziell über Ägypten, und es war ein Sohn des göttlichen Gaius Julius Cäsar wie ein Nachfahre des göttlichen Alexander: Ptolemaios XV. Cäsar Theos Philopator Philometor – Ptolemaios Cäsar, der Göttliche, der Vater *und Mutter* liebt.

Das Kapitel »Cäsar« war für Kleopatra abgeschlossen. Sie

mußte ihre eigene Niederlage eingestehen. Aber die Ptolemäerin zählte gerade 25 Jahre, ihre Macht und ihr Einfluß waren gefestigt und sie wußte, je härter die Auseinandersetzungen um das Erbe Cäsars geführt würden, desto größer würden ihre Chancen und die ihres Sohnes, neue Machtansprüche durchzusetzen. Und die Nachrichten, die beinahe täglich auf dem Schiffswege über das Mare Internum in Alexandria eintrafen, mußten Kleopatra nicht beunruhigen, im Gegenteil, je mehr sich die Römer in politischen Erbstreitigkeiten selbst zerfleischten, desto mehr festigte sich ihre eigene Position.

Es ist anzunehmen, daß sich Kleopatra damals noch keiner der Parteien angeschlossen hatte, daß sie abwartete, wer sich als der Stärkere erweisen würde. Es gab drei Machtgruppierungen: Brutus und Cassius und ihre Anhängerschaft fühlten sich um den Lohn ihrer Tat betrogen, sie weilten seit dem Herbst in Asien, um die ihnen zugedachten und später wieder entzogenen Provinzen Makedonien und Syrien zu erobern. Octavianus, wie Octavius sich seit der Adoption durch Cäsar nannte, erhob Anspruch, das cäsarische Erbe anzutreten. Er war 19 Jahre alt, und selbst Cicero, ein Mann der ihm zugeneigt schien, nannte ihn noch recht kindlich. Doch war er alt genug, den Konflikt zu erkennen, der sich anbahnte, und er rekrutierte ein Veteranenheer, um – wie er sich ausdrückte – »dem Staatswesen, das durch die Gewaltherrschaft einer politischen Machtgruppe unterdrückt wurde, die Freiheit wiederzugeben«.

Schließlich nicht zu unterschätzen der agile Marcus Antonius, mit seinen 38 Jahren im besten Mannesalter, unumstrittener Anführer der Cäsarianer, aber seit er sich im Sommer 44 mit dem Senat und dem jungen Octavianus überworfen hatte, ein Mann zwischen allen Fronten, von Cicero in 14 philippischen Reden aufs äußerste bekämpft.

Antonius nahm Octavianus, diesen in der Provinz aufgewachsenen Jungen, zunächst überhaupt nicht ernst und sagte, er sei wohl von allen guten Geistern verlassen und schlecht beraten, sich Cäsars Erbe auf seine Schultern zu laden, ja er drohte sogar, Octavianus wegen demagogischer Umtriebe ins Gefängnis werfen zu lassen, weil er den goldenen Sessel des Göttlichen öffentlich aufstellen lassen wollte. Als er ihm vorwarf, sein Vater sei ein freigelassener Seiler, sein Großvater gar ein schnöder Geldwechsler gewesen, da entgegnete Octavianus nur, er stamme aus einem alteingesessenen Rittergeschlecht und nahm – wie testamentarisch verfügt – den Namen des Göttlichen an. Von nun an nannte er sich Gaius Julius Cäsar Octavianus.

Kleopatra konnte all diese Umtriebe, die in einem neuen Bürgerkrieg enden mußten, zunächst noch gelassen aus der Ferne betrachten.

Teil III
KLEOPATRA UND ANTONIUS

Staatsschiffe, welche die Segel
verlieren, haben darum
noch nicht die Anker eingebüsst.
Jean Paul

1.

Cicero setzt auf Octavianus – Marcus Antonius, das »Scheusal« – Die Ermordung Ciceros – Antonius zieht die Cäsar-Mörder zur Verantwortung – Kleopatra kommt wieder ins Spiel – Wie die Ptolemäerin Antonius umgarnte Blutzoll für die Geliebte – Winterurlaub in Alexandria Wie Fulvia in den Krieg zog – Versöhnung mit Octavianus

Das Stück bleibt das alte, auch die Schauplätze ändern sich nicht, nur die Hauptrollen sind neu zu besetzen, neue Nebenrollen kommen hinzu, und ein fast schon vergessener Mime tritt wieder auf, genial als Redner, als Politiker gescheitert, halbherzig: Marcus Tullius Cicero. Sein Ideal des freien Menschen in einem freien Staat war auch durch Cäsars Ermordung nicht Wirklichkeit geworden.

Resigniert kommentierte der nunmehr 62jährige die politische Lage aus Puteolanum am Golf von Neapel, nun dem großen Diktator gegenüber weit nachsichtiger als zu seinen Lebzeiten, die Iden des März brächten ihm keinen Trost mehr. Er sah wohl, daß ein neuer Bürgerkrieg unvermeidlich schien, Antonius kontra Octavianus, vielleicht glaubte er auch an einen Rachefeldzug gegen die Mörder, aber kein Römer ahnte damals, Ende 44, daß fünf vor der Tür standen, der Mutinensische, Philippische, Perusinische, Sizilische und Aktische, Kämpfe von Römern gegen Römer – ein Drama in fünf Akten.

Gaius Julius Cäsar Octavianus war unter dem Konsulat des Cicero und Antonius, am 23. September 63, im zehnten Stadtbezirk geboren worden; erst Jahre später lernte Cicero den Jungen kennen, auf merkwürdige Weise – wie Plutarch erzählt. Ihm träumte, Jupiter habe die Söhne der Senatoren zum Kapitol gerufen, um einen als Führer Roms zu erwählen.

Die Jungen seien, in purpurne Togen gehüllt, an Jupiter vorbeigezogen, und der habe sie lange schweigend gemustert, dann aber, als sich einer dem Gott näherte mit lauter Stimme gerufen: »Römer, wenn dieser euer Führer geworden ist, dann sind eure Bürgerkriege zu Ende!«

Tags darauf begegnete Cicero auf dem Marsfeld eben jenem Jungen, den er im Traum gesehen hatte, er fragte ihn nach seinen Eltern, und der Junge antwortete, sein Vater heiße Octavianus, seine Mutter sei Atia, Cäsars Nichte. Das war lange her, aber – so der griechische Historiker – seit jener Begegnung soll Cicero sich eifrig um den Knaben bemüht haben. Im Gegensatz zu Cäsar glaubte der Anwalt nämlich durchaus an Vorzeichen und Ahnungen, sah darin sogar einen Beweis für das Dasein der Götter, nannte die Fähigkeit, Zukünftiges vorauszusagen, *vis divinandi*.

Cicero hatte Philosophie und Geschichte der Griechen, aber auch die Mantik der Stoiker studiert und zukunftsgläubige Vorbilder gefunden, Heraklit, Pythagoras, Empedokles und Sokrates, die gewiß nicht im Verdacht standen, unkritische Geister zu sein. In einem eigenen Werk *De divinatione* – Von der Weissagung – erklärte er all seine Thesen.

Nun nahm dieser Junge auf einmal Anlauf, die Bedingung jenes Traumes zu erfüllen: »Wenn dieser euer Führer geworden ist ...« Und wie immer zauderte der Redner, von der konkreten Politik überfordert.

Puteolanum, 2. November 44. Cicero an seinen Freund Atticus: »Sobald ich weiß, wann ich nach Rom komme, lasse ich es Dich wissen. Es ist mit Hindernissen zu rechnen; außerdem ist meine Dienerschaft erkrankt. Am 1. November erhielt ich gegen Abend ein Schreiben von Octavianus. Er hat große Dinge vor. Die in Casilinum und Calatia stehenden Veteranen hat er für sich gewonnen. Kein Wunder, zahlt er doch jedem 500 Denare. Nun trägt er sich mit dem Gedanken, die übrigen Kolonien aufzusuchen. Das läuft deutlich auf Krieg mit Antonius hinaus. So sehe ich uns in wenigen Tagen unter Waffen. Wem soll man sich anschließen?

Bedenke: Sein Name! Seine Jugend! Er verlangt eine Unterredung mit mir unter vier Augen und schlägt als Treffpunkt Capua vor. Das ist ja nun kindlich zu glauben, das könne heimlich geschehen. Ich habe ihn deshalb brieflich belehrt, eine solche Aussprache sei weder nötig noch möglich. Darauf sandte er mir einen gewissen Cäcina aus Volaterrä, seinen Vertrauten, mit der Nachricht, Antonius sei im Begriff, mit Cäsars 5. Legion auf die Hauptstadt anzurücken, lege den Landstädten Zahlungen auf, die Legion sei gefechtsbereit.

Nun fragte er bei mir an, ob es geraten sei, mit seinen 3000 Veteranen den Marsch auf Rom anzutreten, oder ob er Capua halten und dem Antonius den Weg nach Rom abschneiden solle oder ob er zu den drei makedonischen Legionen stoßen solle, die auf der oberen Küstenstraße marschieren und, wie er hofft, es mit ihm halten; sie haben nämlich das geringe, ihnen von Antonius gewährte Handgeld, wie Cäcina erzählt, ihm schwer verübelt und ihn verlassen.

Es steht also außer Frage: Octavianus bekennt sich offen als Führer und glaubt, unbedingt auf mich rechnen zu müssen. Ich habe ihm zum Marsch auf Rom geraten, weil ich glaube, daß er, wenn er sich Vertrauen verschafft, das gemeine Volk der Hauptstadt und gegebenenfalls auch die Patrioten für sich gewinnen wird. O nein, Brutus, wo bist Du jetzt? Welch günstige Gelegenheit läßt Du Dir entgehen?

Jetzt, Atticus, verlange ich Deinen Rat. Soll ich nach Rom kommen, soll ich hier in Puteoli bleiben, soll ich nach Arpinum, das mir Sicherheit böte, fliehen? Nie war ich in größerer Verlegenheit, gib Du mir einen Ausweg!«

Auch wenn Cicero zögerte, diesmal schien er aufs rechte Pferd gesetzt zu haben, die Koalition aus Republikanern und gemäßigten Cäsarianern in Verbindung mit dem Erben des Diktators versprach eine Zukunft. In Rom mochte man Octavianus, den netten Jungen von nebenan, so gar nicht göttergleich wie der Divus Julius; außerdem hatte er Geld und Vermögen und verteilte es großzügig. Den Legionen, die Cäsar in Makedonien für den Partherfeldzug angeworben hatte, bot er fünffachen Sold, da stellte sich die Frage nach der politischen Gesinnung überhaupt nicht, zwei der drei Verbände liefen bedingungslos zu ihm über.

Octavianus rief Cicero nach Rom, er brauche seine Unterstützung im Senat. Cicero machte Ausflüchte, bestürmte Atticus, er traue der Jugend Octavianus' nicht und auch nicht seiner Gesinnung, fürchte die größere Erfahrung des Antonius, wolle andererseits nicht abseits stehen, wenn in Rom große Entscheidungen fielen, was er denn nur tun solle, der Krieg rücke immer näher.

Atticus antwortete: Komme! Und Marcus Tullius Cicero befolgte den Rat, kehrte ängstlich in die Hauptstadt zurück, wissend, daß die Ermordung des Diktators die Republik nicht ins Leben zurückgerufen hatte, ahnend, daß dies seine letzte Chance war, die alte republikanische Ordnung wiederherzustellen. Vor dem Senat brillierte der Anwalt mit geschliffener Rede, und er hätte die Sterne vom Himmel geredet, wäre dabei die Republik wieder auferstanden.

Nur zu diesem Zweck stärkte er Octavianus den Rücken, stellte dessen Jugend seine eigene außerordentliche politische Erfahrung zur Verfügung und überzeugte die Senatoren, dem Jüngling Ämter zu überlassen, die ihm nach dem Gesetz aufgrund seiner Jugend noch gar nicht zustanden, in der Annahme, Octavianus für die Verwirklichung seiner eigenen Ideen brauchen zu können, blind dafür, daß jener Octavianus es war, der ihn, Cicero, für *seine* Zwecke geschickt und skrupellos einsetzte, ein Jahrhundert-Talent.

In den philippischen Reden, pathetischen Strafpredigten, die Cicero so nannte, weil einst der Grieche Demosthenes, der größte Redner seiner Zeit, drei Reden gegen Philipp von Makedonien als gefährlichsten Gegner der Freiheit gehalten hatte, in diesen »Philippica« geißelte Cicero Marcus Antonius als neuen Tyrannen und größte Gefahr des Staatswesens. Während sich die unterschiedlichen Parteigänger in Rom bereits Straßenkämpfe lieferten, erklärte der Senat Antonius auf Ciceros Betreiben zum Staatsfeind, die

Konsuln Gaius Pansa und Aulus Hirtius wurden beauftragt, Antonius aus Italien zu vertreiben. »Scheusal« nannte ihn Cicero.

Am 21. April 43 trafen die beiden Konsuln Pansa und Hirtius mit ihren Legionen auf Marcus Antonius. Bei Butina, dem heutigen Modena, kam es zur Schlacht, Antonius, der Besiegte, blieb am Leben, die Sieger Pansa und Hirtius kamen um, willkommener Anlaß für Octavianus, sich zum neuen Konsul wählen zu lassen. Antonius floh. Er strebte mit den restlichen Truppen nach Gallia Transalpina, wo sein Freund und künftiger Verwandter Lepidus, der viele Vorteile aus Cäsars Freundschaft genossen hatte, ein schlagkräftiges Provinzheer befehligte. Zerlumpt und ohne Proviant überquerten die Geschlagenen die Alpen, aßen Wurzeln, Rinde und wilde Früchte und Tiere, die sonst als ungenießbar galten.

Vor dem Lager des Lepidus empfing Marcus Antonius kalte Ablehnung. Die alte Freundschaft schien vergessen, auch daß Lepidus' Sohn mit Antonius' Tochter verlobt war; in schlechter Zeit sind Freunde rar. So stieg der Geschlagene auf den Lagerwall und bat die herbeieilenden Soldaten um Milde, ohne fremde Hilfe seien er und seine Soldaten dem Tode ausgeliefert. Die Legionäre hatten Mitleid, und als Lepidus das erkannte, ließ er seine Trompeter Signale blasen, damit der Redner nicht gehört wurde. Des nachts schickten die Legionäre jedoch eine Botschaft zu Antonius, er solle am folgenden Tage das Lager erstürmen, keine Hand werde sich gegen ihn erheben, und wenn es sein Wunsch sei, dann solle Lepidus sterben. Das lehnte Antonius ab und er zog mit Lepidus und seinen Soldaten nach Italien. Nur sechs Legionen blieben zur Aufrechterhaltung der Ruhe im jenseitigen Gallien. Mit 17 Legionen und 10000 Reitern kehrte Marcus Antonius heim, und angesichts dieser Streitmacht schien seine Ächtung vergessen, Octavianus eilte nach Norden, dem alten Strategen entgegen, Ciceros Warnungen in den Wind schlagend.

Auf einer kleinen Insel inmitten des Rhenusflusses, heute Reno, dem rechten Nebenfluß des Po, trafen sie zusammen: Gaius Julius Cäsar Octavianus, Marcus Antonius und Marcus Aemilius Lepidus. Vom Wasser umflutet, abgeschirmt von Einflüsterungen und Ratschlägen zweifelhafter Berater, diskutierten sie drei Tage, wie die Republik zu retten sei. Dann teilten sie das Reich – so Plutarch – wie eine väterliche Erbschaft untereinander auf: für Octavianus der Westen, für Antonius der Osten, Lepidus verwaltete die Hauptstadt. Man schrieb den 27. November 43, das zweite Triumvirat. Ein Lichtblick?

Wer die Umstände näher betrachtete, unter denen dieser neue Dreibund zustande kam, mußte indes Schlimmeres befürchten als bisher geschehen war: Nicht die Aufteilung der Provinzen, nicht die Diskussionen um die Regierung des Reiches, nicht das cäsarische Erbe, dessen einer sich würdiger fand als der andere, waren das eigentliche Problem; in dreitägigen Debatten ging es vor allem darum, wer welchen Gefolgsmann des anderen umbringen durfte. Proscriptionen wurden erstellt, Listen von Namen, und dann auch überall in Rom veröffentlicht. Man kannte das von Sulla. Nach Plutarch standen 200 Namen auf dieser Liste, in Wirklichkeit fanden allein 300 Senatoren und 2000 Ritter den Tod.

Die heftigsten Diskussionen gab es um Cicero. Antonius forderte Ciceros Kopf, andernfalls sei jedes weitere gemeinsame Vorgehen ausgeschlossen. Zwei Tage blieb Octavianus unnachgiebig, am dritten Tag gab er Cicero preis, dafür überließ Antonius dem Octavianus seinen Oheim Lucius Cäsar, und Lepidus wurde erlaubt, seinen verhaßten Bruder Paulus umzubringen. Plutarch wörtlich: »Nichts Grausameres und Unmenschlicheres konnte es wohl geben als dieses Tauschgeschäft. Sie tauschten Mord gegen Mord, töteten gleichermaßen die, die sie hergaben, wie die, welche sie bekamen, und begingen das noch größere Unrecht gegen ihre Freunde, die sie töten ließen, ohne sie zu hassen.«

Cicero erfuhr auf seinem Landsitz Tusculum von der Proscription. Was mag in diesem Mann vorgegangen sein, der ein begnadeter Redner war, wenn er Ideen und Gedanken zu Worten verhalf, und ein ganz gewöhnlicher Pechvogel, wenn er sich mit konkreter Politik beschäftigte?

Sein Bruder Quintus, verzweifelter als Cicero selbst, riet zur Flucht auf das an der Küste gelegene ciceronische Landgut Astura; von dort konnten sie jederzeit ein Schiff nach Makedonien besteigen, wo Brutus Hilfe bringen sollte. Ein jeder der Brüder bestieg seine Sänfte, doch unterwegs überkam beide tiefer Abschiedsschmerz, sie hießen ihre Sklaven, die Sänften nebeneinander zu stellen, und klagten sich so von Fenster zu Fenster ihr Leid. Quintus wollte noch einmal zurück, sich mit Proviant und Vorräten versorgen, Cicero erschien das zu gefährlich, und er sollte recht behalten. Denn bei der unerwarteten Rückkehr wurden Quintus und sein Sohn ermordet.

Der 63jährige Cicero bestieg indes ein Schiff, segelte aber unentschlossen die Küste entlang, hoffend, daß Octavianus sein Zugeständnis an die beiden anderen Triumviri vielleicht doch zurücknehmen würde. Dann überlegte er, ob er nach Rom zurückkehren, sich in das Haus des Octavianus schleichen und sich dort vor dem Altar der Penaten, der Hausgötter, erdolchen solle, um deren Rache heraufzubeschwören. Aber das verwarf er wieder, stattdessen »hin- und hertaumelnd zwischen verworrenen Entschlüssen« – so Plutarch – ging er mit seinem Sklaven nach Cajeta (Gaeta), wo er ein weiteres Landhaus besaß. Dort entdeckten ihn die Häscher, der Hauptmann Herennius und der Kriegstribun Popilius.

Herennius schlug Cicero den Kopf ab – so lautete Antonius' Befehl, ebenso beide Hände, deren rechte die 14 philippischen Reden geschrieben hatte. Kopf und Hände ließ Marcus Antonius auf der Rednerbühne des Forum Romanum anbringen, und der Chronist berichtete, Antonius habe mehrmals laut gelacht.

Octavianus war zu jung, Lepidus zu schwach, deshalb hieß der starke Mann in Rom Antonius: gewandt, verschlagen, unberechenbar, prunksüchtig, selbstgefällig. Ein zweiter Divus Julius? Gerade ein Jahr war seit dem Tode des Göttlichen vergangen, da begannen die Römer aufs neue die Willkür der Tyrannis zu fürchten, das menschenverachtende Gehabe zu hassen, mit dem Antonius Offiziere, Feldherrn und Gesandte am Portal seines Hauses abweisen ließ, während betrunkene Komödianten, Possenreißer und Speichellecker jederzeit Einlaß fanden. Das Haus, in dem nun Komplotte geschmiedet und Orgien gefeiert wurden, hatte einst dem großen Pompejus gehört, ein Vorbild der Mäßigkeit und des einfachen Lebens.

Rache an den Cäsarmördern lautete ein Grundsatz des zweiten Triumvirats. Mochten Octavianus und Lepidus nur mit halbem Herzen daran hängen, der Motor, der die Rache in Bewegung brachte, hieß Marcus Antonius. Er verfügte, daß Lepidus zum Schutze der Hauptstadt in Rom zurückblieb, daß Octavianus alle Truppen mit Antonius teilte, und daß sie, so gerüstet, Brutus und Cassius entgegenzogen.

Brutus erfuhr im August vom Umschwung in Rom und von seiner Verurteilung. Er hatte zu diesem Zeitpunkt die Provinzen Illyrien und Makedonien zurückerobert und lag mit einer schlagkräftigen Truppe, der ein Sohn Ciceros als Legat und der Dichter Horaz als Kriegstribun angehörten, am Hellespont.

Nicht weniger erfolgreich Cassius: Er hatte Syrien erobert und stand kurz davor, Rhodos zu nehmen und anschließend die Provinz Asien von Gegnern zu säubern. Wenn überhaupt, so hatten Brutus und Cassius nur dann eine Chance, wenn sie gemeinsam marschierten.

Zu Beginn des Jahres 42 vereinigten die Cäsarmörder ihre Truppen im kleinasiatischen Sardes, wo dereinst der orakelgläubige König Krösus über Lydien gebot. 19 Legionen, 80000 Mann, vereinigten sich hier zum Marsch gen Norden, Angriff, lautete die Devise, ist die beste Verteidung.

Bei Philippi, einem goldträchtigen makedonischen Landstrich zwischen den Flüssen Strymon und Nestos, stießen Antonius und Octavianus mit Brutus und Cassis zusammen.

Oktober 42: Brutus schlug Octavianus, Antonius besiegte Cassius. Cassius fand den Tod oder beging Selbstmord. Krank soll Gaius Julius Cäsar Octavianus damals gewesen sein, doch der Verdacht liegt nahe, daß die Historiker die Vita des späteren Kaisers schönten, eine Niederlage im ersten Feldzug schickt sich nicht für einen Göttlichen.

»Diejenigen«, schrieb der Unterlegene Jahrzehnte später in seinen *Res gestae*, »die meinen Vater ermordet haben, trieb ich in die Verbannung und rächte durch gesetzmäßige gerichtliche Verfolgung ihr Verbrechen. Und als sie darauf Krieg gegen den Staat anfingen, besiegte ich sie in doppelter Feldschlacht.«

Zur zweiten Schlacht kam es im November. Antonius kommandierte beide Heere, siegte, Brutus entkam, einen Tag später beging er Selbstmord. Er war ein guter Soldat, und Marcus Antonius breitete seinen kostbaren Purpurmantel über die Leiche.

Niederlagen sind namenlos, doch der Sieg hat viele Väter: Octavianus kehrte nach Rom zurück, und wie ein Sieger warf er den abgeschlagenen Kopf des Brutus vor die Bildsäule des Gaius Julius Cäsar. Antonius wandte seinen Blick nach Osten, er, der neue Cäsar, der wahre Cäsar, kein Cäsarlein wie dieser schwächliche Octavianus, sah ein Ziel vor Augen, das ihn als wahren Erben des Juliers erweisen konnte. Antonius wollte das in die Tat umsetzen, was der Julier geplant, aber nach dem Willen der Götter nicht in die Tat umgesetzt hatte: die Eroberung des Partherreiches.

Octavianus kam dies gelegen, sollte sich der alte Haudegen in den Steppen östlich des Zweistromlandes herumschlagen, solange konnte er in Rom keinen Schaden anrichten, vielleicht würde er gar nicht lebend zurückkehren, und wenn – *videant consules*, pflegte man in Rom zu sagen, dann wird man weiter sehen.

Über Griechenland zog Antonius nach Kleinasien. Der Ruf eines orientalischen Verschwenders und Lebemannes schien ihm vorauszueilen, aber auch das Gerücht eines geldgierigen Tyrannen, Galle mischte sich in die weinselige Trunkenheit. Die asiatischen Kleinkönige hofierten den Sieger von Philippi, und ihre Gemahlinnen warben mit ihren Reizen um seine Gunst. Wo immer er auftrat, Antonius setzte sich malerisch in Szene. Bei seinem Einzug in Ephesos wurde er – nach Plutarch – von Bachantinnen begleitet, Knaben und Männer waren als Satyrn und Pan kostümiert und schwangen, mit Efeu bekränzt, Thyrosstäbe, die mit Weinlaub umwundenen Abzeichen der Priester des Dionysos. Er selbst tänzelte als Dionysos einher, als Gott des Weines und der Fruchtbarkeit, als »Freudenspender« und »Gnadenreicher« halb entblößt, trunken, ekstatisch, asiatisches Lustbarkeitsgesindel vor sich hertreibend; wahnwitzig fürstlich honoriert wurden Männer wie Anaxenor, der Sänger, Xuthos, der Flötenspieler und Metrodoros, der Tänzer.

Doch unter den zahlreichen kultischen Beinamen des Dionysos waren auch schreckliche wie »Agrionios – der grausam Gefühllose« – oder »Omestes – der grausam Gefräßige« –, und Antonius machte auch diesen Namen alle Ehre, nahm Reichen ihr Vermögen, um seine Kriegskasse aufzufüllen oder Freudenmädchen und -knaben zu entlohnen. Er brüstete sich, es mit beiderlei Geschlecht zu treiben, tat es wohl ganz bewußt, um auch in dieser Hinsicht als neuer Divus Julius zu gelten.

Auf 200000 Talente wurden die Tributzahlungen der kleinasiatischen Städte geschätzt, eine phantastische Summe Geldes, und doch zu wenig für Antonius Dionysos. Er ließ die Tribute um das Doppelte erhöhen, was die Leistungsfähigkeit der Provinzen übertraf und zu einem Protest der Betroffenen führte, deren Sprecher Hybreas dem Römer beschied, wenn er in einem Jahr zwei Tribute erhöbe, könne er wohl auch in einem Jahr zwei Sommer und zwei Ernten bereitstellen.

Dem Argument konnte Antonius sich nicht verschließen und auf der Suche nach neuen Geldquellen erinnerte sich der Imperator der ägyptischen Königin Kleopatra, die im Krieg gegen die Cäsarmörder eine zwielichtige Rolle gespielt hatte.

Was hätte Kleopatra auch tun sollen? Aus Rom zurückgekehrt stand die Königin vor der Alternative, sich auf die Seite des Cäsarmörders Cassius zu schlagen oder Cäsars Getreuen, Publius Cornelius Dolabella, zu unterstützen. Beide standen sich in Syrien gegenüber, und ein jeder hatte die Ptolemäerin um Hilfe ersucht. Kleopatra hatte sich für Dolabella entschieden – das falsche Pferd, wie sich herausstellte, denn Dolabella wurde von Cassius geschlagen, der Besiegte beging Selbstmord, und die Königin mußte nach dem Verlust ihrer vier Legionen Cassius' Rache fürchten. Philippi bewahrte Kleopatra davor; Cassius mußte sich eilends mit Brutus' Truppen vereinen, gleichzeitig schickte er ein zweites Hilfeersuchen nach Alexandria.

Für Ägyptens Königin hatte sich die Situation gewandelt. Wohlgesonnen war sie keinem der Gegner, die sich in Philippi gegenüberstanden, aber am meisten haßte sie doch Gaius Julius Cäsar Octavianus, der sich, obwohl nur adoptiert, vor aller Welt als Sohn des Divus Julius brüstete, während ihr Sohn Ptolemaios Cäsar der einzige leibliche Sohn des Diktators war. Die Triumviri hatten jedoch einen klugen Schachzug getan und Boten mit der Nachricht nach Alexandria geschickt, zum Dank für Dolabellas Unterstützung seien sie bereit, ihr fünfjähriges Söhnchen Ptolemaios Cäsar als Mitregenten anzuerkennen. Wieder stand Kleopatra vor einer schweren Entscheidung.

Weil der Nil 42/41 nicht über die Ufer getreten war, suchte in diesem Jahr eine Hungersnot das ganze Land heim. Den Ägyptern mußten die Steuern erlassen werden, im Staatssäkkel klaffte ein tiefes Loch, deshalb ließ die Ptolemäerin Cassius wissen, leider könne sie nicht helfen. Appian, der griechische Historiker aus Alexandria, behauptet jedoch, Kleopatra habe eine Flotte aufgestellt, um Octavianus und Antonius zu unterstützen, sie selbst habe das Kommando übernommen. Schon beim Auslaufen erlitt allerdings diese Flotte Schiffbruch, und Kleopatra erkrankte. In späteren Zeiten nannte man dies eine diplomatische Krankheit, Zeit heilt, so auch in diesem Fall. Als Kleopatra gesundete, waren die Schlacht geschlagen, die Machtverhältnisse geklärt.

Nun beorderte der Herrscher über die Provinzen Makedonien, Achaia, Asien, Pontos, Syrien und Kilikien die Ptolemäerin zu sich. Marcus Antonius sandte den Historiker Quintus Dellius, einst Anhänger Dolabellas, dann des Cassius, nun sein eigener, nach Alexandria, er solle die ägyptische Königin nach Tarsos in Kilikien bringen, wo er sich aufhielt. Am Unterlauf des Kydnos gelegen, mit kleinen Seeschiffen erreichbar, war Tarsos eine wichtige Station auf der vom syrischen Antiocheia zur kleinasiatischen Küste führenden Handelsstraße, gleichzeitig Ausgangspunkt der Überlandhandelsroute, die das Mittelmeer mit dem Schwarzen Meer verband.

In den Augen des 41jährigen Antonius war Kleopatra wohl noch immer das junge Mädchen, dem er bei seinem ersten Ägyptenaufenthalt begegnet war, vielleicht auch die von Cäsar vernachlässigte Geliebte, jedenfalls ließ er sie holen, und die Vorladung bedeutete nichts Gutes.

Kleopatra beeindruckte den römischen Gesandten jedoch derart, daß er ihr zunächst einmal artig den Hof machte und sie erst nach geraumer Zeit nach Kilikien komplimentierte, wobei er ihr Antonius als den reizendsten und liebenswürdigsten Feldherrn aller Zeiten schilderte, vor dem sie sich nicht zu ängstigen brauche. Dellius und Kleopatra entwickelten dann zusammen die Strategie des Vorgehens, bei dem die Königin »lieblich geschmückt« auftreten sollte. Schmuck, Geschenke und Geld im Reisegepäck, machte Kleopatra sich in großer Begleitung auf den Seeweg nach Tarsos.

Selten ist ein historisches Ereignis so farbenfroh und

anschaulich beschrieben worden wie die Ankunft der Ptolemäerin in der kilikischen Hauptstadt. Marcus Antonius, schreibt Plutarch, hielt gerade auf dem Marktplatz von Tarsos Gerichtstag, als das Gerücht von Mund zu Mund ging, die Liebesgöttin Aphrodite komme in einem goldenen Nachen den Fluß heraufgefahren. Allmählich leerte sich das Tribunal, und am Ende soll nur noch Antonius zurückgeblieben sein, der wußte, wer die fremde Besucherin war.

Die ganze Stadt befand sich auf den Beinen, neugierig stürmten die Tarsier flußabwärts, jeder wollte die Schiffe als erster sehen. Majestätisch blähte der Meerwind das Purpursegel eines prachtvollen hochgeschnäbelten Schiffes, dessen filigranes goldbeschlagenes Heck in der Sonne glänzte. Schwarzhäutige Ruderknechte bewegten ellenlange versilberte Ruder zur schmeichelnden Musik von Flöten, Schalmeien und Kitharen. Und in der Mitte des märchenhaften Schiffes, unter einem mit Gold verzierten Baldachin, lag Kleopatra hingebettet wie Aphrodite, in einem langen fließenden Gewand und mit funkelndem Schmuck behangen, während schöne Knaben zu beiden Seiten ihr Kühlung zufächelten.

Am Steuerruder und an den Segeltauen standen keine grobschlächtigen Matrosen, sondern die schönsten Dienerinnen, gekleidet wie Nereiden und Chariten, die schönen Meerjungfrauen des Gottes Nereus und die zartfühlenden Göttinnen der Anmut. Von den begleitenden Schiffen stiegen betörende Duftwolken empor und setzten die kilikischen Menschen in Ekstase: So sah keine Königin aus, hier war eine Göttin herabgestiegen, Aphrodite war gekommen, um sich während eines Gelages mit Dionysos zu vereinigen, zur Freude Asiens.

Kleopatras exotisches Auftreten entsprach eigentlich nur ihrer Position als Verkörperung der Göttin Isis. Am Nil, wo die Erbin des Pharaonenthrones seit jeher als Inkarnation der ägyptischen Göttermutter galt, hätte die Ptolemäerin in dieser Staffage weit weniger Aufsehen erregt, aber Griechen und Asiaten kannten derlei Vergöttlichung nicht, anders die Römer. Deshalb handelte Kleopatra äußerst geschickt, als sie dem nach dionysischen Ehren heischenden Antonius als Inkarnation einer Göttin begegnete. Die Ägypter schlugen am Rande der Stadt ein Lager auf, für das sie eigenes Mobiliar, Teppiche und kostbares Geschirr vom Feinsten mitgebracht hatten. Kleopatra dachte gar nicht daran, Antonius aufzusuchen, sie ließ bestellen, er möge zum Essen vorbeikommen, der Triumvir nahm an.

Unzählige Öllämpchen hießen den Römer willkommen, kreisförmig oder quadratisch angebracht, ein Fest für das Auge. Kleopatra, märchenhaft gekleidet, Antonius nicht minder in seiner selbstgewählten Rolle als Dionysos. Er 41, sie 28 Jahre alt, er ein Bild von einem Mann, ein wuchtiger Schädel wie Hercules, der Körper muskulös und durchtrainiert, sie eher klein und, wie Plutarch schreibt, »in einem Alter, da Frauen im vollen Glanz ihrer Schönheit stehen und auch ihr Geist zur Reife gediehen ist«. Beide waren sie verheiratet, er in dritter Ehe mit Fulvia, einer resoluten Frau, die, wie der Chronist vermeldet, außer weiblichen Geschlechtsmerkmalen nichts Weibliches an sich hatte, sie in zweiter Ehe mit ihrem eigenen fünfjährigen Sohn Ptolemaios Cäsar, der Tradition willen.

Das Unerwartete geschah: Schon bei der ersten Begegnung verliebte Marcus Antonius sich in die Ägypterin, genau wie Julius Cäsar, der bereits in der ersten Nacht das Bett mit ihr teilte. Man könnte meinen, Antonius habe in seinem Bestreben, ein zweiter Cäsar zu werden, nur versucht, sich selbst zu bestätigen; der Fortgang der Ereignisse zeigt jedoch, daß diese Beziehung viel tiefer ging.

Natürlich stellt sich auch bei dieser Situation die Frage, wie es Kleopatra gelang, einen Mann so schnell und intensiv für sich zu gewinnen?

Anders als bei der ersten Begegnung mit Julius Cäsar erzählt der Chronist diesmal einige Details, die deutlich machen, daß die ägyptische Königin vor allem zwei Fähigkeiten beherrschte: auf einen Mann einzugehen, sich ihm unterzuordnen und ihm damit das vermeintliche Gefühl der Stärke zu vermitteln, während sie es gleichzeitig verstand, ihre eigenen Vorzüge ins rechte Licht zu rücken.

Plutarch wörtlich: »Da Kleopatra auch in den Scherzen des Antonius den Soldaten und schlichten Mann erkannte, bediente sie sich ihm gegenüber alsbald ungehemmt und rücksichtslos dieses Tones. Denn an und für sich war ihre Schönheit, wie man sagt, gar nicht so unvergleichlich und von der Art, daß sie beim ersten Anblick berührte, aber im Umgang hatte sie einen unwiderstehlichen Reiz, und ihre Gestalt, verbunden mit der gewinnenden Art ihrer Unterhaltung und der sie in allem umspielenden Anmut, hinterließ einen Stachel. Ein Vergnügen war es auch, dem Klang ihrer Stimme zu lauschen. Sie wußte ihre Zunge wie ein vielstimmiges Instrument mit Leichtigkeit in jede ihr beliebenden Sprache zu fügen und bediente sich nur im Verkehr mit ganz wenigen Barbaren eines Dolmetschers; den meisten erteilte sie persönlich Bescheid, so den Äthiopen, den nubischen Troglodyten, Hebräern, Arabern, Syrern, Medern und Parthern. Noch vieler anderer Völker Sprachen soll sie verstanden haben, während die Könige vor ihr es nicht einmal fertiggebracht hatten, die ägyptische Sprache zu beherrschen, einige sogar das Makedonische verlernt hatten.«

Bewußt setzte Kleopatra ihren exotischen Reichtum in Szene, ein Ruf, der ihr seit jeher vorausging. Sie ließ zwölf Tische mit goldenem Geschirr und mit Juwelen besetzten Pokalen decken. Die Wände verhüllten kostbare Teppiche, mit Gold- und Silberfäden durchwirkt. Antonius zeigte sich überwältigt. Alles sei ein Geschenk für ihn, entgegnete die Ptolemäerin.

Der griechische Historiker Sokrates von Rhodos, Verfasser einer Geschichte des Bürgerkrieges im 1. Jahrhundert v. Chr. und damit näher am Geschehen als Plutarch und Sueton, erzählt, Kleopatra habe, als sie Antonius' Begeisterung erkannte, tagsdarauf gleich ein zweites Gelage veranstaltet, zu dem auch seine Offiziere und Freunde geladen waren. Wieder habe sie kostbares Geschirr aufgetischt, angeblich noch pompöser als am Vortag, der Fußboden war eine Elle tief mit Rosenblüten bestreut, Blütengirlanden hingen an den Wänden. Das Fest endete mit einem unvorstellbaren Spektakel, ein jeder durfte mitnehmen, was ihm gefiel, Offiziere die Ruhebetten, auf denen sie getafelt hatten, Freunde Tische und Teppiche, und die besseren Gäste erhielten ein Pferd mit silbernem Zaumzeug. Wer, von einem fackeltragenden äthiopischen Sklaven begleitet, heimwärts die Gewalt über die eigenen Füße zu verlieren drohte, für den standen beleuchtete Sänften bereit.

Vergeblich versuchte Marcus Antonius, die Festlichkeiten der Ägypterin zu übertrumpfen, dem Römer blieb nichts anderes übrig, als sich über den eigenen Mangel an Geschmack lustig zu machen. Im Überschwang der Gefühle, die den abgehärteten Soldaten weich wie Wachs werden ließen, behielt Kleopatra einen klaren Kopf, sie nutzte die Gunst der Stunde und forderte ihren Blutzoll, dem Antonius willenlos stattgab. Im Artemisheiligtum von Ephesos lebte noch immer Kleopatras Schwester Arsinoe, die ihr einst den Thron streitig gemacht hatte. In den Armen des Römers forderte Kleopatra ihren Kopf, gleichzeitig den des Oberpriesters, weil er sie aufgenommen, schlimmer, sie als Königin Ägyptens hofiert hatte. Serapion, der ungetreue Statthalter von Zypern, mußte ebenso sterben wie ein verwegener Asiate, der eines Tages in Alexandria aufgetaucht war und behauptet hatte, ein Bruder Kleopatras zu sein.

Gerufen hatte der Römer die Königin, damit sie sich vor ihm rechtfertige; gekommen war eine Herrscherin, deren Wünsche Antonius erfüllte. Zufrieden reiste Kleopatra aus Kilikien ab, nicht ohne Antonius das Versprechen abgenommen zu haben, den Winter 41/40 an den Ufern des Nils zu verbringen.

Davon ließ dieser sich auch nicht abbringen, als alarmierende Nachrichten eintrafen: Überläufer hatten den Parthern von römischen Eroberungsplänen berichtet, und nun drangen ihre gefürchteten, von Kopf bis Fuß gepanzerten Lanzenreiter und berittenen Bogenschützen mit den die Pfeile schleppenden Lastkamelen in Mesopotamien ein, bedenkenlos lief der römische Statthalter Quintus Labienus über.

In Rom wo Frau Fulvia lautstark und tatkräftig die Interessen ihres Mannes vertrat, war es zum offenen Aufstand gegen Octavianus gekommen, der sich durch Enteignung zugunsten seiner Veteranen viele Feinde geschaffen hatte. Ob Fulvia dabei im Hintergrund mitwirkte, um auf diese Weise die Rückkehr ihres Mannes zu provozieren, ist nicht auszuschließen; daß sie eifersüchtig war, ist bekannt.

Unbeirrt von all dem begab sich Antonius nach Alexandria. Er kam privat, ohne Truppen, wie ein Urlauber, Plutarch sagt, wie ein Arbeitsloser, und brachte Zeit mit, unendlich viel Zeit. Der Vergleich mit Julius Cäsar drängt sich auf, auch Marcus Antonius scheint angesichts der Ptolemäerkönigin den Sinn für die Realität verloren, Vergangenheit und Gegenwart vergessen und die Zukunft verdrängt zu haben. Kleopatra wurde schwanger.

Der Luxus, mit dem Kleopatra den Gast überhäufte, mag angenehm gewesen sein. Ein königlicher Koch am Hofe von Alexandria berichtet, er habe acht Wildschweine für zwölf Gäste zeitversetzt gegrillt, damit Antonius stets ein soeben gegartes Borstenvieh zur Verfügung stand, gleichgültig ob er sofort, etwas später oder nach ausgedehnter Unterhaltung zu speisen wünschte.

Im Gegensatz zu seiner herrischen Frau Fulvia gab Kleopatra sich weich wie eine Bastet-Katze, wich Tag und Nacht nicht von seiner Seite, würfelte, zechte und jagte mit dem Soldaten und sah ihm bei den Waffenübungen mit Bewunderung zu. Ohne zu zögern beteiligte sie sich an jenen dummdreisten Späßen, an denen sich der altgediente Soldat delektierte. Als Sklave und Dienerin verkleidet, zogen sie nachts durch die Straßen Alexandrias, klopften an Türen und Fenster fremder Leute, und freuten sich diebisch, wenn man sie nicht erkannte. Verlangte der Imperator zu angeln, dann begleitete ihn die Königin, versuchte er sie scherzhaft zu überlisten, hatte sie noch komischere Einfälle. So mußten Taucher, wenn Antonius das Anglerglück abhold war, unter Wasser Prachtexemplare von vorher gefangenen Fischen an der Angel befestigen. Kleopatra, der dies nicht verborgen blieb, setzte nun ihrerseits Taucher ein, die dem Römer geräucherte Fische an den Angelhaken hingen. Marcus Antonius amüsierte sich köstlich, aber Kleopatra bemerkte, er solle lieber *ihr* die Angelrute überlassen, *sein* Fang seien Städte, Königreiche, Kontinente. Das klang wie eine Aufforderung.

Als im Frühjahr 40 gemeldet wurde, daß sogar die eigenen syrischen Provinztruppen zu den Parthern überliefen, brach Antonius überstürzt auf. In Tyros brachte er die Legionen wieder zur Raison und zog weiter nach Kleinasien, um ein schlagkräftiges Heer gegen die Parther zu rekrutieren. Da erreichten ihn Briefe seiner Frau, in denen sie berichtete, zwischen den Anhängern des Octavianus und ihren eigenen sei es zu militärischen Auseinandersetzungen gekommen, ihr Schwager Lucius Antonius und Freiwillige hätten sie unterstützt, aber bei Perusia, dem heutigen Perugia, habe sie eine Niederlage einstecken müssen, was sie nun tun solle?

Antonius dürfte sich die Haare gerauft haben, als er erfuhr, daß seine eigene Frau gegen den Bündnispartner kämpfte. Dieses Problem schien ihm dringender als der Partherfeldzug, mit 200 Schiffen machte er sich auf den Weg, stieß in Griechenland auf die geflüchtete Fulvia und seine Mutter Julia, die er beide jedoch zurückließ, um allein nach Italien zu reisen.

Nur mühsam konnte Antonius den Octavianus überzeugen, daß Fulvia ohne sein Wissen gehandelt hatte, doch schließlich einigten sich die Kontrahenten, in Brundisium bestätigten sie vertraglich das im Jahre 43 geschlossene Triumvirat, das eigentlich nur ein Duumvirat war, denn Lepidus, von Octavianus inzwischen als afrikanischer Statthalter eingesetzt, wurde ohnehin nicht gefragt. Antonius und Octavianus anerkannten das Jonische Meer als Grenze ihres Einflußbereiches, Antonius erhielt die östliche Hälfte, Octavianus die westliche.

Erleichtert wurde diese Einigung durch eine Todesnachricht aus Griechenland: Fulvia, die Urheberin des Konfliktes, war in Sikyon, einer Nachbarstadt von Korinth, gestorben. Umgehend diente Octavianus dem Bündnispartner seine ältere Schwester Octavia zur Frau an. Octavia war Witwe, hatte drei Kinder, zwei Mädchen und einen Jungen, und soll sehr schön gewesen sein. Sie, meinte ihr Bruder, der mit großer Liebe an ihr hing, könne das Mißtrauen zwischen den Triumviri abbauen helfen. Die beiden heirateten.

Diese rein politische Heirat war von vorneherein zum Scheitern verurteilt. Überstürzt hatte der Senat eine Ausnahmegenehmigung erteilt, weil Octavia de jure erst nach zehnmonatiger Witwenschaft hätte heiraten dürfen, für Männer galt dieses Gesetz nicht. Noch in den Flitterwochen erreichte das Paar die Nachricht, Antonius sei zweifacher Vater geworden. Kleopatra hatte in Alexandria Zwillinge zur Welt gebracht, einen Jungen und ein Mädchen, die sie Alexander und Kleopatra nannte.

Obwohl Antonius ohne Meinungsverschiedenheiten mit Kleopatra aus Alexandria abgereist war, kümmerte er sich um die Zwillinge überhaupt nicht. Dafür schwängerte er seine neue Gemahlin, wurde Vater einer Tochter Antonia und nahm Mutter und Kind 39 mit nach Griechenland, wo er den Winter in Athen verbrachte und für den Partherfeldzug aufrüstete.

Marcus Antonius schickte Publius Ventidius, einen alten Parteigänger Gaius Julius Cäsars, mit elf Legionen voraus, um dem Vordringen der Parther Einhalt zu gebieten. Dieser Ventidius, ein Veteran von 60 Jahren, war schon mit Cäsar in Gallien gewesen und hatte sich vom Vieh- und Wagenhändler redlich bis zum Senator hochgearbeitet, eine ungewöhnliche Karriere im alten Rom. Nach dem Mord an dem Julier hatte er sich Antonius angeschlossen, ein treuer tapferer Mann, der zu kämpfen verstand.

Und während Marcus Antonius in seinem Winterhauptquartier in Athen, gekleidet wie ein Grieche, die Ring- und Gymnastikschule besuchte, schlug Ventidius in einer ersten Schlacht die eingedrungenen Parther und den mit ihnen verbündeten Quintus Labienus. Ventidius lieferte drei Feldschlachten hintereinander, verwies die Parther wieder an die Grenzen Mesopotamiens und vergab die realistische Chance, das Partherreich zu erobern, weil er den Ehrgeiz des Antonius fürchtete.

Der hatte ihn schon wissen lassen, er dürfe mit Antiochos, dem König von Kommagene, nicht verhandeln, obwohl dieser sich bereits ergeben, seine Truppen dem Oberbefehl des Römers unterstellt und die Zahlung von tausend Talenten angekündigt hatte. Die Aktion sollte Antonius' Namen tragen. So blieb es mit den Parthern beim Status quo, eine strategische Fehlleistung von seiten des Marcus Antonius; denn die Parther wußten nun, was sie erwartete, und es war klar, daß sie die Bedrohung aus dem Westen nicht tatenlos abwarten würden.

Die Feinde von Antonius saßen freilich nicht nur im Osten, in Rom hatte der Imperator die gefährlicheren Gegner, und Octavianus, dessen Mißtrauen gegen seinen Schwager durch gezielte Indiskretionen geschürt wurde, machte kein Hehl aus seiner nach wie vor bestehenden Abneigung gegen den Rivalen. Nach der Geburt einer zweiten Tochter reiste Antonius mit Octavia nach Italien, ließ sich jedoch von 300 Schiffen begleiten, um den erwünschten klärenden Gesprächen größeren Nachdruck zu verleihen.

Die Einwohner von Brundisium gerieten angesichts der gewaltigen Flotte in Panik, fürchteten einen neuen Bürgerkrieg und verweigerten die Landungsrechte. Darauf gingen die Schiffe in Tarent vor Anker, und Antonius schickte – so explosiv war die Lage inzwischen wieder – Octavia als Vermittlerin zu ihrem Bruder. Es gelang ihr auch, das Mitgefühl des Octavianus zu gewinnen, denn, so meinte sie, was immer geschehe, wer immer wen besiege, falls es zum offenen Konflikt komme, *sie* würde immer unglücklich sein.

Octavianus kam nach Tarent, natürlich nicht allein, ein gewaltiges Heer begleitete ihn; schließlich mußte auch *er* Macht demonstrieren. Wider Erwarten verlief die Begegnung friedlich, Plutarch erzählt, es sei ein herrliches Schauspiel gewesen, 300 Schiffe friedlich im Hafen dümpelnd und die Truppen des Octavianus gelangweilt lagernd, und doch – ein Zündfunke hätte genügt, um eine Explosion auszulösen.

So einigten sich die Kontrahenten auf Octavias Drängen, gelobten auch weiterhin Freundschaft, bewunderten gegenseitig ihre Heeresmacht und tauschten auch ein bißchen; Antonius erhielt von Octavianus zwei Legionen für den Partherkrieg, dieser gab ihm dafür 100 Schiffe mit ehernem Rammsporn. Mit der Bitte, auf sie aufzupassen, verblieb Octavia bei ihrem Bruder. Antonius wandte sich wieder nach Asien.

»Doch jenes furchtbare Übel«, schreibt Plutarch aus Chaironeia, »das lange Zeit geschlummert hatte, die Liebe zu Kleopatra, die eingeschläfert und beschwichtigt schien durch bessere Überlegungen, flammte wieder auf und wurde heftiger, als er sich Syrien näherte.«

2.

Kleopatra und Antonius in Antiocheia – Niederlage und Rückzug in Medien – Antonius macht Kleopatra zur Herrscherin des Ostens – Antonius' Testament wird verraten Die Auseinandersetzung Octavianus' kontra Antonius Octavianus war ein miserabler Feldherr – Unterstützung aus Medien für Marcus Antonius – Die Ptolemäerkönigin bei König Herodes – Antonius bricht alle Brücken nach Rom ab

In Tarsos hatte Marcus Antonius unvergessene Tage mit Kleopatra verbracht, und auch diesmal, meint Plutarch, habe der Römer alle vernünftigen und heilsamen Gedanken verdrängt. Er sandte den *consul suffectus* Gaius Fontejus Capito nach Alexandria, um Kleopatra auf dem schnellsten Wege herbeizuschaffen. Man traf sich im syrischen Antiocheia, keine Tagereise von Tarsos entfernt. Drei Jahre hatten sie sich nicht gesehen, und nun schien ihre frühere Leidenschaft neu entflammt, gemeinsam verbrachten sie den ganzen Winter.

Der Römer zeigte sich großzügig, schloß, obwohl verheiratet, mit der Ägypterin sogar eine Art Ehevertrag. Ob dies der Preis für Kleopatras Liebe war, ist ungewiß, Skrupel kannte er in dieser Hinsicht kaum, vielleicht war es ihm aber auch ein Bedürfnis, die Geliebte unaufgefordert mit Geschenken zu überhäufen. Mit normalen Maßstäben ist Antonius' Verhalten jedenfalls nicht zu messen, schenkte er ihr doch Phönikien, Syrien, große Teile von Kilikien und Judäa, Zypern und den Küstenstreifen, der diese Kolonien mit Ägypten verband. In Rom schuf das viel böses Blut, und man begann, an seinem Verstand zu zweifeln, schließlich war es Pflicht eines Imperators, neue Provinzen zu erobern und nicht alte zu verschenken.

Noch einmal versuchte Antonius, sich von Kleopatra zu lösen, wenigstens für kurze Zeit, er schickte die Geliebte nach Alexandria, um selbst den lange geplanten Parther-Feldzug durchzuführen. An Menschen und Material mangelte es nicht, alle mit Rom verbündeten Kleinkönige hatten Kontingente zu stellen, allein der Armenier-König Artavasdes schickte 7000 Mann und 6000 Reiter, insgesamt verfügte Antonius über 60000 römische Fußsoldaten, 10000 spanische und keltische Reiter und 30000 fremde Söldner, ein 100000-Mann-Heer also, das – bemerkt Plutarch – sogar die Inder schreckte und Asien erbeben ließ. Mit Marcus Antonius an der Spitze, dem erfahrensten Strategen seiner Zeit, schienen die Tage des Parther-Reiches gezählt.

Und doch: Was so sicher erschien wie der Wechsel der Jahreszeiten, wandelte sich zur Katastrophe, zur persönlichen Niederlage des Imperators, die 32000 Menschen das Leben kostete und nicht einen Quadratmeter Landgewinn brachte, im Gegenteil. Kleopatra sei schuld gewesen, hieß es, Antonius habe den Feldzug vorzeitig und unüberlegt eröffnet, weil er nur darauf bedacht war, den nächsten Winter schon wieder mit ihr zu verbringen. Octavianus behauptete später, Antonius sei unter dem Einfluß von Drogen nicht mehr Herr seines Verstandes gewesen. Und auch Plutarch schrieb hundert Jahre später: »Er war nicht bei klarem Verstand, sondern hielt unter der Wirkung von Liebestränken oder sonst einer Bezauberung immer nur den Blick auf sie gerichtet und dachte mehr an schnelle Rückkehr als an den Sieg über den Feind.«

Plutarch äußerte also ebenfalls den Verdacht, daß Kleopatra es verstanden habe, ihren Geliebten mit Hilfe von Aphrodisiaca und Zaubermitteln an sie zu fesseln. Cäsar mit Drogen in Verbindung zu bringen, hatte kein Chronist gewagt – wohl allein deshalb nicht, weil bei Abfassung aller Berichte Gaius Julius Cäsar bereits in das römische Pantheon aufgenommen war; dem toten Marcus Antonius dagegen blieb diese Vergöttlichung verwehrt, er war kein Märtyrer wie Cäsar und endete höchst profan, wie er gelebt hatte.

Was immer den Imperator zu seiner oft unverständlichen Haltung stimuliert haben mag, Antonius zog mit seinem gigantischen Heer von Armenien in das Land Atropatene nahe dem Kaspischen Meer. Es war im Frühling 36, und die wenig geländegängigen Wagen mit ihren schweren Belagerungsmaschinen hinderten den Römer am schnellen Weiterkommen. Um sich das mühsame zeitraubende Anlegen befestigter Wege zu ersparen, ließ Marcus Antonius 300 Wagen unterwegs zurück, ein verhängnisvoller Entschluß. Denn noch ehe er Parthien erreicht hatte, schon bei der Belagerung der medischen Stadt Phraaspa, scheiterte der Imperator und sah sich schließlich zu unehrenhaften Verhandlungen mit König Phraates IV. gezwungen.

Dieser Phraates muß ein äußerst rücksichtsloser, herrschsüchtiger Mann gewesen sein, hatte er doch, um auf den Thron von Phraaspa zu gelangen, zuerst seinen Vater und nach und nach 29 Brüder umgebracht. Phraates' bester Verbündeter war der mesopotamische Winter, den kein Belagerer überstehen konnte; und da sich bereits der Oktober mit Kälte ankündigte, blieb dem Römer nur der schmähliche Rückzug.

Wirkte dies allein schon deprimierend genug, so brachte der Rückzug selbst die Katastrophe. Schneestürme, überflutete Pfade, Hunger und ständige parthische Angriffe machten den Legionären des Marcus Antonius schwer zu schaffen. Gerstenbrot wog man mit Silber auf, Hauptnahrungsmittel waren Kräuter und Wurzeln, darunter ein unbekanntes Gewächs, das erst zum Wahnsinn, dann zum Tode führte. Es löschte das Gedächtnis aus und provozierte seltsame Handlungen: Häufig sah man Hunderte von Legionären, die Steine aus dem Erdreich wühlten und sie umdrehten, so als verrichteten sie eine bedeutsame Tätigkeit. Nach kurzer Zeit erbrachen sie Galle und starben.

Hunger und Verzweiflung trieben jene, die dem Teufelskraut widerstanden, zu Irrsinnstaten, des nachts erschlugen Soldaten ihre Kameraden, raubten sie aus, rissen Proviant von den Lasttieren, nicht einmal Antonius' Marschgepäck blieb verschont. Im Lärm einer solchen unruhigen Nacht glaubte der Imperator an einen feindlichen Angriff. Er selber hatte wohl allen Mut verloren, zweifelte, das rettende Ufer des Araxes zu erreichen, der die Grenze zwischen Medien und Armenien bildete, und nahm seinem Leibwächter Ramnus das Versprechen ab, ihn mit dem Schwert zu durchbohren, sobald er den Befehl dazu gebe. Ramnus sollte ihm auch den Kopf abschlagen, damit sein Leichnam nicht erkannt würde.

Als sich die Ursachen der nächtlichen Unruhen aufklärten und der letzte Wille des Antonius bekannt wurde, schämten sich die Legionäre, viele weinten, aber sie faßten neuen Mut. Den erneuten parthischen Angriffen begegneten sie mit der sogenannten »Schildkrötentaktik« – mit ihren Schildern formten sie ein großes schützendes Dach, so daß ihnen der Pfeilhagel nichts anhaben konnte.

Trotz dauernder Angriffe erreichten sie den Fluß Araxes. Mit letzter Kraft überquerten sie nach 27tägigem Rückzug den Fluß: sie fielen sich weinend in die Arme und küßten den ausgemergelten Boden Armeniens, als seien es die blühenden Weiden Campaniens.

Bis zur römischen Provinz Phönikien war es noch weit. Das Bild der Geliebten vor Augen, trieb der Imperator seine Legionen in Eilmärschen nach Süden, Kälte und rauhe Gebirge mißachtend. 8000 Soldaten blieben noch einmal im Schnee zurück, entkräftigt, verhungert, zu Tode gestürzt. In Syrien entließ Antonius sein Heer ins Winterlager, sandte Boten nach Alexandria, die Königin solle nach Phönikien eilen, er selbst wartete in einem malerischen Flecken, Leuke Kome, weißes Dorf genannt, zwischen Berytos und Sidon, Beirut und Saida.

Kleopatra ließ auf sich warten, Unruhe befiel den Römer, Zweifel, er begann zu trinken. Keine zwei Tage dauerte die Seereise von Alexandria nach Phönikien, sogar während seiner Gelage sprang Antonius auf, torkelte ans Meer und hielt nach Kleopatra Ausschau. Da endlich tauchten am Horizont ägyptische Segel auf.

Die Ptolemäerin hatte wohl vom Zustand der Römer erfahren, denn, und das war der Grund für ihre Verspätung, sie brachte Schiffsladungen von Bekleidung für die Soldaten mit und Geld für das Nötigste. Schon damals argwöhnten allerdings die Chronisten, das Geld stamme nicht aus der Schatulle der ägyptischen Königin, sondern Antonius habe eigene Geldquellen angezapft und Kleopatra nur als Spenderin genannt, um sie vor den Soldaten in einem besseren Licht erscheinen zu lassen.

Dagegen bestand an der Herkunft des neugeborenen Knäbleins, das die Ptolemäerin mit sich führte, kaum ein Zweifel, Antonius war der Vater, Kleopatra hatte ihm den Namen Ptolemaios Philadelphos gegeben, genau wie der zweite Ptolemaios, der vor 250 Jahren das Nilreich in seiner größten Ausdehnung regiert hatte, der Name war ein Programm.

So verlebten Antonius und Kleopatra ein zweites Tarsos, fern von der aufreibenden Weltpolitik. Obwohl seine Schwester durch die wieder aufgenommene Beziehung zu der Ägypterin verletzt werden mußte, sah Octavianus das Treiben der beiden nicht ungern. Solange Antonius in Kleopatra verliebt war, würde er ihm, Octavianus, kaum gefährlich werden. Daß dem Erben Cäsars strategische Erfahrungen fehlten, wußte er, doch was nützten eigene Erfahrungen, wenn sie nicht zum Einsatz kamen. Die Liaison mit der Ägypterin verringerte also die Distanz zwischen dem unerfahrenen Octavianus und dem schlachtenerprobten Antonius.

Octavia wollte dem jedoch nicht tatenlos zusehen, mit Erlaubnis ihres Bruders machte sie sich auf den Weg nach Asien, sie reiste in Begleitung eines kleinen Flottenverbandes, der Zugtiere, Kleidung, Geld und Geschenke mit sich führte, vor allem aber 2000 Elitesoldaten, in prätorische Kohorten gegliedert. Octavia kam nur bis Athen. Dort erreichte sie die Botschaft ihres Mannes, sie solle wieder umkehren, er selbst sei gerade im Begriff, erneut nach Parthien zu ziehen. In Wirklichkeit hegte Antonius zwar derlei Pläne, aber im Augenblick lag er noch in den Armen der Ägypterin, und Octavia wußte das. Was sollte sie tun? In einem Schreiben, das Niger, ein Freund des Imperators, überbrachte, bat Octavia, doch wenigstens Ausrüstung und Soldaten anzunehmen. Dazu fand Antonius sich bereit.

Aus Angst, Marcus Antonius zu verlieren, zog Kleopatra nun alle Register weiblicher List, sie aß kaum noch und magerte ab. Wenn er kam, strahlte sie, wenn er sie verließ, versuchte sie, ihre Tränen zu verbergen, achtete dabei aber darauf, daß er es auch bemerkte. Sie bezahlte eigens Leute dafür, daß sie Antonius hart und gefühllos schalten, weil er die Königin in den Tod treibe. Im Gegensatz zu Octavia, die ihn nur aus Gründen der Staatsraison geheiratet habe, liebe Kleopatra ihn wirklich, gebe sich sogar mit dem Status der Geliebten zufrieden, während die andere sich voll Stolz Eheweib nenne, und wenn er sich mit dem Gedanken trage, die Geliebte erneut zu verlassen, so werde sie dies nicht überleben.

Die Taktik blieb nicht ohne Erfolg. Statt nach Parthien zog Marcus Antonius mit Kleopatra nach Alexandria.

Verliebtheit, meint Ortega y Gasset, sei eine psychische Angina, bei Marcus Antonius war es psychische Diphterie; denn nun zu Beginn des Jahres 34 v. Chr. nahm sein Verhalten völlig unkontrollierte Formen an.

Lebte Antonius nach römischem Recht ohnehin schon in Bigamie, so setzte er allem die Krone auf, als er den drei Kindern, die Kleopatra Cäsar und ihm geboren hatte, Länder vererbte, die ihm gar nicht gehörten, sogar das Reich der Parther, die seinem Joch weiter entfernt waren als er dem ihren. Theatralisch proklamierte er als Gott und Wohltäter Dionysos-Osiris seine Gemahlin Isis-Kleopatra zur Herrscherin des Ostens. Kleopatra trug zu der Zeremonie wie immer, wenn sie vor das Volk trat, die Tracht der Isis, auf dem Kopf die Krone mit Kuhgehörn und Sonnenscheibe, das Haar verbargen die abgehackten Flügel eines Geiers, ihren Körper umspielte ein langes fließendes Gewand.

Wie Antonius selbst gekleidet oder besser kostümiert war, wird nicht gesagt, aber die Zeremonie beschreibt Plutarch ziemlich genau: »Er ließ das Volk sich im Gymnasium versammeln, auf silberner Bühne zwei goldene Thronsessel aufstellen, den einen für sich, den anderen für Kleopatra, dazu niedrige für die beiden Söhne, und erklärte Kleopatra zur Königin von Ägypten, Zypern, Libyen und Koile-Syrien, wobei Kaisarion, der als Sohn des älteren Cäsar galt, Mitregent sein sollte. Seine eigenen Söhne Kleopatras ernannte er zu ›Königen der Könige‹ und wies dem Alexander Armenien, Medien und das Parther-Reich zu (sobald er es erobert haben würde), dem Ptolemaios Phönikien, Syrien und Kilikien. Dabei ließ er Alexander in medischer Tracht mit Tiara und aufrechtem Turban, den Ptolemaios in Stiefeln und makedonischem Mantel und diademgeschmückter Haube auftreten; dies war nämlich die Tracht der Nachfolgerkönige Alexanders, jenes die der medischen und armenischen Könige.«

Mit diesem für die Römer unverständlichen Vorgehen hatte sich Marcus Antonius in der Heimat die letzten Sympathien verscherzt. Octavianus forderte seine Schwester auf, das Haus des Ehemannes und Schwagers zu verlassen, um damit die Scheidung, die sie selbst nicht veranlassen konnte, zu provozieren. Aber Octavia lehnte ab, sie müsse sich nicht nur um die eigenen Kinder, sondern auch um die der Fulvia kümmern. Außerdem empfing sie Boten und Beamte, die Antonius aus Alexandria schickte, und half ihnen bei Ämtern und Behörden. Die Römer empörte es um so mehr, wie Antonius die Liebe seiner Frau mit Füßen trat.

Unter den Abgesandten, die regelmäßig aus Ägypten eintrafen, befanden sich auch zwei Freunde des Antonius, Marcus Titius und sein Oheim Lucius Munatius Plancus, Konsul des Jahres 42. Sie überbrachten das Testament des Imperators, um es bei den Vestalinnen zu deponieren. Entweder war ihre Freundschaft zu Antonius so groß, daß sie bei der Abfassung des Testamentes zugegen waren und seinen Inhalt kannten oder aber – und das ist wohl wahrscheinlicher – sie erbrachen die Rolle mit dem letzten Willen des Römers während der Überfahrt, jedenfalls lieferten sie das Testament auftragsgemäß ab, meldeten sich aber gleich darauf bei Octavianus, um ihn über den Inhalt in Kenntnis zu setzen.

Hinter dem Verrat stand ein ausgeprägter Haß gegen Kleopatra, die, wie sie meinten, sogar in strategischen Fragen des Partherfeldzuges mitredete und die Erfahrung altgedienter Soldaten mißachtete. Selbst Octavianus war erschüttert, als er vom letzten Willen seines Bündnispartners erfuhr, wollte ihn zunächst nicht glauben, vergewisserte sich dann aber gegen alle Gesetze bei den Vestalinnen und berief anschließend den Senat ein. Senat und Volk sollten die wahre Gesinnung des Marcus Antonius erfahren.

Der Imperator wollte in Alexandria bestattet sein. Wenn er in Rom stürbe, sollte sein Leichnam in feierlichem Zuge über das Forum getragen und nach Alexandria überführt werden. Als seine Erben setzte er Kleopatra und deren Kinder ein. So eindeutig und verräterisch dieses Testament auch erscheinen mochte, den Senatoren war Octavianus' Vorlesung peinlich, denn es erschien allem Brauch zuwider und unerhört, daß jemand zu Lebzeiten Rechenschaft ablegen sollte für etwas, was er nach seinem Tod getan wissen wollte.

Da viele Senatoren noch immer Antonius nicht verdammen und sich nicht auf Octavianus' Seite schlagen wollten, ließ der Cäsar-Erbe seinen Freund Gaius Calvisius Sabinus im Senat auftreten, einen ehemaligen Konsul und dereinst befreundet mit dem Julier. Calvisius versuchte den Senatoren klarzumachen, daß das Verhältnis des Marcus Antonius mit der Ptolemäerin sowohl für die Sitte und Moral des römischen Staates schädlich sei als auch dessen materielle Interessen berühre. Schließlich habe Antonius seiner Geliebten die Bibliothek von Pergamon geschenkt, insgesamt 200000 Buchrollen. Nicht zu vereinbaren mit der Würde eines römischen Imperators sei auch sein Verhalten, so habe er aufgrund einer Wette der Ptolemäerin bei einem Gastmahl die Füße massiert, er habe, wenn er über Tetrarchen und Könige zu Gericht saß, auf Onyx oder Kristall gekritzelte Liebesbriefchen empfangen und gelesen und sich während einer Rede, als man Kleopatra vorübertrug, plötzlich an deren Sänfte gehängt und sie begleitet.

Sueton berichtet, die beiden Triumviri hätten sich damals gegenseitig ihre Weibergeschichten vorgehalten. Denn auch Octavianus lebte nicht eben monogam, wenn auch – so der Chronist – bei ihm weniger Wollust als Politik im Spiel gewesen sei. So kritisierte Antonius schriftlich die eilfertige Verheiratung mit Livia, peinlich nannte er die Episode mit der Ehefrau eines Mannes von konsularischem Rang, die er in Gegenwart des Gatten aus dem Speisesaal ins Schlafgemach geführt und mit geröteten Ohrläppchen und zerzauster Frisur zurückgebracht habe. Scribonia, seine Frau, habe er nach nur einjähriger Ehe und Geburt einer Tochter verstoßen, weil sie den Einfluß seiner Mätresse, die später seine Frau wurde, beklagte. Auch zeuge es nicht gerade von Sitte und Moral, wenn er seine Freunde als Kuppler benutze. Diese suchten verheiratete Frauen nach dem Geschmack des Octavianus, zogen ihnen die Kleider aus, begutachteten dann ihre weiblichen Formen daraufhin, ob sie dem Neffen Cäsars genehm seien.

Ein Brief, den Sueton wiedergibt, dürfte wohl die letzte Reaktion auf die Kampagne des Octavianus gegen Antonius gewesen sein. Marcus Antonius antwortete: »Was hat dich gegen mich verändert? Etwa, daß ich mit der Königin schlafe? Sie ist doch meine Frau. Habe ich denn erst jetzt mit ihr was angefangen oder tue ich das nicht schon neun Jahre? Und du selbst, schläfst du wirklich nur mit Drusilla? Ich wette auf dein Leben, daß du beim Empfang dieses Briefes bereits die Tertulla, die Terentilla, die Rufilla, die Salvia Titisenia oder alle zusammen gehabt hast. Liegt denn überhaupt etwas daran, wo und bei wem man seine Lust befriedigt?«

Uxor mea est – sie ist doch meine Frau. Dies ist vielleicht der wichtigste Satz in diesem Brief; denn die Abenteuer des Octavianus waren ohnehin stadtbekannt. *Uxor mea est* – das könnte freilich auch heißen: »Ist sie etwa meine Frau?« Die Römer kannten kein Fragezeichen. Vom Aufbau des Briefes her mit lauter Fragen wäre das sogar wahrscheinlich. Aber gibt das einen Sinn? »Sie ist doch meine Frau« ist dagegen eine Rechtfertigung seines Verhaltens, freilich von geringer Überzeugungskraft, denn Antonius war noch immer mit Octavia verheiratet, die von ihm keinen Scheidebrief erhalten hatte. Nach römischem Recht konnte Marcus Antonius auch keine Ausländerin – und das war Kleopatra – heiraten, Plutarch schreibt, Antonius hätte zwei Ehefrauen zur gleichen Zeit gehabt, das habe sich noch kein Römer erlaubt. Erst im Jahr 32 v. Chr. vollzog Marcus Antonius die Scheidung, wohl auf Kleopatras Drängen.

Die Auseinandersetzung der beiden Triumviri steuerte unzweifelhaft auf einen Konflikt zu; doch vorerst hatte noch jeder in seinen eigenen Machtbereichen Probleme. Octavianus war mit Sextus Pompejus konfrontiert, dem Sohn des großen Pompejus, der seinem Vater täuschend ähnlich sah und auch dessen strategische Begabung besaß. Der Name dieses hitzköpfigen jungen Mannes stand im Jahre 43 auf den Proscriptionslisten der Triumviri, er konnte aber mit Hilfe einer Flotte nach Sizilien entkommen, die er dann auch behielt. Seither kontrollierte Sextus Pompejus von Sizilien aus alle Getreidelieferungen aus Afrika, schaltete und waltete nach Belieben und provozierte mit einer Blockade in Rom eine Hungersnot. Octavianus, im Seekrieg noch unerfahrener als in der Landschlacht, schickte Quintus Salvidienus Rufus gegen ihn, der jedoch in der Straße von Messina eine Niederlage erlitt. Der Cäsar-Erbe mußte zähneknirschend einem in Misenium geschlossenen Vertrag zustimmen, der Pompejus gegen Aufgabe seiner Blockade die Statthalterschaft von Korsika, Sardinien und Sizilien zusicherte. Zur Bekräftigung wurde Pompejus' unmündige Tochter mit einem Neffen des Octavianus verlobt.

Trotz der Verlobung hielt der Pakt nicht lange, schon im Jahr darauf blockierte Sextus Pompejus die Schiffahrtswege erneut, und Octavianus mußte handeln. Er ließ neue Schiffe bauen, bemannte sie mit 20000 freigelassenen Rudersklaven und machte seinen alten Freund Marcus Vipsanius Agrippa zum Flottenkommandanten. Seit ihren gemeinsamen Tagen in der Rhetorenschule in Rom hatte der aus Dalmatien stammende Agrippa seinen Freund Octavianus nach Kräften unterstützt, als *praetor urbanus* bewahrte er das Land vor Angriffen des Sextus Pompejus, nun baute er den Hafen von Baiae aus, um während des Winters die neue Flotte zu trainieren.

Mit Erfolg, wie sich zeigte, denn im Jahre 36 schlug Agrippa den Sextus Pompejus bei Mylae und drängte ihn mit seinen Anhängern in den Nordosten Siziliens zurück. Jetzt suchte Pompejus die Entscheidung. Im August 36 beschlossen Pompejus und Agrippa eine Schlacht. Schauplatz war die Bucht von Naulochos. Das Seegefecht endete mit einer totalen Niederlage des Pompejus. Er floh mit 17 Schiffen nach Lesbos – und begann sogleich mit neuer Aufrüstung.

Gaius Julius Cäsar Octavianus heftete den Sieg stolz an seine Feldzeichen. Als unbegabter Stratege brauchte er, um gegenüber Antonius zu bestehen, militärische Erfolge. Doch die Schlacht war kaum geschlagen, als sein Verhalten während des Kampfes bekannt wurde. Wie ein Hasenfuß habe sich der Cäsar-Erbe benommen, aus Angst vor dem Feind habe er sich flach auf die Schiffsplanken gelegt, starr zum Himmel geblickt und sei nicht eher aufgestanden, bis die Schiffe des Pompejus in die Flucht geschlagen waren. Am lautesten lachte Marcus Antonius über die kriegerischen Taten seines Rivalen.

Im Kampf gegen Sextus Pompejus war Octavianus auch von dem Triumvir Marcus Aemilius Lepidus unterstützt worden. Der afrikanische Statthalter hatte nicht weniger als 20 Legionen in die Schlacht geworfen und versuchte nun, wie Sueton erzählt, »mit heftigen Drohungen die erste Rolle zu spielen«. Dies erschien Octavianus um so gefährlicher, als der alte Fuchs eher zu Antonius, dem Dritten im Bunde, tendierte: Antonius hatte dessen Wahl zum Pontifex maximus gefördert und zum Zeichen der Freundschaft eine seiner Töchter mit Lepidus' Sohn verlobt. Da hieß es eilig handeln.

Weil er es nicht unbedingt auf eine militärische Auseinandersetzung mit Lepidus ankommen lassen wollte, versuchte Octavianus, seine Schlagkraft zu schwächen, indem er führende Militärs, aber auch einfache Soldaten mit hohen Geldsummen so lange bestach, bis er sicher sein konnte, daß Lepidus ihm unterlegen war; dann setzte er ihn als Triumvir ab, stellte ihn politisch kalt und verbannte ihn nach Circei, einem malerischen Inselstädtchen vor der latinischen Küste.

Im Aufwind militärischer und politischer Erfolge wandte Octavianus sich nun Illyrien zu, dem alten Zankapfel auf dem Balkan. Seit Sulla hatte Illyricum bald zur Provinz Gallia Cisalpina gehört, bald zu Makedonien, erst unter Julius Cäsar war das Land selbständige Provinz geworden, seither folgte ein Aufstand auf den anderen. Octavianus' Streitkräfte waren so überlegen, daß die Illyrer keine Chance hatten, und so erntete der Cäsar-Erbe neuerlichen Erfolg, sah sich gestärkt und fähig, Antonius die Stirne zu bieten.

Noch beschränkte sich die Gegnerschaft auf den Austausch von Noten: Marcus Antonius warf Octavianus vor, er habe dem Pompejus Sizilien abgenommen, aber ihm, Antonius, keinen Teil davon abgetreten. Außerdem habe er sich von ihm, Antonius, Schiffe entliehen, sie aber nicht zurückgegeben und den Bündnispartner Lepidus entgegen allen Verträgen abgesetzt, seine Truppen, die Provinz und die daraus resultierenden Einkünfte an sich gerissen. Und er habe ganz Italien als Kriegssold für *seine* Soldaten aufgeteilt; seinen eigenen Leuten, denen des Marcus Antonius, sei nichts verblieben.

Die Antwort des Octavianus ließ nicht auf sich warten: Er habe Lepidus abgesetzt, weil dieser sich schwerer Verfehlungen schuldig gemacht habe. Gerne wolle er seine im Krieg gewonnenen Ländereien mit Antonius teilen, wenn dieser das eroberte Armenien mit ihm teile. Auf Italien freilich hätten Antonius' Soldaten überhaupt keinen Anspruch, denn sie teilten doch Medien und Parthien unter sich auf.

Aus Plutarchs Wiedergabe dieser Anschuldigungen geht nicht hervor, zu welchem Zeitpunkt sie vorgetragen wurden; aber zumindest Octavianus' Antwort ist ein bitterböses, ironisches Traktat, in dem er sich über die militärischen Mißerfolge des Bündnispartners im Osten lustig macht. Antonius war bereits in Medien gescheitert, die Eroberung des Partherreiches blieb ein Traum, wie sollte er beide Reiche unter seinen Soldaten aufteilen?

Der Stachel dieser Niederlage saß tief in seinem Fleisch, zu tief für einen Mann wie Marcus Antonius. Längst schmiedete er Pläne für einen neuen Feldzug in die asiatischen Steppen, und die Meinungen sind geteilt, was ihn noch ein ganzes Jahr von seinem Vorhaben abhielt – Kleopatras Bett oder Pompejus' Komplott.

Sextus Pompejus hatte, aus Sizilien vertrieben, an der kleinasiatischen Küste neue Kräfte gesammelt und ein Drei-Legionen-Heer und eine Flotte aufgestellt. Er sah wohl Antonius' Stern im Sinken und war mit den Parthern in Verbindung getreten, dem Römer blieb das nicht verborgen. Besonders perfide erschien Antonius, daß Pompejus gleichzeitig mit ihm über Mittelsmänner wegen eines Bündnisses verhandelte. Antonius hatte jedenfalls Grund, diesem Mann zu mißtrauen. Als Pompejus sich mit seinem Heer in Richtung Armenien aufmachte, sandte ihm Antonius den Marcus Titius hinterher, nahm ihn gefangen und ließ ihn in Milet hinrichten. Zumindest im westlichen Teil seines Machtbereiches sah er nun keinen Hinderungsgrund mehr für den Asienfeldzug.

Zwischen Medern und Parthern gab es Streit, weil ihre Könige Artavasdes und Phraates sich über die von den Römern zurückgelassene Beute nicht einigen konnten. Es handelte sich immerhin um Hunderte von Wagen und Belagerungsmaschinen, Zelte, Decken und Waffen von hoher Qualität und Kunstfertigkeit. Die Könige gerieten sich so sehr in die Haare, daß der Mederkönig Artavasdes den Ex-Feind Marcus Antonius zu Hilfe rief und anbot, die Römer im Kampf gegen die verhaßten Parther zu unterstützen. Die Front der Asiaten begann zu bröckeln, Antonius' Chancen standen besser als je zuvor.

In seiner Euphorie versuchte er nun auch noch den Armenierkönig Artavasdes – er hieß so wie sein medischer Namensvetter – auf seine Seite zu ziehen, diente ihm seinen fünfjährigen Sohn Alexander Helios als Schwiegersohn an und lud den Alten nach Alexandria ein, um den Pakt zu besiegeln. Vergebliches Warten. Artavasdes von Armenien antwortete nicht, für Antonius ein Zeichen, daß er sich auf die Seite von Octavianus geschlagen hatte. Ob es tatsächlich Kontakte gab zwischen dem Armenier und dem Römer ist nicht bewiesen; Antonius ließ sich deshalb jedoch nicht von seinen Invasionsplänen abbringen, er brauchte jetzt, da Octavianus strategische Erfolge verbuchte, dringend einen Sieg.

Kleopatra befürwortete die Eroberungspläne des Marcus Antonius nicht nur, sie bot selbst ihre aktive Teilnahme an. Ein Blick auf die Karte verrät, warum. Alexandria, ohnehin dezentral im Süden gelegen, rückte bei Ausdehnung des Ostreiches auf Medien und Parthien zwar nicht ins Zentrum, aber doch mehr in die Mitte, gewährte Landverbindung nach allen Provinzen und war, schon aufgrund alexandrinischer Tradition, als Hauptstadt eines Ostreiches prädestiniert. Zusammen mit Marcus Antonius zog Kleopatra deshalb im Frühling des Jahres 34 bis nach Syrien.

Aus unerfindlichen Gründen wird dieser zweite Asienfeldzug des Römers von allen Chronisten entweder überhaupt nicht oder nur kurz erwähnt, dabei war er im Gegensatz zum ersten Unternehmen erfolgreich. Vielleicht liegt aber gerade darin der Grund für das Schweigen der Historiker, möglicherweise wollte Octavianus in späterer Zeit nur die Niederlagen seines Gegners festgehalten wissen. Von dem jüdischen Historiker Flavius Josephus, der 100 n. Chr. in Rom starb, erfahren wir aus seinem großen Geschichtswerk *Der Jüdi-*

sche Krieg eher zufällig, daß Kleopatra den Römer bis zum Euphrat begleitete. Dort am Oberlauf des Flusses, der die Grenze zu Armenien bildet, trennten sich ihre Wege. Antonius durchquerte Armenien bis zum Araxes-Fluß und belagerte die Hauptstadt Artaxata.

Der Aufforderung sich zu ergeben und die Schätze des Reiches auszuliefern, kam der Armenier nicht nach, deshalb nahm Antonius ihn mit seiner ganzen Familie gefangen. Die wertvolle Beute ließ er nach Alexandria schaffen. Die Truppen des Armenierkönigs riefen einen neuen König aus, Artaxes, Sohn des Artavasdes, der aber dem Druck der römischen Legionen weichen mußte und zu den Parthern floh. Wider Erwarten griff Antonius die Parther nicht an, sondern blies, eingedenk der Niederlage, die er im Winter vor zwei Jahren erlitten hatte, zum Rückzug nach Ägypten. Er ließ jedoch Publius Canidius Crassus mit einem starken Truppenkontingent zurück, einen seiner eifrigsten Anhänger, der schon im Bellum Perusinum 41/40 für ihn gekämpft hatte, als seine Gattin Fulvia gegen Octavianus zog.

Wo hielt sich Kleopatra in dieser Zeit auf? Flavius Josephus berichtet, die Ptolemäerin sei über Apameia – gemeint ist wohl jene Stadt am oberen Euphrat – und Damaskus nach Judäa gereist. »Hier«, schreibt der jüdische Historiker wörtlich, »war es Herodes, der sie in ihrer schlechten Laune durch beachtliche Geschenke aufheiterte; auch pachtete er von seinem Königreich abgetrennte Ländereien um 200 Talente pro Jahr und geleitete die Königin dann nach Pelusium unter Wahrung aller Formen von Ehrerbietung.«

Weder zur angeblich schlechten Laune von Ägyptens Königin noch zur Ehrerbietung durch Herodes äußert sich der bedeutendste Historiker seiner Zeit näher. Das hat natürlich seinen Grund. Juden und Ägypter waren Nachbarn, aber ihre Könige waren verfeindet, seit die Ptolemäer 312 v. Chr. Judäa ihrem Reich einverleibt hatten. Zwar ging es den Juden unter römischer Herrschaft auch nicht besser, sie zahlten Tempelsteuer an den römischen Fiskus, sogar eine Kopfsteuer mußte geleistet werden, aber mit diesen Tributen erkauften sie sich zumindest einen gewissen innerpolitischen Spielraum.

Kleopatra hatte seit den frühesten Tagen ihrer Herrschaft ein Auge auf Judäa geworfen. Seit dem Pakt von Antiocheia, der ihr alle umliegenden Länder zugesprochen hatte, lag Judäa wie ein Fremdkörper in ihrem Herrschaftsbereich. Und nun diese höchst seltsame Begegnung, spannungsgeladen, unerwartet, man darf annehmen, daß Herodes seine Truppen in Alarmbereitschaft versetzt hatte.

Dieser Herodes, der biblische König, dem später der bethlehemitische Kindermord in die Schuhe geschoben wurde, war aufgrund väterlicher Abstammung römischer Bürger, auf Anregung des Marcus Antonius war er vom römischen Senat offiziell als König über die Juden eingesetzt worden. Die Zuneigung des Römers mußte Herodes teuer erkaufen, selbst in Geldschwierigkeiten, war er gezwungen, seinen Schmuck und die Schätze seiner Palastfestung einschmelzen und zu Münzen umprägen zu lassen, um seinen Beitrag zur Finanzierung der asiatischen Abenteuer des Marcus Antonius zu leisten.

»Damit allein«, kommentiert Flavius Josephus, »konnte er sich jedoch nicht von allen Unannehmlichkeiten loskaufen; denn Antonius, bereits verdorben durch seine Liebe zu Kleopatra, stand nunmehr ganz und gar unter der Herrschaft seiner Begierden. Kleopatra war mit ihrem eigenen Hause so verfahren, daß von ihren Blutsverwandten niemand mehr übrig war, und jetzt war sie so weit, daß sie ihre Mordgier nach außen richtete. Sie tat es, indem sie die bedeutendsten Persönlichkeiten Syriens bei Antonius verleumdete und ihn dahin brachte, sie zu liquidieren, um dann ungehindert deren Güter kassieren zu können. Auch vor den Juden und Arabern machte sie mit ihrer Gier nicht halt, und im geheimen scheute sie keine Anstrengungen, um die Könige der beiden Völker, Herodes und Malchos, zu Tode zu bringen.«

Der jüdische Chronist ließ kein gutes Haar an der Ägypterin, obwohl Herodes die Ptolemäerin an brutaler Rücksichtslosigkeit bei weitem übertraf. Hintergrund seines Zornes sind die Gebietsabtretungen, die Antonius zugunsten Ägyptens verfügt hatte: Der Palmenwald von Jericho, Lieferant des begehrten Balsams, und sämtliche Städte diesseits des Eleutherusflusses.

Auch Josephus bringt keine Klarheit in die wahren Motive dieser denkwürdigen Begegnung. An anderer Stelle deutet der jüdische Historiker an, Kleopatra habe versucht, Herodes zu verführen, sei bei dem Juden jedoch auf Ablehnung gestoßen, andererseits habe Herodes sich mit dem Gedanken getragen, die Ptolemäerin ermorden zu lassen, seine engsten Freunde hätten ihn jedoch von dem Unternehmen abgehalten. Auch dies eine Mischung aus Spekulation und Propaganda, unbewiesen, unlogisch.

Ein Verhältnis mit dem Judenkönig wäre kaum zu verheimlichen gewesen und hätte, das wußte die Ptolemäerin, das Ende ihrer Beziehung zu Antonius bedeutet. Kleopatra liebte diesen Antonius, sie brauchte ihn, wenn sie ihre ehrgeizigen Pläne von einem neuen größeren Ptolemäerreich verwirklichen wollte; Herodes war da nur ein kleiner, unbedeutender Störenfried. Der jüdische König konnte andererseits seine Position nur mit Unterstützung des Marcus Antonius behaupten, die er niemals aufs Spiel setzen durfte. So bleibt diese Episode letztlich ungeklärt und ergebnislos.

Herbst 34 v. Chr. Kleopatra und Marcus Antonius kehrten kurz nacheinander nach Alexandria zurück; diesmal kam der Römer als Sieger, und die Ägypter und alle Welt sollten es wissen. Wie in Rom wälzte sich ein endloser Triumphzug durch Alexandria, Pauken schlagend, schritten die siegreichen Söldner einher, martialisch im Aussehen, mit Schildern und Panzern, bis unter die Zähne bewaffnet, ein eindrucksvolles Bild römischer Macht. In ihrer Mitte an goldene Fesseln gekettet Artavasdes, der Armenierkönig, seine Frau, die beiden jüngeren Söhne, beschimpft und verspottet von den Ägyptern, die den Weg säumten. Und dann der siegreiche Imperator, aber nicht als Soldat gekleidet, als Feldherr, sondern als *pater liber* im gelben Gewand, als leibhaftiger Dionysos mit dem Efeukranz auf dem wallenden Haar, bisweilen huldvoll grüßend.

Wie ein letztes Aufbäumen ptolemäischer Macht mußte dieser Triumph erscheinen, Erinnerungen an die Siege des großen Alexander; dennoch – bei den Ägyptern konnte keine rechte Freude aufkommen, der Triumphator war ein Fremder, ein Römer, Besatzer, auch wenn er seine Uniform mit dem Habitus des größten Gottes der hellenistischen Welt vertauscht hatte. Statt wie in Rom zum Tempel des Jupiter auf dem Kapitol führte der Triumphzug zu einer der großen Hallen der Stadt, vielleicht auch zum Königspalast am Ufer des Meeres, wo Antonius von Kleopatra empfangen wurde, wie immer als Isis gekleidet, Dionysos-Osiris und Kleopatra-Isis, leibhaftige Verkörperungen hellenistischer Götter.

Mit diesem Triumph verscherzte der Imperator sich die letzten Sympathien in Rom, der bis dahin gespaltene Senat verurteilte einhellig sein Verhalten, nur in Rom durfte ein erfolgreicher Feldherr triumphieren; das Volk sah sich um seinen Anteil betrogen, denn es war üblich, Teile der Beute unter die Römer aufzuteilen.

Die Lage in Rom wäre freilich viel zu explosiv gewesen, als daß Antonius sich triumphierend nach Rom hätte wagen dürfen, Kleopatra hätten die Römer vermutlich gesteinigt. In dieser Situation schien eine militärische Auseinandersetzung unvermeidlich, sollte das Römische Reich nicht in zwei feindliche Teile zerbrechen. Von der strategischen Überlegenheit Marc Antons überzeugt, ermunterte die Ptolemäerin den Römer zum offenen Kampf gegen Octavianus. Die schwelende Auseinandersetzung bedurfte nur eines kurzen, heftigen Windstoßes, um die Glut in ein loderndes Feuer zu verwandeln: Bürgerkrieg.

Beide Parteien führten regelrechte Propaganda-Feldzüge

in Rom, Antonius hatte es dabei schwerer, seinen Agenten Glauben zu verschaffen, zumal ihm selbst die Möglichkeit genommen war, sich aus 2000 Kilometer Entfernung zu rechtfertigen. Octavianus hingegen ließ keine Gelegenheit ungenutzt, Antonius vor dem Senat zu diffamieren, las seine Briefe vor und gab die neuesten Erkenntnisse geheimdienstlicher Ermittlungen kund.

Marcus Valerius Messala Corvinus, ein in Athen geschulter Redner und siegreicher Mitstreiter des Brutus bei Philippi, inszenierte aufwendige Flugblattaktionen gegen Antonius, die seinen Ruf schädigen und die öffentliche Meinung gegen ihn aufbringen sollten. Von orientalischer Verschwendung, Prunk-, Trunk- und Drogensucht war da die Rede, und goldenen Nachttöpfen, in die der Imperator seine Notdurft verrichtete, während Octavianus als Ausbund von Zucht, Sitte, Moral und Sparsamkeit dargestellt wurde. Dieser Marcus Antonius, der verhext von der Ägypterin, sich selbst für eine Inkarnation des Dionysos hielt, habe Stand und Würde des Senats mißachtet und römisches Gebiet an die ptolemäische Brut verschleudert.

Vorsichtshalber dirigierte Marcus Antonius seinen Feldherrn Publius Canidius Crassus, den er mit 16 Legionen in Armenien zurückgelassen hatte, nach Kleinasien. Er selbst reiste zusammen mit Kleopatra nach Ephesos. Antonius hatte die karische Küstenstadt zum Sammelpunkt seiner Streitkräfte ausersehen. Vermutlich war vereinbart, Kleopatra solle sich, sobald die Lage ernst würde, nach Ägypten zurückziehen und den Ausgang des Krieges abwarten. »Aber«, so schreibt Plutarch, »in Sorge um eine Versöhnung mit seiner Frau Octavia bestach sie Canidius mit einer Riesensumme, damit er dem Antonius folgendes klarmache: Es sei weder gerecht, eine Frau, die einen so bedeutsamen Beitrag zum Krieg liefere, vom Kampf auszuschließen, noch sei es geschickt, den Ägyptern den Mut zu nehmen, wo sie doch einen großen Teil der Seestreitkräfte bildeten. Er könne auch nicht erkennen, welchem der am Feldzug beteiligten

Könige Kleopatra an Einsicht und Klugheit nachstehe, sie, die schon seit langer Zeit ein großes Reich regiere, lange mit ihm zusammenlebe und gelernt habe, große Probleme zu bewältigen.«

Kleopatra stellte 200 der auf 500 Schiffe veranschlagten antonionischen Seemacht, dazu 20000 Talente und die gesamte Verpflegung für alle Streitkräfte. Folgende Könige hatten ihre Unterstützung zugesagt: Bokchos von Afrika, Tarkondemos von Oberkilikien, Archelaos von Kappadokien, Philadelphos von Paphlagonien, Mithridates von Kommagene, Sadalas von Thrakien; Truppen entsandten Polemon aus Pontos, Malchos aus Arabien, Amyntas aus Lykaonien, Deiotaros aus Galatien und Herodes aus Judäa. Wie Flavius Josephus berichtet, wollte Herodes selbst nach Kleinasien marschieren, um zusammen mit dem Römer in vorderster Reihe zu kämpfen, doch Kleopatra wirkte auf Antonius ein, um dies zu verhindern. Für sie gab es keine Zweifel am siegreichen Ausgang des Unternehmens, ein persönlich daran beteiligter Herodes hätte nicht in ihr Konzept gepaßt, so blieb es bei einem angemessenen Truppenkontingent aus Judäa.

Die ägyptische Königin ging noch weiter, sie nahm auch Einfluß auf die strategische Planung und trotzte dem Römer das Versprechen ab, die Entscheidung nicht zu Lande zu suchen, sondern zur See, weil dort ihr Rüstungsanteil am größten war. Der sonst so kühle Taktiker gehorchte, obwohl er wußte, daß die Schlagkraft seiner Landmacht weit größer war, daß die Schiffe unzureichend bemannt waren und griechische Eseltreiber, Wanderer, Schnitter und »unreife Jünglinge« angeheuert werden mußten. Plutarch: »Er war nur noch ein Anhängsel dieser Frau.«

Es ist in der Tat ganz erstaunlich, wie locker Marcus Antonius den bevorstehenden Bürgerkrieg nahm. Wußte er, daß Octavianus nur 250 Kriegsschiffe zur Verfügung hatte? Dann hätte er aber auch wissen müssen, daß diese Flotte vollbemannt, hervorragend exerziert und ungewöhnlich wendig war im Vergleich zu seinen eigenen hochrangigen, mit acht bis zehn übereinanderliegenden Reihen Ruderern schwerfälligen Ungetümen. Dann hätte Antonius wissen müssen, daß seinem 100000-Mann-Heer, 19 Legionen, 10000 römische Legionäre Octavianus' gegenüberstanden, daß ihre Reiterei mit je 12000 Mann und Rössern von der Zahl her gleich war. Zahlenmäßig konnte Antonius seiner Übermacht sicher sein, zumal ihm noch zusätzlich 300 Transportschiffe zur Verfügung standen, die den Nachschub aus den Provinzen, vor allem aus Ägypten, herbeischaffen sollten. Der altgediente Imperator nahm den jungen Cäsar-Erben nicht für voll, sah sich in seinen Träumen schon als Sieger, Alleinherrscher des Imperium Romanum, die Ägypterin an seiner Seite.

Kleopatra verlieh ihm Kraft und Selbstvertrauen, aber auch Selbstüberschätzung, er vergaß den Krieg, reiste mit der Ptolemäerin auf die nahe der Küste gelegene Insel Samos, jenes hoch aus dem Meer ragende fruchtbare Eiland, einst unter ägyptischer Hoheit, bevor es der römischen Provinz Asien zugeschlagen wurde. Könige, Fürsten und Tetrarchen zwischen Makedonien und Arabien, zwischen Medien und Ägypten, sandten nicht nur Truppen, Waffen und Proviant, Antonius hatte auch befohlen, die besten Bühnenkünstler nach Samos zu schicken.

Plutarch konnte sich des beißenden Kommentars nicht enthalten: »Während rings der ganze Erdkreis von Seufzen und Klagen erfüllt war, erschallte diese einzige Insel viele Tage lang von Flöten- und Saitenspiel, füllten sich die Theater und wetteiferten die Chöre miteinander. Jede Stadt sandte einen Ochsen und beteiligte sich am Opferfest, und Könige suchten einander mit glänzenden Bewirtungen und Spenden zu überbieten, weshalb die Leute spotteten: Was werden jene, die jetzt den Kriegsausbruch so überschwenglich begehen, erst bei den Siegesfeiern anstellen?«

Verrauschte Feste, großzügiger Dank: Die Künstler wurden zinsfrei in Priene, an der Bucht von Milet, angesiedelt, bereit für die größte Schau der Welt nach errungenem Sieg. Antonius und Kleopatra begaben sich nach Athen, für den Römer eine zweite Heimat; hier wurde Antonius geliebt und geachtet, nur die neue Frau an seiner Seite, die mochten die Griechen nicht. Kleopatra war keine Octavia. Warum?

Die Römerin hatte der Stadt großzügige Stiftungen zukommen lassen, für Kleopatras Lebenswandel zeigten die Athener kein Verständnis. Aber: Für Geld kann man den Teufel tanzen lassen – Kleopatra machte ihrerseits nun großzügige Stiftungen. Erst waren die Griechen verblüfft, dann genötigt, der ägyptischen Königin die gleichen Ehrungen zuteil werden zu lassen wie Octavia. Eine athenische Delegation suchte die Ptolemäerin auf, geleitet von Marcus Antonius, seines Zeichens auch Bürger von Athen, überbrachte Urkunden und Ehrungen, der Römer trat vor und hielt die Laudatio im Namen der Stadt. Benahm er sich nicht wie ein verliebter Pennäler, 50 Jahre, witzig, übermütig? Selbst nebensächliche Dinge schienen ihm wichtiger als der Krieg. Kleopatra hatte leichtes Spiel.

Nun forderte sie von Antonius, die letzte Bindung an Rom zu lösen und sich von Octavia nach römischem Recht zu trennen. Der Imperator gehorchte auch diesmal, Octavia erhielt den Scheidebrief, die Überbringer dieses Dokumentes kamen mit dem Auftrag, die verstoßene Ehefrau aus dem Haus zu weisen. Sogar jetzt bewies Octavia ihre sprichwörtliche Güte, sie verließ das Haus, rührend besorgt nicht nur um die eigenen Kinder, sondern auch um die aus der Ehe von Marcus Antonius mit Fulvia, und nicht wegen ihres Schicksals hörte man sie klagen und weinen, Octavia glaubte, daß sie, wenn nicht schuldig, so doch eine der Ursachen des neuerlichen Bürgerkrieges wäre.

Gaius Julius Cäsar Octavianus sah in der Verstoßung seiner Schwester Octavia eine persönliche Brüskierung. Dieses Verhalten, das verräterische Testament und den liederlichen Lebenswandel des Imperators nahm Octavianus zum Anlaß, dem Senat folgenden Beschluß abzuringen: Senat und Volk von Rom entheben Marcus Antonius aller Ämter, da er diese an seine Frau Kleopatra abgetreten habe. Gleichzeitig erklären Senat und Volk von Rom Antonius zum Staatsfeind und Kleopatra, der Königin von Ägypten, den Krieg.

3.

Agrippa zerschlägt die strategische Planung des Antonius Die Ptolemäerin als Störfaktor – Warum Kleopatra die Seeschlacht erzwang – Überläufer und Malaria dezimieren die Truppe – Die Schlacht von Actium – Kleopatra auf der Flucht – Vergils Schlachtenbeschreibung – Wie Kleopatra und Antonius auf die Niederlage reagierten

Antonius machte keine Anstalten, einen Grund für den jetzt endgültig ausgebrochenen Krieg vorzuschieben, Octavianus dagegen suchte krampfhaft, dem Gegner die Schuld zuzuweisen. Ende September 32 bot sich folgende Lage: Antonius und Kleopatra verlegten ihr Hauptquartier nach Patrae (Patras) am Kalydonischen Golf, strategisch glänzend gewählt, weil geschützt durch die im Jonischen Meer vorgelagerten Inseln Leukas und Kephallenia, offen in Richtung Italien. Octavianus zog Flotte und Heer in Tarent und Brundisium zusammen. Unsicherheit in beiden Lagern. Die Streitmacht Octavianus' war noch nicht komplett, Antonius lustlos, kriegsunwillig, nur von der Ägypterin gedrängt.

Groteskes Geplänkel auf beiden Seiten: Er solle die Zeit nicht vertrödeln, ließ Octavianus einen Boten ausrichten, möge doch herüberkommen; er, Octavianus, werde der Flotte des Gegners Ankerplätze und Häfen zur Verfügung stellen, sich mit seinem Heer so weit zurückziehen, wie ein Pferd an einem Tag laufen könne, bis Antonius gelandet sei. Antwort der Gegenseite: Schlage Zweikampf vor. Bin zwar der Ältere, aber egal. Wenn nicht – fordere Neuauflage von Pharsalos, wo Cäsar und Pompejus seinerzeit gekämpft haben.

Mit der Übermacht seiner Truppen bildete Marcus Antonius eine Kette strategischer Stützpunkte, die das Eindringen weströmischer Geschwader in den oströmischen Bereich verhindern sollten. Im Norden saß eine Garnison auf Korfu, damals Korkyra, den Endpunkt im Süden bildete ein Grenzkommando im nordafrikanische Kyrene. Dazwischen reihten sich Militärbasen an allen strategisch wichtigen Punkten: Actium, dem ambrakischen Golf vorgelagert, die Insel Leukas in Sichtweite, Tor nach Mittelgriechenland, Patras, den Golf von Korinth bewachend, Zakynthos, eine der Peloponnes vorgelagerte Insel, Methone, südwestlichstes Kap Griechenlands, Kap Tainaron, der südlichste Punkt des Landes, und schließlich die Insel Kreta.

Aufgrund dieser strategischen Planung mußte Octavianus erkennen, daß sein Widersacher nicht auf Angriff aus war, er wollte sich und seinen Machtbereich verteidigen. Genaugenommen war ja Marcus Antonius nicht einmal Octavianus' Gegner, sondern Kleopatra. Octavianus hatte ganz bewußt Antonius abgesetzt und für geisteskrank erklärt, um so das beim Volke verhaßte Wort vom Bürgerkrieg zu vermeiden; den Krieg hatten die Römer Kleopatra erklärt, die Ägypterin war ihr Gegner, auch wenn alle Welt wußte, daß nur Antonius diesen Kampf führen konnte. Der verbrachte in den Armen der Ägypterin einen ruhigen Winter, der Nachschub funktionierte leidlich, sollte er nur kommen, dieser lächerliche Erbe des großen Cäsar.

Daß Octavianus nur über ein äußerst geringes Feldherrntalent verfügte, stand außer Frage, dafür zeichneten ihn hohe Fähigkeiten als Politiker aus; ein Staatsmann aber ist immer so gut und so schlecht wie seine engsten Berater, und mit Marcus Vipsanius Agrippa stand Octavianus der fähigste Admiral seiner Zeit zur Verfügung. Kampferprobt, zuletzt gegen Sextus Pompejus erfolgreich, ging ihm nicht nur der Ruf des tapferen Soldaten voraus, sondern auch der des geschickten Planers und Taktikers.

Das stellte er auch im März 31 v. Chr. unter Beweis, als er mit einer Flotte das Jonische Meer überquerte, aber nicht nach Osten segelte, wo Hauptlager und Flotte der Gegner warteten, sondern nach Süden, um Methone, den westlichsten der peloponnesischen Finger einzunehmen. Der Ex-König von Mauretanien, von Parteigängern Octavianus' vertrieben, kommandierte die dortige Garnison, und er scheint von dem unerwarteten Angriff noch mehr verblüfft gewesen zu sein als Marcus Antonius, er kam schon beim ersten Angriff um, und Agrippa besetzte die Halbinsel.

Mit diesem Schlag stellte der Admiral das gesamte strategische Konzept Marc Antons auf den Kopf, nun kontrollierte Agrippa den Nachschub aus den Ostprovinzen und Ägypten, die Transporte aus diesem Bereich mußten den aufwendigen und zeitraubenden Landweg nehmen.

Der griechische Frühling kam, aber der ägyptische Weizen blieb aus, schlimmer noch: Die Allianz des Marcus Antonius begann zu bröckeln. Einen halben Tag von Kap Methone entfernt lag Sparta, autonomer Stadtstaat mit eigenwilliger Führung unter Eurykles, dem Sohn des Seeräubers Lachares. Diesen Lachares hatte Antonius beim Kampf gegen die Seeräuber im östlichen Mittelmeer gefangengenommen und hingerichtet, was Eurykles nun zum Anlaß nahm, sich auf die Seite Octavians zu schlagen. Nach Norden und Osten gedeckt, konnten die Truppen und Flottenverbände, die Agrippa in Methone zurückließ, nun weitere Angriffe auf die übrigen Stützpunkte des Gegners unternehmen, Antonius sah sich gezwungen, ein Loch durch ein anderes zu stopfen, jede Besatzung, die einer anderen zu Hilfe kam, hinterließ eine Lücke, die Verteidigung geriet in Unordnung.

Agrippa segelte indes nach Süditalien zurück und formierte den Großangriff. Er wollte ganz sicher gehen und verließ sich nicht allein auf seine Flotte, sondern setzte mit tiefbauchigen Transportern das gesamte Herr nach Epirus über, die Flotte folgte. Von Toryne aus, so hieß der Ort der Landung, nahm Agrippa die Insel Korfu, das antike Korkyra ein, das dort stationierte Flottenkommando des Marcus Antonius war nach Süden ausgelaufen, die Stützpunkte der Insel forderten Hilfe an gegen die von Methone ausgehenden Angriffe.

Strategen behaupteten später, Antonius und Kleopatra hätten die Auseinandersetzung bereits in diesem frühen Stadium verloren. Tatsache ist, Antonius konnte von diesem Zeitpunkt an nur noch reagieren, für eigene Aktionen und Konzepte blieb kein Raum mehr. Denn bevor er sich versah, hatte Octavianus auf der ihm gegenüberliegenden Landzunge des Golfes von Ambrakia ein Feldlager errichtet. Das Tempo des Gegners irritierte ihn, jedenfalls hatte er nicht mit einem so schnellen Angriff gerechnet, und als bei Tagesanbruch die Segel des Gegners am Horizont auftauchten, lagen die Seesoldaten noch schlummernd in ihrem Lager am Festland.

Antonius erkannte, daß eine Bewaffnung der Schiffe vor Eintreffen des Gegners unmöglich war, geistesgegenwärtig ließ er die an Bord übernachtenden Ruderknechte, kräftige Männer, aber ungeübte Kämpfer, Waffen anlegen und auf Deck Aufstellung nehmen, dichtgereiht erwartete die Flotte Agrippas Vorhut in der Einfahrt zum Ambrakischen Golf. Dem Admiral Octavians mußte diese Situation viel zu gefährlich erscheinen, als daß er einen Angriff auf den Gegner wagen konnte, deshalb ließ er seine Flotte an den scheinbar kampfbereiten Schiffen des Gegners vorbeisegeln. Man mag sich Agrippas schwerbewaffnete Soldaten vorstellen, wie sie demonstrativ wegschauten, gelangweilt in die Sonne blinzelten; dann war das ganze Schauspiel vorbei. Antonius wertete diese erste Begegnung als strategischen Erfolg, mußte vorgesehene Siegesfeiern jedoch unverhofft absagen, als Eilboten meldeten, Agrippa habe die Insel Leukas und gleich darauf den Stützpunkt Patrae genommen.

Mit der Einnahme von Leukas hatte Agrippa die letzten strategischen Möglichkeiten Marc Antons unterbunden, es blieb nur noch die Schlacht *im* oder *vor* dem Golf von Ambrakia.

Seltsam, Antonius suchte zu keiner Zeit den Angriff. Warum beschränkte er sich auf die Verteidigung? Das entsprach doch gar nicht seinem Naturell! Fast scheint es, als hätten sich die Charaktere der beiden Rivalen verkehrt, Antonius nun auf einmal der Zauderer, zu keinem Angriff fähig, Octavianus dagegen der Initiator, mutige Draufgänger, der die Entscheidung erzwingen will.

Keiner der alten Historiker nimmt Stellung zu diesem Phänomen. Plutarch gibt kommentarlos – und das bedeutet wohl, er ist auch dieser Ansicht – die Meinung Octavianus' wieder, Antonius sei unter dem Einfluß von Drogen nicht mehr Herr seines Verstandes gewesen. Er behauptet sogar, nicht Antonius habe den Krieg geführt, sondern Kleopatras Eunuch Mardonion, ihre Friseuse Eiras, ein gewisser Charmion, von dem auch die Regierungsgeschäfte geführt wurden, und ein Potheinos. Mit Potheinos ist aber wohl nicht der einstige Vormund und Erzieher Ptolemaios XIII. gemeint, der die Ermordung des Pompejus zu verantworten hatte, und inzwischen bereits tot war, sondern ein Unbekannter gleichen Namens. Wie dem auch sei, das Verhalten Marcus Antonius' läßt kaum einen anderen Schluß zu: Er selbst stand gar nicht mehr hinter dieser unsinnigen strategischen Planung.

Für Antonius und Kleopatra wurde die Lage immer auswegloser. In der sumpfreichen Gegend brach die Malaria aus und riß große Lücken in die Besatzung der Schiffe. Nun mochte auch der von Kleopatra bestochene Befehlshaber der Landstreitkräfte nicht mehr schweigen. Candidus bestürmte Marcus Antonius, die Ägypterin nach Hause zu schicken, das Landheer nach Thrakien oder Makedonien zurückzuziehen und dort die Landschlacht zu wagen. Dikomenes, ein thrakischer Stammesfürst, habe die Unterstützung eines großen Heeres zugesagt, und es sei unvernünftig, auf die Flotte zu setzen, die keine Erfahrung habe, während Antonius, in Landschlachten bewährt, von seinem kampferprobten Heer keinen Gebrauch mache.

Kein Zweifel, dies war die letzte Chance, der Weltgeschichte einen anderen Verlauf zu geben. Hätte Antonius im Sommer 31 den Vorschlag seines Generals Candidus aufgegriffen, der Sieg wäre nicht nur möglich, er wäre wahrscheinlich gewesen. Aber Kleopatra nötigte den Geliebten, an der von ihr eingeschlagenen Taktik festzuhalten. Kleopatra wollte die Seeschlacht.

Historiker haben sich die Köpfe zerbrochen, warum die Ptolemäerin unnachgiebig auf der Entscheidung zur See beharrte. Eine Frau von ihrer Intelligenz mußte die Lage realistisch einschätzen. Alle rationalen Gründe sprachen gegen ein Seegefecht, das einzige stichhaltige Argument lautete: Ein Sieg zur See wäre aufgrund ihres Flottenanteils ein halber Sieg Kleopatras gewesen. Und eine Niederlage?

Die Niederlage konnten Antonius und Kleopatra nicht teilen, sie bedeutete für beide das Ende. Ein Sieg hätte die ägyptische Königin dem Ziel eines größeren ptolemäischen Reiches näher gebracht, er hätte vielleicht sogar die Erfüllung dieses Traumes bedeutet, doch Kleopatra wollte mehr, ein Weltreich von Spanien bis Indien mit der Hauptstadt Alexandria in der geographischen Mitte.

Seit ihrem 21. Lebensjahr hatte die Ägypterin daraufhin gearbeitet. Als sie Cäsar begegnete, hatte sie zum ersten Mal erkannt, welche politischen Möglichkeiten sich über die erotische Beziehung hinaus aus dieser Verbindung ergeben konnten, wenn er den Westen und sie den Osten der damals bekannten Welt einbrachten und sie Orient und Okzident zu einem Weltreich vereinigten, das selbst das Reich Alexanders des Großen noch übertraf. Dazu mußte aber erst das alte republikanische Rom mit seiner überholten Tradition untergehen, um in einer sehr viel größeren Ordnung, vereint mit orientalischen Gebieten, wiederaufzuerstehen.

Cäsar, anfangs ein kongenialer Partner, war an seiner Idee gescheitert, hatte sich in Rom wohl auch wieder mehr auf die eigenen Traditionen zurückbesonnen. Antonius, ein schwacher Abglanz des Juliers, hatte ähnliche Ambitionen, war aber wohl zu labil, um sie auch nur ansatzweise zu realisieren.

Kleopatra war jetzt 38 Jahre alt, sie hatte 17 Jahre auf die

Chance gewartet, die Römer zu besiegen. Gelang ihr das, wäre nicht Antonius, sondern Kleopatra Philopator die Beherrscherin der Welt gewesen. Und dafür setzte die Ptolemäerin alles auf eine Karte.

Untätig mußte Kleopatra zusehen, wie Amyntas, König von Lykaonien, und Deiotaros, König von Galatien, zu Octavianus überliefen. Auch Gnaeus Domitius Calvinus, Cäsars siegreicher Feldherr bei Pharsalos, floh, malariabefallen, in einem kleinen Boot zu Octavianus. Antonius reagierte seltsam: Er schickte dem Überläufer Freunde und Diener und sein gesamtes Gepäck hinterher.

Unberechenbar, schwer kalkulierbar, wie er war, suchten die Legionäre auf ungewöhnliche Weise Antonius von der Notwendigkeit einer Landschlacht zu überzeugen. Da stellte sich dem Imperator ein narbenbedeckter Kohortenführer in den Weg, weinend, als Antonius nach dem Grund seiner Trauer fragte. »Ach Imperator«, soll der Angesprochene geantwortet haben, »warum hast du kein Zutrauen zu diesen Wunden und diesem Schwert und setzt deine Hoffnung auf schlechtes Holz? Sollen die Ägypter und Phönikier auf See kämpfen! Uns gib Land, auf dem wir gewohnt sind fest zu stehen und entweder zu sterben oder die Feinde zu besiegen.« Antonius habe, berichtet Plutarch, dem narbigen Soldaten nur aufmunternd zugewinkt und nicht geantwortet.

Im Lager von Antonius und Kleopatra sank die Stimmung auf den Nullpunkt. Die feuchte Hitze des Sommers hatte die Malaria-Epidemie noch gefördert, der Blockadering, den Octavianus von Norden, Westen und Süden errichtet hatte, wurde dichter und enger, die Nachschubverbindungen nach Ägypten waren unterbrochen, Ausbruchsversuche gescheitert. Agrippa ging nun daran, den gesamten Golf von Korinth unter Kontrolle zu bringen, einschließlich der Städte Korinth und Patrae. Die Versorgungslage wurde immer kritischer, die Zahl der Überläufer nahm zu. Verzweifelt und bar jeder strategischen Überlegung und Planung setzte Antonius sein Heer oder einen Teil davon zur nördlichen Halbinsel des Ambrakischen Golfes über, wo Octavianus sein Heerlager aufgeschlagen hatte.

Das Ziel dieses Vorgehens ist unklar, strategisch war es Selbstmord. Auf Sichtweite standen sich die feindlichen Heere, wenige Kilometer voneinander entfernt, gegenüber; doch nichts geschah, weder Octavianus noch Antonius wagten einen Angriff. Octavianus wollte keine Landschlacht, warum war Antonius übergesetzt?

Im Falle eines Kampfes hätte der Erbe Cäsars die eindeutig bessere Position gehabt, den Rücken frei nach Norden, die eigene Flotte im Westen. Und Marcus Antonius? Ohne Fluchtweg, rings vom Meer umgeben, zum Sieg verdammt oder zum Untergang. Das wußte er auch vorher, unverrichteter Dinge kehrte Antonius in sein Lager zurück.

August. Die Malaria-Epidemie auf dem Höhepunkt, fiebernde, sterbende Soldaten zu Tausenden, Hitze, Hunger, katastrophale sanitäre Bedingungen, im Hafen von Actium Geisterschiffe ohne Besatzung, an den Toten nagten die Ratten. Beim ersten Parther-Feldzug hatte es Antonius glänzend verstanden, seine Soldaten zu motivieren, trotz gewaltiger Verluste letzte Reserven freizusetzen. Nun scheint er gar nicht mehr den Versuch unternommen zu haben, die Legionen gegen den Feind einzuschwören. Jedenfalls berichtet kein Chronist des Altertums davon.

Weil die Malaria die Mannschaften dahingerafft hatte, setzte Antonius etwa 70 eigene Schiffe in Brand. Übrig blieben, weil er schon herbe Verluste zu verzeichnen hatte, 170 Drei- bis Zehnruderer, mit Ruderknechten, 2000 Mann schweren Fußvolks und 2000 Bogenschützen bemannt, in voller Besegelung. Letzteres war deshalb ungewöhnlich, weil die Seefahrer des Altertums ohne Segel in die Schlacht fuhren; Segel bedeuteten erhöhte Brandgefahr, ihr Gewicht war eine Belastung und behinderte die Schiffe in ihrer Manövrierfähigkeit. Antonius begründete den Befehl damit, daß er nach der Schlacht die fliehenden Feinde verfolgen wolle. Aber rüstete er nicht vielmehr selbst zur Flucht?

Ende August desertierte jener Dellius, der im Jahr 43 von Dolabella zu Cassius, im Jahr darauf zu Antonius übergelaufen war, nun suchte er sein Heil bei Octavianus. Dellius hatte wohl jeweils das richtige Gespür für den künftigen Sieger. Diesmal brachte er die Information mit, Antonius rüste mit vollen Segeln; für Octavianus war klar, Antonius wollte fliehen. Er mußte handeln.

28. August 31. Sturm, um diese Jahreszeit höchst selten, hindert Octavianus und Agrippa, aus der schützenden Bucht im Norden der Halbinsel auszulaufen. Auch Antonius und Kleopatra mußten das Ende des Sturmes abwarten.

29. August 31. Der Sturm tobt immer noch, Octavianus rüstet 37000 Legionäre für die Schiffe, beinahe das Doppelte für die Besatzung, die Antonius aufbringt. Für Kleopatras Flaggschiff »Antonias« wird ein eigener Geleitzug gebildet.

30. August 31. Kein Ende der Stürme in Sicht, an ein Auslaufen der beiden Seiten ist nicht zu denken.

1. September 31. Nachlassen des Sturmes. Bei weiterer Wetterbesserung ist mit einer Offensive Octavianus' zu rechnen. Alle Truppen in Alarmbereitschaft.

2. September 31. Aus der Morgendämmerung tauchte die See wie ein Spiegel auf; als hätte Poseidon über Nacht alle Wogen geglättet, lag das Meer windstill, beinahe einladend, zur Schlacht wohlgeeignet, nicht aber zur Flucht. Wie auf ein geheimes Kommando setzten sich beide Flotten in Bewegung, Antonius kam mit seinen schwerfälligen Quadriremen, Hexeren, Octeren und Decemremen langsam und behäbig aus dem Sund. Octavianus legte den weiteren Weg mit seinen leichteren Schiffen von Norden mit schnellen Ruderschlägen zurück, überholte den Gegner vor der Einfahrt zum Ambrakischen Golf im Abstand weniger Stadien und legte so einen Halbkreis um die Flotte von Antonius und Kleopatra.

Nach traditioneller Schlachtordnung teilte jeder der Gegner seine Flotte in drei Kampfverbände. In zwei konzentrischen Halbkreisen standen sich, jeweils von Norden nach Süden, die Flottenverbände von Antonius und Agrippa, Octavius und Arruntius, Sosius und Octavianus gegenüber. Sowohl Antonius als auch Octavianus verfügten über einen zusätzlichen Oberbefehlshaber, der es dem Imperator ermöglichen sollte, mit seinem Schiff zu den Brennpunkten des Kampfgeschehens zu eilen, bei Antonius war es Gellius Publicola, bei Octavianus kommandierte Lurius.

Hinter dem mittleren Verband der antonionischen Flotte hielt sich ein ägyptisches Geschwader mit Kleopatras Prunkschiff »Antonias« verborgen, schwer beladen mit Gold- und Silberschätzen, aufgetakelt mit vollen Segeln. Über die ursprüngliche Aufgabe dieses Geschwaders ist nichts bekannt, die Meinung, Kleopatra habe von vornherein das Kampfgetümmel zur Flucht nutzen wollen, erweist sich, wie wir sehen werden, als irrig. Antonius kann jedenfalls in einen derartigen Fluchtplan nicht eingeweiht gewesen sein.

Distanz der gegnerischen Verbände: acht Stadien, eine knappe Seemeile. Gegen Mittag kam ein leichter Wind von Westen auf. Zunehmende Nervosität auf Seiten des Antonius. Von den feindlichen Verbänden eingekreist, setzte Sosius den linken Flügel in Bewegung. Octavianus, sein unmittelbarer Gegner, wich zurück. Seine Taktik war es, die antonionische Flotte aus dem Sund herauszulocken, um sie mit seiner strategischen Übermacht von Norden und Süden angreifen zu können. Auch Agrippa wich nun auf dem rechten Flügel zurück, gefolgt von Antonius.

Etwa zwei Seemeilen von der Küste entfernt, wo diesseits und jenseits des Sundes beide Landheere Aufstellung genommen hatten, kam es zum offenen Schlagabtausch. Die schweren Schiffe von Antonius erwiesen sich für diese Schlacht als hinderlich, sie konnten zu wenig Fahrt aufnehmen, um die kleinen gegnerischen Schiffe zu rammen und zu versenken. Die Schlacht tobte auf den Booten, Mann gegen Mann, mit Schilden, Speeren und Feuerpfeilen wie ein Festungskampf, und sehr schnell wurde die Übermacht des Cäsar-Erben deutlich: Drei bis vier Boote des Octavianus trafen auf ein antonionisches Schiff.

Agrippa zog seinen Verband nun in die Breite. Bei seiner Übermacht war das kein Risiko. Publicola blieb nichts anderes übrig, er mußte der Bewegung des Gegners folgen und den Abstand der eigenen Schiffe voneinander vergrößern. Dabei verlor er die Verbindung zur Mitte, so daß Octavianus sich plötzlich Arruntius gegenübersah. Die mittleren Verbände einer Schlachtreihe waren für gewöhnlich die schwächsten; doch schien auch hier Octavianus Marcus Antonius überlegen zu sein.

Unentschieden beurteilt Plutarch die Schlacht zu diesem Zeitpunkt, leichte Vorteile von Sosius gegenüber Octavianus, leichte Nachteile von Antonius gegenüber Agrippa. Unerwartet, ungewollt hatte sich in der Mitte ein Korridor aufgetan. Und da geschah etwas für beide Gegner Unerwartetes.

Die ägyptischen Schiffe, in ihrer Mitte Kleopatra mit ihrem Flaggschiff, brachen in schneller Fahrt mitten durch die Kämpfenden hindurch und nahmen Kurs nach Süden in Richtung Peloponnes. Daß dieser Ausbruch für Marcus Antonius ebenso unerwartet kam wie für den Gegner, bestätigt Plutarch: »Nunmehr bewies Antonius mit aller Deutlichkeit, daß er sich nicht von den Überlegungen eines Führers noch eines Mannes noch überhaupt seinen eigenen Überlegungen leiten ließ, sondern – wie jemand scherzend gesagt hat, daß die Seele des Liebenden im Körper eines anderen lebe – daß er von der Frau mitgezogen wurde, als ob er mit ihr zusammengewachsen wäre und allen ihren Bewegungen folgen müßte. Denn kaum hatte er ihr Schiff davonfahren sehen, als er alles andere vergaß, diejenigen verriet und im Stich ließ, die für ihn kämpften und starben, in einen Fünfruderer überstieg, nur von dem Syrer Alexas und von Scellius begleitet, und hinter der Frau herfuhr, die *sich* schon ins Verderben gestürzt hatte und ihn nun mit hineinreißen sollte.«

Publius Vergilius Maro, kurz Vergil genannt, der Philosoph und Redner, war 39 Jahre alt, als die Schlacht bei Actium tobte. Er hatte gerade *Georgica*, vier Bücher über den Landbau verfaßt, und wurde durch die Schlacht angeregt, das römische Nationalepos *Äneis* zu schreiben. *Äneis* deshalb, weil die Römer in Äneas, dem Troer, ihren Stammvater sahen, der nach Jupiters Willen auf italischem Boden ein neues Reich gründete. Die Schlacht bei Actium schildert Vergil in der *Äneis* so:

Zwischen dem allen hindurch lief breit des schwellenden Meeres goldenes Bild, doch schäumte die Bläue der schimmernden Fluten, Hell in Silber peitschten mit ihren Schweifen Delphine
Rings im Kreise die Wellen der See und durchschnitten die Brandung,
Flotten mitten darin aus Erz und Actiums Kämpfe
Waren zu schauen, auch sahst du den ganzen Strand von Leukas
Wimmeln von Kriegerscharen, und golden blitzten die Wellen.
Cäsar Augustus hier, die Italer führend zum Streite,
Und mit Vätern und Volk und Penaten und waltenden Göttern
Steht er auf hohem Verdeck. Ihm sprüht um die lachenden Schläfen
Doppelte Glut, und ihm leuchtet der Stern des Vaters vom Scheitel.
Drüben ragte Agrippa, von Wind und Göttern begünstigt,
Hoch als Führer des Zuges; als stolzes Zeichen des Krieges
Glänzt um die Schläfen ihm rings des Seesiegs geschnäbelte Krone.
Siegreich führt alsdann Antonius Völker des Auslands
Buntbewaffnet heran vom roten Strande Auroras,
Ganz Ägypten, die Macht des Ostens und das entlegene
Bactra dazu; ihm folgt, o Schmach, die ägyptische Gattin.

Alle stürmten zugleich; vom Stoß dreizahniger Schnäbel
Und zerwühlt vom Schlage der Ruder schäumen die Fluten.
Wie sie auf dem offenen Meer, da meinst du, es schwämmen entwurzelt
Ragende Inseln, als würfen sich Berge Bergen entgegen.
Also drängen die Römer an Deck der bestürmten Kolosse.
Flammendes Werg entfliegt den Händen, und Eisengeschosse
Hageln; es röten sich frisch vom Blut die neptunischen Fluten.
Mitten befeuert die Fürstin das Heer mit dem heimischen Sistrum,
Und noch immer nicht sieht sie die beiden Schlangen im Rücken.
Allerlei greuliche Götzen, darunter der Beller Anubis,
Richten ihre Geschosse auf Venus, Neptun und Minerva.
Mitten im Treffen wütet, aus Stahl gemeißelt, der wilde
Mars, und hoch in den Lüften erblickt man verderbliche Diren.
Jauchzend schreitet dahin der zerschlissene Mantel der Zwietracht,
Ihr auf dem Fuße folgt mit blutiger Geißel Bellona.
Das gewahrt aus der Höhe der actische Phoebus, und spannend
Hebt er den Bogen; da wenden erschrocken Ägypter und Inder,
Ganz Arabien auch und alle Sabäer den Rücken,
Selbst die Königin schien die Segel dem innig erflehten
Winde preiszugeben und hastig die Taue zu lösen;
Mitten im Morden und blaß vor dem nahenden Tode, so hatte
Sie Vulkanus gebildet, wie Winde und Wellen sie trugen,
Gegenüber voll Trauer den riesigen Körper des Nilus,
Wie er, den Busen erschließend, mit weit gebreitetem Kleide

Ruft in den bläulichen Schoß und die bergende Bucht die Besiegten.

Obwohl näher am Zeitgeschehen als Plutarch, beschreibt Vergil die Schlacht bei Actium als militärisch erkämpften Sieg des Octavianus, nicht als Flucht des Antonius und der Kleopatra. Kein Wunder, Octavianus finanzierte Vergils Dichterleben, und dieser verehrte ihn deshalb. Man kann darüber streiten, ob die Flucht Kleopatras und Marc Antons von vornherein geplant war, dafür spräche sogar, daß Sosius im Süden, wohin später der Ausbruch erfolgte, mit den Kampfhandlungen begann, logisch ist diese Theorie allerdings nicht. Antonius' Flotte war bis zum 2. September nie eingeschlossen, hätte also während der Sommermonate des Jahres 31 jederzeit den Golf von Ambrakia verlassen und den letzten gehaltenen Stützpunkt auf der Peloponnes, Kap Tainaron, anlaufen können.

Antonius wollte die Schlacht, sie entsprach Kleopatras Willen. Doch diese Flucht nahm er ihr übel, Beweis genug, daß Antonius von diesem Schritt überrascht war: Sein Fünfruderer holte Kleopatras Flaggschiff auf hoher See ein, der geschlagene Imperator wurde, so Plutarch, an Bord genommen, sah die Königin »aber nicht, noch ließ er sich sehen, er ging allein auf das Vorderschiff und saß dort in sich gekehrt und schweigend und hielt sich den Kopf mit beiden Händen«.

Die Verwirrung unter den Anhängern des Antonius war verständlicherweise groß; zunächst kämpften die Seesoldaten ohne den Imperator weiter, mehr als 5000 verloren ihr Leben, etwa 40 Schiffe wurden versenkt. Bei hereinbrechender Nacht suchten 130 Schiffe in der Zufahrt des Golfes Schutz, sorgsam bewacht von den Schiffen des Octavianus, dessen Truppen die Nacht mit ihrem Feldherrn auf See verbrachten. Die Kapitulation erfolgte am nächsten Morgen.

Wie nicht anders zu erwarten, landeten Antonius und Kleopatra auf dem Stützpunkt Kap Tainaron, dem südlichsten Zipfel von Hellas. Dort kam es zur Aussprache, deren Inhalt ist nicht überliefert, jedoch das Ergebnis: Antonius und Kleopatra beschlossen, weiterhin Tisch und Bett zu teilen.

Wie tief war dieser Mann gesunken, sein bis zur Überheblichkeit gesteigerter Stolz, sein Selbstbewußtsein, das Nie-aufgeben, Andere-mitreißen, Kämpfen-bis-zum-Umfallen, wo war all das geblieben? Antonius kam nicht los von Kleopatra, war der Ägypterin hörig, hatte den Blick für die Realität verloren. Gewiß, Liebe ist die Mutter der Weisheit, aber Leidenschaft ist der Vater der Dummheit. Noch immer glaubte Antonius seine Sache nicht verloren, hoffte, die übrigen Schiffe würden ebenfalls fliehen, das Landheer – es hatte ja kampf- und sprachlos die jähe Flucht des Imperators und seiner Geliebten beobachtet – würde sich nach Makedonien und weiter nach Kleinasien durchschlagen, wo er Flotte und Heer neu formieren könnte – Träume.

Die Realität sah anders aus: Alle Schiffsbesatzungen ergaben sich, Canidius Crassus versuchte sich mit dem Landheer nach Makedonien zurückzuziehen. Die Soldaten waren unwillig, die meisten wollten nicht glauben, daß Marcus Antonius, der Imperator, 19 unbesiegte Legionen und 12000 Reiter wegen einer offensichtlich kopflos gewordenen Frau im Stich gelassen haben sollte, als ob er, wie Plutarch schreibt, nicht viele Male die wechselnden Launen des Schicksals erlebt und in ungezählten Kämpfen und Schlachten den Wandel des Glücks zu bestehen gelernt hätte.

Octavianus schickte Canidius eine Abteilung seines Heeres hinterher, die Gelegenheit der Stunde nützend, machten seine Abgesandten den Legionären des Antonius verlokkende Angebote, falls sie den Kampf aufgäben; mehr Sold, vor allem aber italisches Land als Abfindung, eine Zusage, die Antonius nicht machen konnte, weil das Land, über das er verfügen konnte, im Osten lag.

Sieben Tage lungerten die Legionäre herum, dann setzten sich die eigenen materiellen Interessen durch: Beinahe das gesamte Truppenkontingent wechselte die Fronten, Canidius floh mit seinen Offizieren bei Nacht und Nebel. Antonius, ein Liebhaber ohne Würde, ein Mann ohne Charakter, war nun auch ein Imperator ohne Heer, ein Admiral ohne Flotte, ein Niemand, gescheitert.

Was mag in diesem Mann vorgegangen sein, damals, in den späten Septembertagen des Jahres 31? Zusammen mit Kleopatra rettete Antonius sich nach Nordafrika, landete mit den ägyptischen Schiffen knapp 300 Kilometer vor Alexandria, im Hafen Paraitonion ging er an Land, nur Aristokrates, der Redner, und Lucilius, der ihm seine Begnadigung bei Philippi mit treuer Freundschaft lohnte, durften um ihn sein, Kleopatra segelte weiter Richtung Heimat. Antonius dachte an Selbstmord, fiel in tiefe Depressionen.

Kleopatra in gewohnter Kontenance ließ die verbliebenen Schiffe mit Girlanden schmücken, Flöten und Schalmeien spielen, als sie in Alexandria einlief, strahlend wie eine Siegerin. Bewußt hielt sie das Volk im Unklaren, verkündete weder Sieg noch Niederlage, aber sie veranstaltete ein großes Fest, Anlaß war die Volljährigkeit ihres ältesten Sohnes Kaisarion; außerdem hatte Antyllus, der Sohn Marc Antons, das Alter des römischen Jünglings erreicht.

Auf Antonius mußten diese Feste, zu denen er nicht geladen war, alarmierend wirken und vielleicht ist das Gerücht, daß die Ptolemäerin ihn abgeschrieben hatte, bis nach Paraitonion gedrungen. Unbeachtet von der Öffentlichkeit kehrte er nach Alexandria zurück, mied aber Kleopatras Nähe und hauste vor Pharos auf einer kleinen Insel, die über einen künstlich aufgeschütteten Damm erreichbar war. Marcus Antonius, der Mann, dem keine Orgie zu laut, keine Menschenansammlung zu groß, kein Scherz zu dumm war, lebte einsam, still, zurückgezogen und menschenverachtend wie der Spötter Timon. Wie Timon vor 200 Jahren erklärte Antonius, ihm sei von allen Freunden Unrecht und Undank zuteil geworden, nun empfinde er nur noch Abscheu vor den Menschen.

4.

Kleopatra bereitet die Flucht nach Indien vor
Octavianus überwintert auf Samos – Todesangst am Hofe von Alexandria – Herodes läuft zu Octavianus über
Kleopatra und Antonius beschließen ihren Tod – Die letzten Stunden des Marcus Antonius – Octavianus trifft Kleopatra
Die vielen Tode der letzten Ptolemäerin – Wie die Legende vom Schlangentod entstand – Kleopatras Tod und seine Folgen in Rom – Was wäre gewesen, wenn ...

Kleopatra beurteilte die eigene Lage nüchtern und emotionslos, sie verwarf endgültig alle Gedanken an ein ptolemäisches Weltreich und bereitete die Flucht vor. Früher oder später, das war klar, würde Octavianus vor Ägyptens Grenzen erscheinen und das jahrtausendealte Pharaonenreich zur römischen Provinz degradieren.

Wie würde der Römer sich ihr gegenüber verhalten?

Die Königin konnte nicht mit Octavianus' Milde rechnen, vor allem nicht, weil sie einen Sohn hatte, dessen Vater Gaius Julius Cäsar war. Sein Blut floß in den Adern dieses 16jährigen, dagegen war Octavianus nur ein adoptierter Erbe, ein Emporkömmling aus der Provinz. Kleopatra konnte sich an allen zehn Fingern abzählen, daß Octavianus auf dem Weg zur Alleinherrschaft Kaisarion beseitigen würde, mehr noch, die Ptolemäerin kannte allzugut jene Auslöschung des Namens für alle Zeiten, ihre eigenen Vorfahren hatten dies mit perfider Gründlichkeit betrieben, die Römer nannten es *damnatio memoriae*, Aus-dem-Gedächtnis-streichen. Alle Statuen und Inschriften, sogar die politischen Beschlüsse des Verdammten wurden zerstört und revidiert. Das alles stand Kaisarion bevor, wahrscheinlich sogar ihr selbst.

Zur Durchführung ihrer Fluchtpläne brauchte die ägyptische Königin Geld, viel Geld. Was lag näher, als an all die Kostbarkeiten des Staatsschatzes, der Tempel und Heiligtümer zu denken. Sie durften nicht den Römern in die Hände fallen. Ägypten war noch immer das reichste Land der Welt, Kleopatra ein Krösus im Vergleich zu den von permanenten Kriegen gebeutelten römischen Herrschern. Deshalb würde Octavianus auch nicht auf das Nil-Reich verzichten.

Wie weit mußte im Jahre 30 v. Chr. ein Flüchtling ziehen, um vor den Fängen römischer Häscher sicher zu sein?

Im Westen und Norden reichte der römische Einfluß bis ans Ende der bekannten Welt, der Süden, Afrika, galt als unerforscht und gefährlich – der Nil, glaubte man, habe himmlischen Ursprung. Blieb der Osten, der ferne Osten: Indien. Dorthin schickte Kleopatra ihren Sohn Kaisarion via Äthiopien. Indien lag zwar in unendlicher Ferne, doch es war erreichbar; seit Jahrhunderten schon tauschten ägyptische Handelsschiffe Waren mit dem fernen Wunderland. Kaisarion nahm, begleitet von seinem Lehrer Rhodon, den Weg nilaufwärts. Mit viel Geld, erzählt Plutarch, seien die beiden unterwegs gewesen, aber Rhodons Versprechen, Octavianus werde ihn, Kaisarion, als König anerkennen, bewog den jungen Ägypter zur Umkehr, noch ehe sie Äthiopien erreicht hatten.

Seine Mutter plante indes einen Exodus großen Umfangs. Ausgerüstet mit allen verbliebenen Schätzen des Landes, mit reichlichem Proviant aus den Vorratshäusern und einer schlagkräftigen Truppe, der sie hohe Entlohnung versprach, wollte Kleopatra eine Flotte unbekannter Größe durch die Wüste transportieren und vom Roten Meer aus die Seereise nach Indien aufnehmen.

Der Wüstenkanal, von ihren pharaonischen Vorgängern schon mehrfach gegraben, um den östlichen Nilarm mit dem Timsahsee, dem großen Bittersee und schließlich mit dem Golf des Roten Meeres zu verbinden, war versandet, so blieb Kleopatra nichts anderes übrig, als die Schiffe über

Land ziehen zu lassen, ein gigantisches Vorhaben. Nach Plutarch hatte Kleopatra den Weg vom Mittelmeer zum Roten Meer vorgesehen, in etwa also die Linie des Suezkanals, laut Angabe des antiken Historikers 300 Stadien, 55 Kilometer, mit Schiffen durch die Wüste.

Möglicherweise irrt Plutarch mit seiner Entfernungsangabe – der Suezkanal, die kürzeste Verbindung zwischen Mittelmeer und Rotem Meer, ist 161 Kilometer lang – vielleicht nennt seine Entfernungsangabe aber auch nur die Distanz bis zum Timsahsee, von wo der alte Kanal zum Roten Meer noch schiffbar war; sicher ist, das Unternehmen scheiterte, bevor es begann. Malchos, der alte nabatäische Feind, mit dem Kleopatra in dieser Situation zu allerletzt gerechnet hatte, überfiel die ägyptischen Schiffe im Hafen, wo sie für den Transport verladen werden sollten, und zündete sie an.

Malchos hatte nicht vergessen, daß Antonius der Ptolemäerin, es war noch keine vier Jahre her, Tributleistungen aus nabatäischem Gebiet am Toten Meer vermacht hatte, die sie ihrerseits, um den Profit noch zu steigern, dem König Herodes verpachtet hatte. Und als Malchos die hohen Tribute nicht mehr zahlen konnte oder wollte, da hatten Antonius und Kleopatra Herodes zum Krieg ermuntert, den der Nabatäer verlor. Vielleicht war dies nicht einmal der einzige Grund, vielleicht hatte Quintus Didius, der römische Statthalter in Syrien, den Nabatäer mit der Verheißung von Beute vorgeschickt. Didius hielt den Stern des Antonius für erloschen und schlug sich auf die Seite des Siegers. Die oströmische Allianz begann zu bröckeln.

Inzwischen wurde Gaius Julius Cäsar Octavianus als Sieger von Actium gefeiert, Marcus Vipsanius Agrippa lehnte den angebotenen Triumph ab. Stattdessen zog er mit dem Imperator nach Athen; die Stadt, noch vor wenigen Wochen Domäne des Marcus Antonius, ergab sich ohne Widerstand. Octavianus honorierte diesen Wandel und verteilte Getreide unter die Bewohner. Städte wie Chaironeia und

Antikyra, die besonders unter den Restriktionen des Antonius gelitten hatten, wurden bevorzugt, das schaffte Freunde.

Der Winter kann auf dem griechischen Festland recht kalt sein, und da Octavianus es für angebracht hielt, den Fuß in der Tür zu lassen, die er bei Actium aufgestoßen hatte, zog er nach Kleinasien und setzte von dort nach Samos über, um zu überwintern. Gut die Hälfte seiner Truppen hatte er von Epirus aus nach Hause geschickt, er hätte sogar das gesamte Heer entlassen können, denn die Soldaten des Antonius standen ihm beinahe vollzählig zur Verfügung. Weder in Griechenland, der Provinz Achaia, noch in der Provinz Asien jenseits des Ägäischen Meeres regte sich Widerstand gegen den neuen Herrn des Ostens, auch in Syrien nicht. Dafür herrschte in Italien schon wieder Aufruhr; die von Octavianus entlassenen Legionäre verbrachten den Winter in Brundisium, sie meuterten, forderten eine Siegesprämie, viele wollten den Soldatenberuf aufgeben und forderten Land.

Trotz der Winterstürme machte sich Octavianus mit einigen kleineren Galeeren auf den Weg nach Unteritalien. An den Vorgebirgen der Peloponnes und Ätoliens wäre er beinahe gescheitert, mit letzter Anstrengung gelang es den Matrosen, die Galeere auf Nordkurs zu bringen und am Schauplatz der siegreichen Schlacht vorbeizulenken. Doch vor Kap Akrokeraunia, dem nördlichsten Küstengebirge von Epirus, verlor das Schiff des Imperators Steuerruder und Takelage, ein paar Fahrzeuge aus seiner Begleitung sanken, aber Octavianus konnte sich retten. Kaum hatte sich das Wetter beruhigt, setzte er nach Brundisium über, regelte die Forderungen seiner Soldaten und traf nach 27 Tagen wieder auf Samos ein.

Die schnelle Rückkehr des neuen Alleinherrschers hatte ihren Grund, Octavianus fürchtete Marcus Antonius noch immer, er wußte nicht, wie sehr dieser an sich und am Leben verzweifelte. Antonius hatte seine einsame Behausung inzwischen verlassen und bei Kleopatra im Palast Zuflucht gefunden. Seine Freß- und Saufgelage in einem von ihm gegründeten Geheimbund der »Genossen im Tode« schockierten die Ägypter. Erklärtes Ziel des Bundes war es, sich gemeinsam zu Tode zu trinken.

Auch Kleopatra, die nach der Niederlage von Actium noch einen kühlen Kopf bewahrt hatte, schien jetzt am Ende zu sein. Plutarch erzählt, sie habe eine Sammlung von Pflanzengiften angelegt und an Todeskandidaten erprobt. »Da sie nun herausfand«, so der griechische Historiker wörtlich, »daß die schnellwirkenden einen raschen Tod nur unter Schmerzen herbeiführten, mildere Gifte aber nur langsam wirkten, machte sie Versuche mit giftigen Tieren. Tagtäglich ließ sie vor ihren Augen giftige Tiere aufeinander los, mit dem Ergebnis, unter allen bewirkt nur der Biß der Schildviper eine Betäubung und unüberwindlichen Schlafdrang ohne Krämpfe und Stöhnen. Ein von der Schildviper Gebissener verliert unter leichtem Schweißausbruch im Gesicht die Sinne und stirbt oder wird unwillig werden, wenn man ihn wecken will, wie Leute, die in tiefem Schlaf liegen.«

Die Todesangst ging um am Hofe von Alexandria, und in ihrer Angst fanden Antonius und Kleopatra wieder zueinander, klammerten sich haltsuchend aneinander und rissen sich doch gegenseitig nur noch tiefer ins Verderben. Der Stolz der Ptolemäerin, die Überheblichkeit des Imperators waren vergessen, sie griffen nach jedem Strohhalm, schickten einen der letzten Getreuen, den Hauslehrer Euphronios nach Samos; Kleopatra bot ihre Abdankung an und bat um die Herrschaft für ihre Kinder, Antonius wollte sich ins Privatleben zurückziehen, den Rest seiner Tage in Alexandria oder Athen verbringen – wie es Octavianus genehm sei.

Auf den Vorschlag seines Widersachers reagierte der Cäsar-Erbe überhaupt nicht, der Senat hatte Antonius zum Staatsfeind erklärt, und mit einem Staatsfeind redete nur das Schwert. Kleopatra wurde beschieden, der Prinzeps werde es an Entgegenkommen nicht fehlen lassen. Bedingung sei, die Ptolemäerin solle Antonius töten lassen oder mit Schimpf und Schande davonjagen. Als Marcus Antonius die Botschaft aus dem Munde des Freigelassenen Thyrsos erfuhr, verlor er die Beherrschung, legte den unschuldigen Boten in Ketten, folterte ihn grausam und schickte ihn zusammen mit seinem eigenen Freigelassenen Hipparchos nach Samos zurück.

Hipparchos überreichte Octavianus ein Schreiben Marcus Antonius': Er sei wegen seines Unglücks leider leicht reizbar, hieß es da, aber Thyrsos habe ihn mit frechem Benehmen provoziert. Wenn es ihm nicht recht sei, könne er ja Hipparchos geißeln lassen, dann seien sie wieder quitt. Das war eine lächerliche Reminiszenz an die Zeit, da er dem Sieger von Actium noch ebenbürtig, ja überlegen war. Hipparchos fand Gnade und wechselte die Fronten, Antonius hatte einen seiner engsten Vertrauten verloren.

Kaum ein Tag ohne Hiobsbotschaft: Alexas von Laodikeia, zu König Herodes gesandt, um den jüdischen König, den letzten Verbündeten der Alexandriner, von einem Frontwechsel abzuhalten, lief zu Herodes über und informierte ihn über den Zustand, in dem Antonius und Kleopatra sich befanden. Der König in Jerusalem belohnte den Überläufer schlecht, ließ ihn Octavianus ausliefern, von dem er schließlich hingerichtet wurde.

Herodes wußte nun, daß der Traum vom oströmischen Reich, in dem er aufgrund seiner geographischen Lage eine Schlüsselposition eingenommen hätte, ausgeträumt war. Flavius Josephus berichtet, Herodes habe daraufhin seine Schiffe gen Rhodos gelenkt, wo Octavianus sich gerade aufhielt, um neue Freunde zu gewinnen. Herodes sei wie ein Privatmann gekleidet, ohne Krone und Diadem, vor den Prinzeps hingetreten und habe gesagt: »Cäsar, Antonius hat mich zum König gemacht, und ich bekenne offen, in jeder Hinsicht für Antonius gearbeitet zu haben. Und auch das will ich dir nicht verhehlen, daß du mich bei einer bewaffneten Auseinandersetzung als dankbaren Anhänger des

Antonius befunden hättest, wenn die Araber dies nicht unmöglich gemacht hätten. So gut ich konnte, habe ich ihm Bundesgenossen verschafft, Getreide habe ich ihm in größten Mengen besorgt, ja, selbst nach der Niederlage bei Actium blieb ich an der Seite meines Wohltäters und stand ihm mit meinem Rat nach besten Kräften bei, nachdem ich ihm als Waffengefährte nicht mehr taugte. Ich machte ihm klar, daß ihm in seiner verzweifelten Situation einzig Kleopatras Tod helfen könne. Ließe er sie töten, so sollte er von mir Geld, ausgebaute Stützpunkte für seine Sicherheit, Truppen und meine eigene Waffenbrüderschaft im Krieg gegen dich erhalten. Aber seine Leidenschaft für Kleopatra und die Gottheit, die dich siegen ließ, verschlossen seine Ohren. So bin ich mit Antonius unterlegen und habe, sein Geschick teilend, meine Krone niedergelegt. Zu dir bin ich gekommen in der Hoffnung, meine Mannhaftigkeit könne mir zur Rettung verhelfen, jedenfalls vertraue ich darauf, daß man prüft, was für ein Freund ich war, nicht wessen Freund.«

Herodes sprach äußerst geschickt wie ein athenischer Rhetor, sagte noch dazu die Wahrheit und verwies auf seine Fähigkeit zur Freundschaft, betonte seine *virtus*, Mannhaftigkeit, Tugend und Tüchtigkeit, die bei den Römern als etwas Göttliches galt, für die Octavianus später sogar einen eigenen Kult schuf. Octavianus konnte gar nicht anders, er mußte den Ex-Feind mit offenen Armen aufnehmen.

»So sei denn gerettet«, entgegnete Octavianus, »und sei jetzt König mit mehr Sicherheit als zuvor. Denn du verdienst es, vielen Menschen zu gebieten, da du dich als Freund so ausgezeichnet bewährt hast. Nun setze alles daran, auch denen treu zu bleiben, die mehr Glück hatten, so wie ich meinerseits bevorzugt Hoffnung auf deine Gesinnung setze. Antonius tat gut daran, wenn er auf Kleopatra mehr hörte als auf dich; denn seine Unvernunft war es, die dazu beitrug, dich zu gewinnen. Wie ich sehe, beginnst du schon in meinem Sinne zu wirken, indem du, wie mir Ventidius schrieb, ihm gegen die Gladiatoren Hilfstruppen schicktest. So soll denn hiermit in aller Form der dauernde Bestand deines Königtums garantiert sein. Ich will mich auch bemühen, dir weiterhin meine Gunst zu schenken, damit du nicht in die Lage kommst, Antonius zu vermissen.«

Die Einigung Octavianus mit Herodes bedeutete das Ende für Kleopatra und Antonius, zwar verfügten beide noch über eine kleine Flotte und ein gut geschultes Söldnerheer, Kleopatra wurde allein von 400 galatischen Leibwächtern bewacht, aber strategisch isoliert befanden sich in aussichtsloser Position.

Warum lieferte die Ptolemäerin Antonius nicht aus, um die Gunst von Octavianus zu gewinnen? In der Lage wäre sie dazu gewesen, Flotte und Streitkräfte unterstanden ihr, nicht dem Römer. Mögliche Antworten auf diese Frage gibt es mehrere. Einmal mag Kleopatra Octavianus mißtraut haben, sie glaubte vielleicht, wäre erst einmal Marcus Antonius beseitigt, würde Octavianus auch sie aus dem Wege räumen. Denkbar ist aber auch, daß eine Frau wie Kleopatra jetzt, wo der Traum vom Alexanderreich ausgeträumt war, zu stolz war, dem, der ihren Traum zerstört hatte, den Triumph zu gönnen, der mit einer solchen Auslieferung verbunden war. Wie der Fortgang der Geschichte nahelegt, war der ausschlaggebende Grund aber wohl der, daß sie Marcus Antonius ehrlich liebte. Im übrigen können alle drei Gründe eine Rolle gespielt haben, sie schließen sich gegenseitig nicht aus.

Gaius Julius Cäsar Octavianus stieß von Syrien her nach Ägypten vor. Das Landheer wurde von der Flotte begleitet, in Judäa vereinigten sich die römischen Truppen mit denen des Königs Herodes, gleichzeitig nahm Cornelius Gallus mit einer Flotte von der westlichen Kyrenaika Kurs auf Ägypten.

Cornelius Gallus, der auch an der Schlacht von Actium teilgenommen hatte, war wie Vergil ein Dichter und mit diesem befreundet. Wir dürfen also annehmen, daß er Vergils Quelle für seine Darstellung der Seeschlacht in der *Äneis* war. Aus kleinsten Verhältnissen stammend, machte dieser

Cornelius Gallus später eine beachtliche Karriere, erhielt von Octavianus die Präfektur über Ägypten, stürzte dann aber, weil er sich angeblich dem Imperator gegenüber undankbar und böswillig gezeigt hatte, er bekam sogar Hausverbot.

Zunächst aber schlug Cornelius eine kleine Flotte des Antonius, mit der dieser gehofft hatte, dem Zwei-Fronten-Krieg zu entgehen. Kurz darauf nahm Octavianus die ägyptische Grenzfestung Pelusium. Ein sinnloser Durchhaltekrieg begann, in dem Antonius und Kleopatra nicht den Anflug einer Chance hatten. Aber Antonius war als Römer erzogen. Für ihn war der Begriff der *virtus*, der Tapferkeit, die mit Tugend identisch war, verpflichtend. Und zu dieser Tapferkeit gehörte auch der Kampf bis zum Tode. Der im Kampf Gefallene war ein edler Gegner, der, hatte er sich tapfer gewehrt, Anspruch auf ein ehrenhaftes Begräbnis hatte. Der römische Soldat beging keinen Selbstmord, das war unehrenhaft, überlebte er den Versuch, so konnte ihm, je nach dem Gewicht des Motivs, sogar die Todesstrafe drohen. Einem Sklaven, der seinen Herrn nicht am Selbstmord hinderte, wurde der Prozeß gemacht.

Kleopatra, in der ganz anders gearteten griechisch-ptolemäischen Welt aufgewachsen, hatte ein unbefangenes Verhältnis zum Tod. Ein Philosoph wie Sokrates hatte öffentlich demonstriert, wie ehrenhaft es sein konnte, freiwillig aus dem Leben zu scheiden.

Marcus Antonius, der die *virtus* gelebt, lange Zeit geradezu zelebriert hatte, blieb vom Denken der ihm ohnehin intellektuell weit überlegenen Ptolemäerin gewiß nicht unbeeindruckt. Schon allein sein exzessiver Freundeskreis der »Genossen im Tode« verweist darauf, daß die *virtus* zunehmend dem Einfluß östlicher Geisteshaltung wich, vorausgesetzt, daß es sich dabei nicht nur um ganz ordinäre Gelage handelte.

Antonius hatte sein Leben verwirkt, mit Begnadigung konnte er nicht rechnen, nun suchte er einen spektakulären

Tod. Mehrmals schickte er zu Octavianus und forderte ihn zum Zweikampf auf, doch der lehnte ab und ließ ausrichten, es stünden ihm schließlich viele Wege zum Tode offen. Der Cäsar-Erbe zielte damit deutlich auf einen unehrenhaften Tod seines Gegners. Nach Plutarch sah Antonius am Ende ein, daß es für ihn keinen rühmlicheren Tod gäbe als den in der Schlacht, und er beschloß den gleichzeitigen Angriff zu Wasser und zu Lande. Beim Mahl befahl Antonius seinen Dienern, kräftig einzuschenken und aufzutragen, denn es sei ungewiß, ob sie es morgen noch könnten oder ob sie dann nicht schon einem anderen Herrn dienten und er selbst daliegen werde, ein Leichnam und zu Nichts geworden. Und als er seine Freunde darüber weinen sah, sagte er, er werde sie nicht in die Schlacht führen, in der er für sich viel mehr einen ruhmvollen Tod als Rettung und Sieg suche.

Diese Nacht, die Marcus Antonius im Rausch verbrachte, war gespenstisch still, in Alexandria herrschte Furcht und Niedergeschlagenheit, der neue Tag würde die Entscheidung bringen. Kein Historiker erzählt, wo Kleopatra sich in dieser Nacht aufhielt, vielleicht, weil sie es für selbstverständlich erachteten, daß die Königin diese letzte Nacht mit dem Römer verbrachte.

Ein anderes Ereignis dieser gespenstigen Stunden beschreibt Plutarch dagegen ausführlich: Gegen Mitternacht bewegte sich ein unheimlicher Zug durch die Stadt in Richtung Osttor, hüpfende, schreiende Menschen, von jammervoller Musik begleitet, wie Satyrn und Bacchanten. Sie verließen die Stadt durch ein Schlupfloch in der Mauer. Dionysos, mit dem sich Marcus Antonius zeit seines Lebens identifiziert hatte, habe die Stadt verlassen, meinten die Alexandriner.

1. August 30 v. Chr. Im Morgengrauen versuchte der angetrunkene Imperator vor der Stadt auf den östlichen Hügeln eine Schlachtreihe zu formieren. Kleopatra, die bei Actium auf ihrer Teilnahme am Kampfgeschehen beharrt hatte, sah in dem Unternehmen keinen Sinn mehr, sie blieb dem

bevorstehenden Kampf fern. Octavianus, der fürchtete, Kleopatra könnte, von der Ausweglosigkeit ihrer Situation überzeugt, den Palast und ihre Schatzkammer anzünden und ihn so um die verdiente Beute bringen, hatte den Befehl ausgegeben, möglichst behutsam gegen Kleopatra und Antonius vorzugehen.

Es muß ein jämmerlicher Anblick gewesen sein, wie Marcus Antonius da inmitten seines schäbigen Aufgebots der letzten Getreuen herumstand, kaum fähig das Schwert zu führen. Aber Plutarch berichtet, er sei ruhig gewesen und habe seine ganze Hoffnung auf die Flotte gesetzt. Doch was der Imperator von seinem Hügel hinab verschwommen erkannte, mag Zweifel aufkommen gelassen haben, ob es der Alkohol war oder die Realität: Seine Schiffe ruderten auf die feindliche Flotte zu, die Ruderknechte nahmen die Ruder aus dem Wasser, hoben sie gemeinsam zum Gruß und zeigten so dem Gegner an, daß sie zum Überlaufen entschlossen waren. Vereint wandte sich die gesamte Flotte sodann gegen die Stadt. Noch während Antonius das sah, preschten seine eigenen Reiter davon und liefen ebenfalls über. Der feindliche Angriff war nicht mehr aufzuhalten. Marcus Antonius floh in die Stadt. Er glaubte sich von Kleopatra verraten und rief in höchster Erregung nach der Königin. Der vermeintliche Verrat der Ptolemäerin war aus der Luft gegriffen; in dieser ausweglosen Situation, vom Gegner umzingelt, chancenlos, konnte Kleopatra Antonius gar nicht mehr verraten. Um sich vor dem rasenden Antonius in Sicherheit zu bringen, floh Kleopatra mit zwei Dienerinnen in das Mausoleum, das sie inmitten der Stadt nahe dem Tempel der Isis hatte errichten lassen und dessen Inneneinrichtung noch nicht vollendet war. Die Frauen ließen die Falltür herunter, die mit starken Schlössern und Riegeln gesichert war. Um sich den trunkenen Feldherrn vom Leibe zu halten, griff die Königin zu einer List, deren Folgen sie bei klarem Verstand hätte absehen können. Sie schickte Antonius einen Boten entgegen, der ihm ihren Tod meldete.

Marcus Antonius befahl daraufhin seinem Leibsklaven Eros, das Schwert gegen ihn zu richten. Der holte aus, doch statt seinen Herrn tötete er sich selbst. Antonius versuchte jetzt sich selbst zu töten, er stach sich das Schwert in den Leib, Blut quoll hervor, schreiend, vor Schmerzen sich windend, legte er sich auf das Lager, forderte von den hereinstürzenden Dienern den Todesstoß – vergebens, sie flohen, ein grausames, langsames Sterben.

Plutarch gibt vor, jede Einzelheit des makaberen Geschehens, jedes Wort des Antonius zu berichten. Unwahrscheinlich, daß diese Worte des Todgeweihten authentisch sind, doch sie zeigen die Ergriffenheit des griechischen Historikers vor der Tragik des Geschehens. Der Todeskampf des Imperators scheint stundenlang gedauert zu haben. Kleopatra schickte ihren Geheimschreiber Diomedes mit dem Auftrag, den Sterbenden zu ihrem Mausoleum zu bringen. Es war nicht einfach, Antonius davon zu überzeugen, daß die Geliebte noch am Leben war, aber als er schließlich überzeugt werden konnte, forderte er zur Eile auf. Auf seinen Armen schleppte Diomedes den blutbesudelten Marcus Antonius zum Mausoleum Kleopatras.

Die Königin weigerte sich, die Falltür ihres Mausoleums zu öffnen. Statt dessen wurden aus einem Fenster Seile herabgelassen, daran band man den sterbenden Imperator. Es sei ein jammervoller Anblick gewesen, schreibt Plutarch, als er am Seil schwankend die Arme nach Kleopatra ausstreckte, während ihn die Königin und die beiden Dienerinnen mit verzerrten Gesichtern an den Seilen emporzogen.

Mühevoll wuchteten die drei Frauen den Verletzten in die Fensteröffnung. Plutarch: »Nachdem sie ihn so in Empfang genommen und gebettet hatte, zerriß sie ihre Kleider, schlug und zerkratzte ihre Brust, besudelte ihr Gesicht mit seinem Blut, nannte ihn ihren Herrn, ihren Gatten, ihren Imperator und vergaß im Jammer um sein Leiden beinahe ihr eigenes.«

Antonius, halbtot, verlangte nach Wein, tröstete sie, forderte, sie solle auf sich aufpassen, müsse überleben, dürfe von Octavianus' Freunden nur Proculeius trauen. Seine Worte wurden schwerer, kaum noch verständlich. Was noch zu hören war: Nicht klagen, ihn glücklich preisen, ihn, der den höchsten Ruhm errungen habe, unrühmlich sei es nicht, wenn ein Römer von einem anderen Römer überwunden werde. Tod eines Imperators.

Erst jetzt besetzten Octavianus' Legionen die Stadt, nirgends regte sich Widerstand, dazu war die Furcht der Alexandriner vor den Römern zu groß. Obwohl ihm die ägyptische Hauptstadt kampflos in die Hände fiel, sah Octavianus später die Tage in Ägypten als die wichtigsten seiner politischen Laufbahn an. War dem göttlichen Julius der siebte Monat gewidmet, so erhob Gaius Julius Cäsar Octavianus Augustus nun Anspruch auf den achten, jenen Monat, in dem er das römische Reich, wie er sagte, aus höchster Gefahr gerettet habe.

Octavianus soll geweint haben, als er vom Tod des Triumvir erfuhr. Es entsprach römischer Sitte, das Leid eines anderen zu beweinen, gleichzeitig sparte der Sieger aber auch nicht mit Vorwürfen, wie grob und anmaßend Antonius gegen ihn gewesen sei.

Proculeius erhielt den Auftrag, die ägyptische Witwe lebend in seine Gewalt zu bringen: Die Vorstellung, Kleopatra den Römern beim Triumphzug als Gefangene in Ketten vor seinem Wagen vorführen zu können, berauschte Octavianus. Aber was dem siegreichen Imperator lustvolle Vorstellungen bereitete, mußte für die geschlagene Königin tiefste Demütigung bedeuten, lebend wollte sie den Römern auf keinen Fall in die Hände fallen.

Sie verhandelte mit Proculeius durch die geschlossene Tür des Mausoleums, drohte mit Selbstmord, wenn die Gegner versuchten, das Mausoleum zu erstürmen, nur gegen Zusage des Königtums für ihre Kinder erklärte sie sich bereit, ihr Asyl zu verlassen. Zum Schein zog Proculeius sich zurück, Gaius Cornelius Gallus, der Marcus Antonius' letztes

Flottenaufgebot vor der afrikanischen Küste vernichtet hatte, setzte die Verhandlungen fort. Während dieser Zeit stieg Proculeius über eine Leiter in das Mausoleum ein, er überwältigte die Königin, noch bevor sie einen Dolch gegen sich richten konnte, der Freigelassene Epaphroditos übernahm die Bewachung der Ptolemäerin.

Octavianus wollte die Ägypter für sich gewinnen. Er zeigte sich großzügig, gestattete Kleopatra, den toten Gemahl in ihrem eigenem Mausoleum mit allen Ehren zu bestatten. Das war keineswegs selbstverständlich, nach verlorener Schlacht trafen für gewöhnlich Kopf und Hände des unterlegenen Gegners einzeln in Rom ein, als makabere Ausstellungsstücke verschafften sie dem Sieger Respekt. Octavianus sprach in der größten Halle der Stadt, dem Gymnasion. Geschickt versuchte er den Ägyptern die Angst zu nehmen, bewunderte Größe und Schönheit des Stadtbildes, fand anerkennende Worte für den Stadtgründer.

Erst nach Tagen kam es zur Begegnung zwischen Kleopatra und Octavianus. Die Ptolemäerin war bettlägrig, ihre zerkratzten Brüste waren entzündet, heftiges Fieber schüttelte die kleine Frau, sie verweigerte Nahrung und Körperpflege.

Der erste Eindruck ließ den Imperator staunen: Eine Frau, der Männer wie Cäsar und Antonius verfallen waren, hatte er sich anders vorgestellt. Die Haare verwildert, gerötete Augen, nur mit einem derben Unterkleid am Körper sprang Kleopatra auf und fiel Octavianus zu Füßen. Ihre Stimme zitterte. Der Prinzeps hob sie auf und bat sie, sich niederzulegen; doch so krank, wie es den Anschein hatte, dürfte Kleopatra nicht gewesen sein.

Kleopatra wußte, daß der Imperator nicht gekommen war, um ihr sein Beileid zu bekunden. Stumm zog sie ein Verzeichnis ihrer Schätze hervor, Octavianus reichte es weiter an Seleukos, einen ihrer Verwalter. Der überflog die Aufstellung und monierte einige Pretiosen, die von der Königin unterschlagen worden seien. Da sprang Kleopatra auf, packte Seleukos bei den Haaren und versetzte dem Verwalter Faustschläge ins Gesicht. Octavianus lächelte verlegen.

Unerhört, erregte sich die Ptolemäerin, daß sie nun schon von Sklaven kontrolliert werde. Wenn sie ein paar Schmuckstücke beiseite gelegt habe, so nicht zum eigenen Gebrauch, sondern um für Octavia, seine Schwester, und Livia, seine Frau, ein paar Geschenke bereitzuhaben.

Octavianus, der die Ägypterin soeben noch bemitleidet hatte, war im Begriff sich in sie zu verlieben. Plutarch schreibt: »Jener Reiz, jene Verführungskraft war keinesfalls erloschen, trotz ihres kläglichen Zustandes schimmerten sie irgendwie von innen hervor und verrieten sich in ihrem Mienenspiel.«

Alles was sie tat, tat Kleopatra mit voller Hingabe: Wenn sie liebte, liebte sie total, wenn sie haßte, haßte sie mit Inbrunst, wenn sie trauerte, dann trauerte sie mit übervollem Herzen. Was Kleopatra jedoch von anderen Frauen unterschied, die ähnlich wie sie zu einem intensiven Gefühlsleben fähig waren, das war ihr Verstand, der stets über ihre Gefühle wachte. Bei aller Stärke des Gefühls wußte sie fast immer, wie weit sie gehen konnte. Kleopatra war berechnend, sogar den Tod vor Augen tat sie nichts unüberlegt, sie hatte mit dem Leben abgeschlossen, hatte ihren Tod vorbereitet und ließ sich von einem jugendlichen Imperator nicht davon abbringen.

Octavianus nutzte währenddessen den Ägyptenaufenthalt und ließ von seinen Soldaten die verschlammten Bewässerungskanäle, die das Nilland fruchtbar machten, reinigen, damit die Getreidetribute, die er der neuen Provinz auferlegt hatte, geliefert werden konnten. Er selbst erfüllte sich einen langgehegten Wunsch. Octavianus ließ das Mausoleum Alexanders des Großen öffnen, die Gebeine des Makedonen aus ihrem Sarg nehmen und krönte sie mit einer goldenen Krone. Gefragt, ob er auch das Mausoleum der Ptolemäerkönigin in Augenschein nehmen wolle, soll Octavianus geantwortet haben, einen König habe er zu sehen gewünscht, nicht Leichname.

Kleopatra erfuhr davon durch Cornelius Dolabella, vielleicht ein Enkel Ciceros, der ihren Reizen gegenüber nicht unempfänglich war und der im Palast unter Hausarrest gestellten Ptolemäerin wichtige Informationen lieferte. Von ihm hörte sie auch, daß Octavianus zur Heimkehr rüste und sie, Kleopatra, drei Tage nach seiner Abreise, den mühevollen Landweg über Syrien nach Rom nehmen solle. Kleopatra letztes Spiel begann.

Keine Frau der Weltgeschichte starb so viele, so verschiedene Tode wie Kleopatra. Kein antiker Historiker ließ ihren Tod aus, und die meisten berichteten mehr, als sie wissen konnten. So kommt es, daß Kleopatras einsames Sterben nie restlos geklärt werden konnte.

Plutarch erzählt, Kleopatra habe sich an ihrem letzten Tage über das Grab Marcus Antonius' geworfen, sie habe geweint und Worte des Abschieds gestammelt, sei in ihren Palast zurückgekehrt und habe sich nach dem üblichen Bad zu Tische gelegt. Ein Bauer brachte ein Körbchen mit Feigen, so groß, daß selbst die Wächter, die die Königin nicht aus den Augen ließen, diese prachtvollen Früchte bestaunten. Nach dem Essen griff sie zum Schreibzeug, kritzelte ein paar Zeilen auf ein Brieftäfelchen, versiegelte den Umschlag und sandte die Nachricht zu Octavianus. Der Brief enthielt eine Bitte: Begrabt mich an der Seite Marcus Antonius'.

Der Imperator wußte, was das bedeutete, er schickte sofort Wachen zum Palast, um das Schlimmste zu verhindern. Kleopatra hatte sich mit ihren Zofen Eiras und Charmion eingeschlossen. Die Türen wurden gewaltsam geöffnet: Da lag sie tot auf einem goldenen Bett, angetan mit dem königlichen Brustschmuck und dem Diadem der Ptolemäer. Zu ihren Füßen starben Eiras und Charmion.

»Das sind ja schöne Sachen!« soll einer der Eindringlinge gerufen haben. Charmion erwiderte: »Gewiß, sehr schön, und so wie es der Enkelin so vieler Könige gebührt.«

Der Grieche Plutarch behauptet, in dem Feigenkorb sei eine Schildviper versteckt gewesen, Kleopatra habe ihren

Arm in den Korb gesteckt und sei gebissen worden. Sueton will wissen, afrikanische Medizinmänner vom Stamm der Psyller seien von Octavianus geschickt worden, um den oder die Schlangenbisse auszusaugen. Horaz spricht von mehreren Schlangen: »Sie wagt es, heiter lächelnd noch anzuschaun ihr sinkend Schloß, sie greift ohne bange Scheu die kalten Schlangen, Gift des Todes sie strömen läßt in den stolzen Busen ...« Auch Properz weiß von mehreren Schlangen: »Sah ich doch selber die Arme, gebissen von heiligen Nattern, und wie tödlicher Schlaf allmählich die Glieder beschlich.« Von Strabon erfahren wir, daß man sich schon um die Zeitenwende uneins war, ob die Ptolemäerin Schlangengift oder Giftsalbe für ihren Tod wählte, während Galenos, Leibarzt des Kaisers Marcus Aurelius und bei seiner Ausbildung in Alexandria vor allem auf Schlangenbisse spezialisiert, mit Sicherheit von Schlangengift berichtet. Dio Cassius will von zwei Einstichen am Arm wissen, und er vermutet die Schlange in einem Wasserkrug. Aber: »Genaues weiß niemand!«

Die zahlreichen Gerüchte um den Schlangentod der Ptolemäerin haben einen realen Hintergrund. Octavianus ließ Kleopatra in ihrem Mausoleum neben Antonius bestatten – prunkvoll und königlich, wie es heißt. Beim Triumphzug, wenige Wochen später in Rom, trugen Sklaven eine lebensgroße Statue der ägyptischen Königin. Wenn ihm schon die Genugtuung versagt blieb, Kleopatra als Gefangene vorzuführen, so sollte wenigstens ihr Standbild mitgeführt werden, eine Skulptur mit einer – wie Plutarch schreibt – an ihr haftenden Schildviper. Leider drückt sich der Grieche nicht präziser aus.

Hielt sie die Schlange in der Hand, am Busen oder wand sich das Tier um ihren Kopf, den geblähten Hals nach oben gestreckt?

Letzteres mag die Römer schockiert haben. Wie bei den Ägyptern hatte die Schlange auch im alten Rom göttliche Aspekte, sie galt als Symbol der Laren und Penaten, der

Haus- und Familiengeister, aber man tötete sie, wo immer man sie entdeckte, aus Angst vor ihrem giftigen Biß. Am Nil war die Uräusschlange das Symbol des Königtums, sie war »das Auge des Re«, des höchsten Gottes im ägyptischen Pantheon. Das Diadem mit der Uräusschlange gehörte zum normalen Kopfschmuck der Pharaonen, und jedes Kind verstand dessen Symbolgehalt. Für die Römer, realistischer und unreflektierter, konnte die Schlange am Körper der Königin nichts anderes bedeuten, als daß sie durch dieses Tier den Tod gefunden habe. So muß wohl die Legende vom Tod Kleopatras durch einen Schlangenbiß entstanden sein.

Da jedoch eine beißende Viper ihre Giftdrüsen völlig entleert und dann für längere Zeit zu einem weiteren Biß nicht in der Lage ist, hätte es zumindest dreier Schlangen bedurft, um Kleopatra, Eiras und Charmion, die beiden Zofen, zu töten. Drei Schlangen zu verstecken, egal ob in einem Feigenkorb oder in einer Vase, dürfte aber bei der Bewachung, die Octavianus seiner Gefangenen angedeihen ließ, schlichtweg unmöglich gewesen sein.

Wahrscheinlicher ist deshalb eine andere Version: Kleopatra trug das Schlangengift seit langem sei sich. Ihre früheren Versuche mit diesen Tieren lassen darauf schließen, daß sie den Reptilien das Gift entziehen ließ, so wie das auch heute noch zur Herstellung von Gegengiften geschieht. Eine Phiole mit Gift konnte die Königin leicht verbergen, und Plutarchs Hinweis, Kleopatra habe stets Gift in einer hohlen Haarspange bei sich getragen, gewinnt an Bedeutung.

In diese Theorie fügt sich auch Plutarchs Bemerkung, man habe keinen Fleck an ihrem Körper noch sonst ein Zeichen von Vergiftung entdeckt. Das geruch- und geschmacklose, wasserhelle Schlangengift wirkt neurotoxisch, nervenschädigend, oder hämorrhagisch, hämolytisch, also blutschädigend. Bei Nattern überwiegt erstere, bei Vipern letztere Wirkung. Schwindelgefühl, Bewußtseinsstörungen gehen der Lähmung des Atemzentrums oder des Herzens voraus. Bißstellen werden durch Verfärbung und Anschwellen kenntlich, weil Blutgefäße durchlässig werden und Blutkörperchen zu zerfallen beginnen.

Plutarch wörtlich: »Doch die Wahrheit kennt niemand.«

Kleopatra VII. Philopator starb mit 39 Jahren in den letzten Augusttagen des Jahres 30 v. Chr. Sie starb eindrucksvoll, aber einsam, bewußt und bei klarem Verstand, sie suchte den Tod nicht unter Zwang, sondern aufgrund von Bedingungen, die sie sich selbst gestellt, die ihr das Schicksal aber verweigert hatte, kurz, sie starb, wie sie gelebt hatte.

Horaz stimmte Triumphgesänge an, bejubelte den Untergang des *fatale monstrum*, des Unheildämons, der das Kapitol und mit ihm das Imperium Romanum in Trümmer legen wollte, einer Frau, die, von einer brunftigen Herde sexuell krankhafter Männer verfolgt, maßlos, wahnsinnig und toll wie eine trunkene Mänade durch das Leben geeilt sei. Trunken vom Siegesrausch seines Imperators wie vom roten Falerner wird Horaz der Persönlichkeit Kleopatras ebensowenig gerecht wie Properz, der die Ptolemäerin eine *regina meretrix* nennt, eine Königshure, die von Antonius die Mauern Roms und den Gehorsam des Senates forderte, die den Flußgott Tiber zum Sklaven des Nils, den römischen Jupiter zum Lakaien der hundsköpfigen Anubis machen wollte, eine nationale, eine religiöse Katastrophe.

Das war die Stimmung der Plebs, die nicht weniger nach Zwielichtigem gierte als nach Idolen, bei jedem Gladiatorenkampf wiederholte sich dieses Schauspiel: das Idol der Massen zum Siege verdammt – der meist schwarzhaarige, kraftstrotzende Widersacher vorverurteilt zum Tode. Kleopatra dürfte schwarze Haare gehabt haben, sie repräsentierte Übermut und Reichtum, wann hatte es je ein faszinierenderes Feindbild gegeben?

Auf Kleopatra lastete das ungewöhnliche Erbe einer großen Vergangenheit. Sie sprach griechisch, hatte hellenische Vorfahren und Lehrer, aber die Tugend der *sophrosyne*, der Besonnenheit, die ihre Ahnen so hoch achteten, daß sie ihr Altäre errichteten, blieb ihr fremd. Sie hatte einen Gedanken gefaßt, einen einzigen Gedanken, dem sie alles unterordnete, ihr Leben, ihr persönliches Glück und ein maßgebliches Stück Weltgeschichte.

Fasziniert von der Idee eines wiedererstehenden Alexanderreiches entwickelte sie staatsmännisches Format und militärische Ambitionen, gewann sie die epochalste Gestalt der Antike zum Geliebten. Das Facettenreiche, vielfach Schillernde ist es, wodurch diese Frau auch noch zwei Jahrtausende die Menschen in ihren Bann zieht. Ihr Ende blieb nicht ohne Folgen in Rom.

Im Jahre der größten Wirtschaftskrise, zu Beginn des Bürgerkrieges 40 v. Chr. waren Zinsen und Lebensmittelpreise explodiert, statt der üblichen zwölf forderten die Geldverleiher 25 Prozent Zinsen, der Modius Weizen kostete statt vier auf einmal 200 Denare. Trotzdem hamsterten und horteten die Römer aus Angst vor der Seeblockade des Pompejus. Nun, nach Octavians siegreichem Ägypten-Feldzug, verlief die Entwicklung in umgekehrter Richtung: Die Zinsen sanken auf ein Drittel des üblichen, also vier Prozent, es gab Geld in Hülle und Fülle, jeder Römer bekam aus dem ptolemäischen Staatsschatz 400 Sesterzen, die Tapferkeit der Soldaten vor Alexandria wurde vom Imperator mit 1000 Sesterzen honoriert, und 120000 Veteranen erhielten die lange erwartete Abfindung von ebenfalls 1000 Sesterzen. Ägypten lieferte jährlich 20 Millionen römische Scheffel Getreide nach Rom, ein Drittel des Jahresbedarfs. Der Weizenpreis sank rapide, Wohlstand nach Jahren des Bürgerkriegs, Gold- und Silberschmiede schlugen unzählige Denare mit dem Bild Octavians, Cäsar Divi Filius, des Göttlichen Sohn, klingender Jubel auf klingender Münze, ein Tor, wer nicht mitjubelte.

Alle Statuen des Marcus Antonius fielen unter dem Johlen des tobenden Mobs, ein erklärter Staatsfeind hatte keinen Anspruch auf Schonung. Anders Kleopatra: Über einen Gegner konnte der Prinzeps Gnade walten lassen, vor allem wenn seine Niederlage Wohlstand bedeutete. Alle Statuen, vor 15 Jahren unter Murren und Protesten der Bevölkerung errichtet, blieben nun an ihren Plätzen stehen. Ein gewisser Archibios, glühender Anhänger der Ptolemäerin, soll Octavian 2000 Talente geboten haben, damit sie nicht gestürzt würden wie die des Antonius.

Keine Nachsicht kannte der Sohn des Göttlichen, wie er sich nannte, gegenüber dem leiblichen Sproß seines Adoptivvaters, Ptolemaios XV. Kaisarion wurde auf Befehl Octavians getötet; ebenso Antyllus, Marcus Antonius' ältester Sohn aus der Ehe mit Fulvia. Der Grund für diese Grausamkeit lag auf der Hand: Beide beinahe erwachsen, wären die einzigen gewesen, die ihm, Gaius Julius Cäsar Octavianus, den Rang hätten streitig machen können, was Areios, stoischer Philosoph und Lehrer Octavians, lakonisch kommentierte: »Vielkaiserei ist nichts Gutes.«

Zu den übrigen Kindern Kleopatras und Marcus Antonius' entwickelte der Prinzeps sogar Zuneigung, vor allem dank der Fürsprache Octavias, seiner Schwester, Marcus Antonius' verstoßener Gattin. Die Zwillinge Kleopatra Selene und Alexander Helios mußten zwar im Triumphzug neben der Statue ihrer Mutter mitlaufen, erhielten aber eine angemessene Erziehung. Kleopatra Selene wurde mit dem Numiderkönig Juba II. verheiratet, einem Gelehrten auf dem Thron; von Alexander Helios' späterem Schicksal wissen wir ebenso wenig wie von dem seines Bruders Ptolemaios Philadelphos. Nach Ägypten kehrte keiner zurück.

Die Provinz übernahm Cornelius Gallus, aber nicht als Prokonsul, wie sonst bei den römischen Provinzen üblich, er blieb nur Präfekt, Verweser. De facto bedeutete das, Ägypten wurde dem Prinzeps direkt unterstellt, der es allein verwalten, zum eigenen Nutzen ausbeuten konnte. Sichtbaren Ausdruck fand dieser kluge Schachzug in einem Kuriosum: Überall im Römischen Imperium benannte man die Jahre nach den amtierenden Konsuln, am Nil rechnete man nach den Regierungsjahren der folgenden Kaiser, so wie die Alten die Zeit nach ihren Pharaonen gezählt hatten. Octavianus fühlte sich als König von Ägypten, als Pharao. Noch immer übte diese Würde eigenartige Faszination aus. Dabei war das Pharaonenreich mit dem Tode Kleopatras ein für allemal erloschen.

Was wäre gewesen, wenn Kleopatra dem Ansinnen Octavians gefolgt wäre und Antonius ausgeliefert oder beseitigt hätte? Kleopatra wäre unglücklich geworden, eine Königin zweiter Klasse. An der Degradierung des Nil-Reiches zur römischen Provinz bestand kein Zweifel, und die Ptolemäerin konnte weder das eine noch das andere ertragen. Der Tod, den sie sich selbst gab, war von langer Hand geplant, kein Verzweiflungsakt, nein, logische, mutige Konsequenz ihrer gescheiterten Pläne. Kleopatra spielte stets um alles oder nichts, oder, wie Flavius Josephus es ausdrückte: Fehlte ihr eine einzige Sache, so glaubte sie, ihr fehle alles.

Was wäre gewesen, wenn? – Hätten Antonius und Kleopatra vor Actium gesiegt oder wären Agrippa und Octavianus geflohen, gewiß hätten Kultur und Geschichte einen anderen Verlauf genommen. Statt der Umorganisation des Ostens, wie Octavianus sie vornahm, hätte eine Umorganisation des Westens stattgefunden. Wie diese ausgesehen hätte, ist Spekulation, man muß jedoch davon ausgehen, daß der Osten des Imperiums nicht nur geographisch größer und bevölkerungsreicher war, der materielle Reichtum lag ebenfalls im Osten.

Der Hellenismus hätte neue, vielleicht seine größten Triumphe gefeiert, und das Europa der Mitte wäre, fernab zentraler Macht, viel später erblüht als unter dem nahen Einfluß römischer Kultur. Dem Christentum hätte die befruchtende Reibung am römischen Kaiserkult gefehlt, in der hellenistisch-orientalischen Vielgötterei toleriert, wäre es *eine* Erscheinung unter vielen geblieben, Europa eine dürre Wüste des Geistes.

Kein Zweifel, für Octavianus war Actium am 2. September 31 kein kulturelles Anliegen, vielleicht nicht einmal die Entscheidung zwischen West und Ost, der Cäsar-Erbe mußte seinen

Kopf retten, er wollte siegen wie jeder Gegner im Bürgerkrieg. Kleopatra dagegen wußte von vornherein, was vor der epirotischen Küste auf dem Spiel stand. Deshalb nahm sie auch selbst an der Schlacht teil, deshalb war der negative Ausgang des Unternehmens gleichbedeutend mit ihrem Tod.

Octavianus erkannte sein Sendungsbewußtsein erst später, jedenfalls nicht vor Antritt seines fünften Konsulates im Januar 29. Für ihn war Actium nicht die Eroberung des Ost-Imperiums, Actium war Bürgerkrieg wie Pharsalos und Philippi, und Nikopolis, Zeichen des Sieges an der Stelle seines Feldlagers, nichts weiter als eine Zusammenziehung bestehender Ortschaften unter neuem Namen.

Weder Cäsars Ermordung noch der Tod des Marcus Antonius waren in der Lage, dem Zerfall der römischen Republik Einhalt zu gebieten. Der Niedergang des Adels, die Unfähigkeit der profitbedachten Magistrate verlangten nach einem starken Arm, aber nicht den des Diktators, der noch immer Angst und Schrecken verbreitete, eher den eines Prinzeps, eines Ersten unter den Bürgern. Ob das politische Geschick des jungen Octavianus den Ausschlag gab oder ob der Cäsar-Erbe in diese Rolle gedrängt wurde, soll hier nicht erörtert werden; Tatsache ist, daß Octavianus den absolutistischen Kern einer Militärdiktatur hinter Tradition und Gesetzen der römischen Republik versteckte und beinahe unbemerkt die unumschränkte Herrschaft an sich riß. Aufgrund besonderer Vollmachten sicherte sich Octavianus die Alleinherrschaft legal, ließ dabei aber den Senat stets in dem Glauben, das Weltreich zu regieren, was dieser mit immer neuen Ehrenbezeugungen honorierte: der Prinzeps wurde zum *Augustus*, zum »Erhabenen«, zum *divi filius*, dem Sohn des göttlichen Cäsar, zum Vater des Vaterlandes und Pontifex Maximus. Octavianus hatte von Schülern seines Adoptivvaters gelernt: Er drängte nie – er ließ sich drängen. Augustus wurde in die Rolle des Kaisers gedrängt.

Römische Wissenschaftler konnten jenen Ägyptens noch immer nicht das Wasser reichen, Künstler und Philosophen suchten ihre Vorbilder noch immer im alten Griechenland, aber nachdem er die fernen Provinzen des Reiches befriedet hatte, konnte Octavianus stolz sein, das Erbe des römischen Imperiums nicht nur bewahrt, sondern sogar vergrößert zu haben – Mars und Jupiter auf seiner Seite.

Das alles ging ohne großes Blutvergießen vonstatten. Wenn Köpfe rollten, so nur die einiger Kleinfürsten wie die des Adiatorix von Herakleia oder des Alexander von Ermesa, die meisten asiatischen Herrscher waren ohnehin rechtzeitig übergelaufen. Der König von Thrakien, Rhoemetalkes, und Deiotarus von Paphlagonien durften Reich und Thron behalten. König Amyntas bekam Isaurien und Kilikien Tracheia, die Antonius Kleopatra übereignet hatte, hinzu. Archelaos blieb König von Kappadokien. Zypern und Kyrene wurden wieder römische Provinzen. In Griechenland, der Provinz Achaia, gab es kaum Veränderungen, außer daß Sparta seinen Machtbereich vergrößerte und die Leitung der Actischen Spiele übernahm, die zum Gedenken an die siegreiche Schlacht gefeiert wurden. Die phönikischen Städte Syriens erhielten ihre Unabhängigkeit wieder, ebenso Askalon und Chalkis. Herodes bekam seine vielbeklagten Balsamgärten zurück, übernahm Kleopatras 400köpfige Leibwache und Palästina, er war zufrieden.

An den Ufern des Euphrat endeten Octavianus' Ambitionen. Artaxes von Armenien blieb unbehelligt, die Parther behielten die Reichsadler, zumindest vorläufig. Denn wichtiger als ein undurchdringlicher, weitabgelegener und wenig einträglicher Osten des Imperiums schien ihm ein befriedetes Reich, überschaubar, vor allem regierbar. Das nun aufkeimende Sendungsbewußtsein Octavianus' bejubelte Vergil mit den Worten:

»Andre mögen Gebilde aus Erz wohl weicher gestalten,
Dünkt mich, und lebensvoller dem Marmor die Züge entringen,
Besser das Recht verfechten und mit dem Zirkel des Himmels

Bahnen berechnen und richtig den Aufgang der Sterne verkünden.
Du aber, Römer, gedenke die Völker der Welt zu beherrschen
Darin liegt deine Kunst, und schaffe Gesittung und Frieden,
Schone die Unterworfnen und ringe die Trotzigen
nieder.«

ANHANG

Anmerkungen

Teil I

1.

Die Klage des Horaz über die römischen Verkehrsverhältnisse in einem Brief an Julius Florus, aus: *Briefe des Altertums*, ausgewählt, eingeleitet und teilweise neu übersetzt von Horst Rüdiger, Zürich und Stuttgart 1965. – Über Sullas Schlachten bei Chaironeia und Orchomenos berichtet Plutarch in: *Große Griechen und Römer, Sulla*, 16-21, übersetzt von Konrat Ziegler, Zürich und Stuttgart 1955. – Über Cäsars homosexuellen Fehltritt mit Nikomedes von Bithynien: Sueton, *Cäsar*, 2, 49, 73 und 76, übersetzt von Adolf Stahr, München o.J. – Über Cäsars Triebleben: Sueton, *Cäsar*, 45 und 50; Plutarch, a.a.O. *Cäsar*, 4; Plutarch gibt auch den Ausspruch Ciceros wieder; Cassius Dio, 42, 34. – Ciceros Rede für Sextus Roscius in: *Ciceros Reden*, I, 1, übersetzt von Marion Giebel, München 1970. – Der Kommentar des Apollonius über Cicero bei Plutarch, a.a.O., *Cicero*, 4.

2.

Über die Ausbeutung der Provinzen durch römische Prokonsuln: Juvenal, *Satiren* – Über Cäsars Leichenreden für Julia und Cornelia: a.a.O., *Cäsar*, 5. – Über Cäsars Ädilenamt: Sueton, a.a.O., *Cäsar*, 10. – Ciceros Catilinarische Reden: Cicero, *Reden gegen Catilina*, übersetzt von Ernst Schröfel und Marion Giebel, München o.J. – Über Ciceros Selbstbeweihräucherung: Plutarch, a.a.O., *Cicero*, 24; Cicero, a.a.O., *Rede für Archias*, 30; Cicero, *Rede für Sestius*, 49. – Das Zitat in der 3. Person aus Cäsars *Bürgerkrieg*, 1. Buch, Kap. 72, Stuttgart 1971.

3.

Ciceros Brief an Atticus im Juli 59: Cicero, *Briefe und Reden*, München 1957, Nr. 21. – Die Szene Cäsar, Crassus und Pompejus vor dem Volk und die dabei gesprochenen Sätze nach: Plutarch, a.a.O., *Cäsar*, 14, übersetzt von Konrat

Ziegler, Zürich 1960. – Die Zahlenangaben zum Gallischen Krieg macht Plutarch, a.a.O., *Cäsar*, 15. – Ciceros Abschiedsbrief aus Brundisium: Cicero, a.a.O., *Briefe und Reden*, Nr. 22. – Cäsar über die Germanen: *Der Gallische Krieg*: VI, 21–23, München o.J. – Der Briefwechsel Cäsar – Ariovist – Cäsar nach *Der Gallische Krieg*, 35, 36. – Ciceros Klage über Cäsars Auflagen nach seiner Rückkehr aus der Verbannung in *Briefe und Reden*, Nr. 31, An Atticus IV, 6. – Cicero an Lentulus im Januar 55 v. Chr.: *Briefe und Reden*, Nr. 32 Familiares I, 8, München 1957. – Cicero an L. Lucceius mit dem Wunsch, eine Biographie über ihn zu schreiben: *Briefe des Altertums*. Zürich und Stuttgart, 1965, S. 123-128.

4.

Ciceros Sorge um den Staat in seinem Brief vom Dezember 50 an Atticus: *Briefe und Reden*, Nr. 36, VII, 5. – Cäsars Rechtfertigung über den Germanenüberfall und anschließenden Völkermord: *Der Gallische Krieg*, IV, 13. – Plutarch über die Belagerung des Vercingetorix in Alesia, a.a.O., *Cäsar*, 27. – Über die gegenseitigen Sticheleien von Cäsar und Pompejus unmittelbar vor Ausbruch des Bürgerkrieges: Plutarch, a.a.O., *Cäsar*, 29. – Der Brief des Ädils Caelius an Cicero in: *Briefe des Altertums*, a.a.O., Caelius an Cicero, S. 134. – Cäsar am Rubicon: Plutarch, a.a.O., *Pompejus*, 60. Angeblich zitierte Cäsar ein griechisches Sprichwort, das soviel bedeutete wie: »Der Würfel soll geworfen sein.« – »Improbe Amor ...« – Vergil, *Äneis*, 4, 412, Übersetzung nach Tassilo von Scheffer, München o.J.

Teil II

2.

Cäsars Hinweis auf die Tapferkeit der Belger und Helvetier in: Cäsar, *Der Gallische Krieg*, I, 1. – Plutarch über Julias Beisetzung, a.a.O., *Pompejus*, 55. – Pompejus' Zitat »Wo immer ich ...« nach Plutarch, a.a.O., *Pompejus*, 57.

3.

Cäsar als Säufer bei Plutarch, a.a.O., *Cäsar*, 48. – Über die erste Begegnung Cäsars mit Kleopatra, Plutarch, a.a.O., 49; Cassius Dio XLII, 34, 4. – Suetons Beschreibung von Cäsars Äußerem, *Cäsar*, 45. – Über Cäsars Vorzüge als Imperator: Plutarch, a.a.O., *Cäsar*, 15.

4.

»Dort sind die Feinde!« – Diese Szene schildert Plutarch, a.a.O., *Cäsar*, 52. – Sueton, a.a.O., Über die Exekution des Afranius, *Cäsar*, 75. – Ovids Zitat aus: Publius Ovidius Naso, *Ars amatoria, Klassiker der Erotik*, Antike, Wien 1980. – Über Cäsars Tafel-Luxusgesetze: Sueton, a.a.O., *Cäsar*, 43.

5.

Plutarch, a.a.O., Über Cäsars Triumph nach dem spanischen Sieg, *Cäsar*, 56. – Über die göttliche Verehrung, *Cäsar*, 57. – Cicero an Atticus: »Dieser verrückte, elende Mensch ...«: *Briefe des Altertums*, a.a.O., *Cicero*, S. 138. – »Keinen ließ er ohne Hoffnung ...« – Zitat nach Plutarch, a.a.O., *Cäsar*, 58. – »Von der Natur hatte er Ehrgeiz ...«, dito. – Sueton über Cäsars »despotischen Übermut«, *Cäsar*, 77. – Cäsars Stellungnahme zum Abreißen der Königsdiademe durch die beiden Volkstribunen: *Sueton*, a.a.O., *Cäsar*, 79. – Die Einzelheiten, Träume und persönlichen Details am 14. und 15. März 44 v. Chr. sind ausführlich bei Sueton, a.a.O., *Cäsar*, 81, 82 und bei Plutarch, a.a.O., *Cäsar*, 62-66, beschrieben. – Über Legendenbildungen und Spekulationen nach Cäsars Tod, Sueton, a.a.O., *Cäsar*, 88 und 86, 87. – Cicero an Atticus über Cäsars Ende: Cicero, *Briefe und Reden*, München 1957, Nr. 46, An Atticus XIV, 12. – Über Kleopatra XIV, 8, 1. – Über »jenen Cäsar« XIV, 20, 2. – Das Zitat des Augustus aus *Res gestae*, Stuttgart 1975, 1.

Teil III

1.

Cicero an Atticus, Brief vom 2.11.44 v. Chr.: Cicero, *Briefe und Reden*, a.a.O., Nr. 49, XVI, 8. – Plutarch, a.a.O., über das 2. Triumvirat in: *Antonius*, 19. – Antonius' Einzug in Ephesos: Plutarch, a.a.O., *Antonius*, 24. – Kleopatras erstes Flottenkommando beschreibt Appian, *Bürgerkriege*, IV, 83; V, 8. – Kleopatras Ankunft in Tarsos nach Plutarch, a.a.O., *Antonius*, 26 und 27. – Plutarch über Kleopatras Aussehen mit 28: *Antonius*, 25. – Über die besonderen Fähigkeiten der Königin, *Antonius*, 27. – Die Begegnung Antonius–Kleopatra bei Sokrates von Rhodos, *Athenaeus*, IV.

2.

Über Antonius' Leidenschaft zu Kleopatra, die immer wieder aufflammte: Plutarch, a.a.O., *Antonius*, 36, 37. – Der Verdacht von Drogen und Aphrodisiaca bei Kleopatra: Plutarch, *Antonius*, 37 und 60. – Über Antonius' Länderverteilung: Plutarch, *Antonius*, 54. – Über die Öffnung von Antonius' Testament durch Octavianus: Plutarch, *Antonius*, 58. – Die Vorhaltung der Weibergeschichten von Octavianus und Antonius sowie dessen Antwortbrief: Sueton, a.a.O., 69. – Der Hinweis auf Antonius' Bigamie bei Plutarch, a.a.O., Vergleich Demetrios–Antonius, 91 (4). – Wie Kleopatra mit Antonius bis zum Euphrat zog und auf Herodes traf: Flavius Josephus, *Der Jüdische Krieg*, I, 18, 5, München o.J. – Flavius Josephus über Kleopatra in: *Der Jüdische Krieg*, I, 18, 4. – Plutarch, a.a.O., Über Kleopatras Bestechung des Canidius in Ephesos: *Antonius*, 56. – Über Kleopatras Einfluß auf die strategische Planung des Marcus Antonius: Plutarch, *Antonius*, 62. – Über die Feierlichkeiten auf Samos: *Antonius*, 56.

3.

Das Wortgeplänkel vor der Schlacht bei Actium siehe Plutarch, a.a.O., *Antonius*, 62. – Über Antonius' Geisteszustand vor der Schlacht bei Actium: Plutarch, *Antonius*, 60. – Die Rede des narbigen Kohortenführers bei Plutarch, *Antonius*, 64. – Vergil beschreibt die Schlacht bei Actium in der *Äneis*, VIII., 671-713 Übersetzung nach Tassilo von Scheffer, München, o.J. – Wie Antonius sich auf Kleopatras Schiff verhielt: Plutarch, a.a.O., *Antonius*, 67.

4.

Plutarch über Kleopatras Giftesammlung: *Antonius*, 71. – Über das Treffen Herodes–Octavianus: Flavius Josephus, a.a.O., *Der Jüdische Krieg*, I, 20, 1-2. – Antonius' Selbstmordgedanken bei Plutarch, a.a.O., *Antonius*, 75. – Kleopatra vor Octavianus: Plutarch, *Antonius*, 83. – Octavianus vor der Leiche Alexanders des Großen: Sueton, a.a.O., *Augustus*, 18. – Kleopatras Selbstmord bei Plutarch, a.a.O., *Antonius*, 85, 86; bei Sueton, *Augustus*, 17; bei Horaz, *Gedichte: Nunc est bibendum*, I, 37; bei Properz, *Elegie*, III, IV; Strabon XVII, 296; Dio Cassius, LI, 14, 1; Galenos, XIV, 237. – Octavianus' Sendungsbewußtsein bei Vergil, *Äneis*, a.a.O., VI, 847-853.

Ämter und Titel im alten Rom

Konsul	Die Oberleitung der Staatsgeschäfte oblag den beiden auf ein Jahr gewählten Konsuln. Als Schranke gegen unerwünschte konsularische Machtanhäufung zehnjähriges Intervall vor Wiederbekleidung des Konsulats. Kompetenzbereich: Militär- und Zivilverwaltung, Gerichtshoheit, Recht der Senatorenernennung und der Einberufung von Senat und Volksversammlung, deren Leitung, Stellung von Gesetzesanträgen und Abhaltung von Wahlen. Uneingeschränkte Befehls- und Strafgewalt nur außerhalb Roms, Führung der Heere im Kriegsfall durch die Konsuln; Wahl: in der Volksversammlung, Mindestalter 43 Jahre; Insignien: 12 Liktoren, *sella curulis, toga praetexta*. Die römische Jahreszählung erfolgte nach den Namen der jährlich wechselnden Konsulnpaare.
Prokonsul	Römischer Bürger, der als Heerführer oder Provinzstatthalter konsularische Gewalt ausübt, ohne Konsul zu sein. Bestellung erfolgt im Anschluß an das Konsulat oder durch besondere Verleihung durch Volks- oder Senatsbeschluß. Sulla bestimmte, daß die Konsuln nach dem Amtsjahr in Rom als Prokonsul eine Provinz übernahmen. 53 v. Chr. wurde zwischen dem Amt des Konsuls und des Prokonsuls eine Frist von 5 Jahren verlangt.
Diktator	Ursprünglich außerordentlicher Beamter mit oberster Staatsgewalt, bis 200 v. Chr. bei Staatsnotstand auf Vorschlag des Senats von einem der Konsuln für höchstens 6 Monate ernannt. Sulla benutzte das Amt erstmals wieder als verfassungsmäßiges Instrument des verfallenden Staates. Caesar versuchte es zur Grundlage einer

monarchischen Staatsordnung zu machen, also eine wesentliche Änderung der ursprünglichen Struktur der Diktatur.

Senator — Ehemaliger Beamter, in der Republik Ratgeber und Kontrolleur der Magistrate, Ältestenrat. Lebenslängliche Mitgliedschaft im Senat sicherte eine kontinuierliche Staatsführung. Auch angesehene Plebejer kamen in den Senat, seit 130 v. Chr. nach dem Ädilenamt, seit 100 v. Chr. nach dem Volkstribunat, seit Sulla nach der Quästur. Der Senat leitete die wichtigsten Zweige der Staatsverwaltung, konnte Gesetze wegen Verfassungsmängeln zu Fall bringen und Beamtenentscheidungen kontrollieren, die Außenpolitik bestimmen, Kriegserklärungen und Vertragsabschlüsse einleiten, Gesandte empfangen, Bündnisse anknüpfen, er regelte Aushebung, Nachschub und Versorgung der Legionen, bewilligte Triumphe, kontrollierte Einkommen und Ausgaben des Staates, welche die Quästoren und Zensoren verwalteten. Einberufen durch die Konsuln oder Prätoren, seit 287 v. Chr. auch durch Volkstribune, tagte er von Sonnenaufgang bis Sonnenuntergang. Ein Senatsbeschluß wurde erst durch Zustimmung der Volksversammlung zum Gesetz.

Zensor — Hoher Beamter, gewählt aus den Reihen ehemaliger Konsuln, führte die Volkszählung durch, welche für die persönliche Besteuerung und Aushebung zum Militärdienst Voraussetzung war.

Prätor — Ursprünglich die Bezeichnung der später Konsuln genannten Oberbeamten der Republik. Seit 367 v. Chr. jährliche Wahl des *praetor urbanus* (Bürgermeister) zur Entlastung der Konsuln. Aufgaben: Ausübung der Gerichtsbarkeit (durfte den Staat nur bis zu 10 Tagen verlassen); des *praetor peregrinus* für Prozesse mit Ausländern; für die Provinzen Sizilien, Sardinien und

Spanien Schaffung weiterer Prätorenstellen. Unter Sulla hatten die Prätoren den Vorsitz der Schwurgerichte und wurden als Proprätoren Provinzstatthalter. Bis Sulla 6 Prätoren, unter Cäsar 16. Insignien: *toga praetexta, sella curulis*. In den Provinzen 6 Liktoren, in Rom 2. Mindestalter 40 Jahre.

Ädil	Ursprünglich eine Institution der römischen *plebs* mit schwer bestimmbarem Aufgabenkreis, auf ein Jahr befristet. Polizeiliche Verwaltungsbefugnisse, Aufsicht über Straßen und Marktverkehr, Bäder und Bordelle sowie Überwachung von Begräbnissen und der Wasserversorgung, daneben Sicherung der Versorgung Roms mit Lebensmitteln und Einführung von Getreide aus Kolonien und dessen Preisfestsetzung. Veranstaltung von Spielen, deren Finanzierung und Überwachung erlaubten, sich beim Volk beliebt zu machen und dadurch die Wahl für höhere Ämter zu sichern.
Quästor	Unterstes Amt im *cursus honorum*, Bezeichnung der Finanzbeamten in Rom, erst zwei, seit 421 vier, seit 267 acht, unter Sulla 20 Quästoren. Mindestalter 31 Jahre.
Volkstribun	Vertreter des Volkes (*plebs*) für seine politische und wirtschaftliche Gleichberechtigung gegen Übergriffe der Patrizier und Willkür der Beamten, Schutz durch Unverletzlichkeit. Auf ein Jahr gewählt; wahlfähig waren freie Plebejer, Patrizier nach dem Übertritt in die Plebs, nach der Amtszeit seit 149 v. Chr. dem Senat angehörend.
Liktor	Römischer Beamter, Diener der höheren Magistrate und einiger Priester; gingen diesen mit Rutenbündeln und Richtbeil als Zeichen deren Amtsgewalt voran.

Zeittafel

100 v. Chr.	Gaius Julius Cäsar in Rom geboren
91-89	Bundesgenossenkrieg
89-85	1. Mithridatischer Krieg. Friede von Dardanos
88-81	Bürgerkrieg. Marius gegen Sulla
87	Cäsar wird Priester des Jupiter
84	Cäsar heiratet Cornelia
83-81	2. Mithridatischer Krieg
83	Geburt von Cäsars Tochter Julia
82-79	Sullas Diktatur
81-78	Militärdienst Cäsars im Osten des Reiches
80	Cäsar erhält die Bürgerkrone
78	Cäsar in Kilikien
75	Rhetorik-Studien Cäsars. Geiselnahme
74-64	3. Mithridatischer Krieg
73-72	Cäsar Militärtribun, Militärdienst in Rom
73-71	Sklavenaufstand des Spartacus
69	Cäsars Frau Cornelia und Tante Julia gestorben. Kleopatra geboren
67	Pompejus erhält Oberbefehl im Kampf gegen die Seeräuber (Lex Gabinia). Cäsar heiratet Pompeja
66-63	Pompejus gegen Mithridates
65	Cäsar wird Ädil
63	Cäsar Pontifex maximus. Cicero Konsul. Ende der Seleukidenherrschaft
62	Cäsar wird Prätor, Scheidung von Pompeja. Octavianus geboren
61	Cäsar ist Proprätor in Hispania ulterior
60	1. Triumvirat Cäsar – Pompejus – Crassus
59	Cäsar und Marcus Calpurnius Bibulus Konsuln. Cäsar heiratet Calpurnia. Als Prokonsul erhält Cäsar wichtige Provinzen
58-51	Bellum Gallicum
58-55	Berenike IV. regiert mit Kleopatra V. in Ägypten, Kleopatra VI. mit Archelaos
58	Verbannung Ciceros. Ptolemaios XII. flieht (mit Kleopatra?) nach Rom

56	Triumvirat in Luca erneuert
55	Cäsars Rheinübergang und Britannien-Feldzug. Ptolemaios wieder König in Alexandria
54	Tod von Cäsars Mutter und Tochter. Römer besetzen Ägypten
53	Crassus bei Kriegszug gegen die Parther getötet
52	Gallischer Aufstand unter Vercingetorix
51	Kleopatra VII. wird Königin von Ägypten
49	Am 12. Januar überschreitet Cäsar den Rubicon. Bürgerkrieg gegen Pompejus
48	Kleopatra vom Bruder vertrieben. Cäsar siegt bei Pharsalos über Pompejus, der wird auf der Flucht in Ägypten ermordet. Cäsar in Alexandria von Aufständischen eingeschlossen. Begegnung mit Kleopatra
47	Schlacht am Nil: Cäsar besiegt die Ägypter. Kleopatra wieder Königin. Nilkreuzfahrt. Cäsar nach Rom zurück. Geburt Kaisarions
46	Afrikanischer Krieg gegen Pompejus-Anhänger. Tod Catos. Kleopatra kommt nach Rom. Cäsar für zehn Jahre Diktator.
45	Cäsar Diktator auf Lebenszeit, Imperator. Konsul für zehn Jahre und erneut Pontifex maximus
44	Cäsars Ermordung. Flucht Kleopatras aus Rom. Tod Ptolemaios XV. Kaisarion Kleopatras Mitregent
43	Triumvirat Octavianus – Antonius – Lepidus. Beginn des Krieges gegen die Cäsar-Mörder. Tod Ciceros
42	Schlacht bei Philippi. Antonius besiegt Cassius und Brutus
41	Antonius und Kleopatra begegnen sich
40	Zwillinge für Antonius und Kleopatra
37	Pakt von Antiocheia: Ehevertrag Antonius–Kleopatra
36	Erfolgloser Feldzug gegen die Parther. Kleopatra bringt Ptolemaios XVI. zur Welt
32	Octavianus erklärt Kleopatra den Krieg
31-30	Ptolemäischer Krieg
31	2. September: Schlacht bei Actium. Kleopatra und Antonius fliehen nach Ägypten
30	Selbstmord des Antonius. 29. August: Selbstmord Kleopatras. Ägypten römische Provinz. Cäsars Sohn Kaisarion auf Veranlassung v. Octavianus ermordet

(C. Julius C̣.) ⚭ Marcia

Julia
† 69 v. Chr.
⚭ C. Marius
* 156 v. Chr.
† 86 v. Chr.

C. Julius Cäsar
† 84 v. Chr.
⚭ Aurelia
† 54 v. Chr.

C. Julius Cäsar
*** 100 v. Chr.**
erm. 44 v. Chr.

Julia

Julia ⚭ M. Atius Balbus

Atia ⚭ C. Octavius

⚭ (1.) Cossutia (?)
(2.) Cornelia
† 69 v. Chr.
(T. d. L. Cornelius Cinna)
(3. ⦶ 62) Pompeia
(4.) Calpurnia
(T. d. Lucius Piso)

Octavia d. J. ⚭ (1.) Claudius Marcellus
† 11 v. Chr.
† 46 v. Chr.
(2. ⦶ 32 v. Chr.)
Marc Anton
† 30 v. Chr.

(2.)
Julia ——— (1.)/(4.) ⚭
* 76 (83) v. Chr.
† 54 v. Chr.

Cn. Pompejus
* 106 v. Chr. erm. 48 v. Chr.
⚭ (1.) Antistia
(2.) Aemilia
(T. d. Metella)
(3. ⦶ 62) Mucia
(5.) Cornelia
(T. d. Metellus Scipio)
⚭ (2.) P. Crassus
(S. d. Crassus)

nat. S. (?)
Kaisarion
(Ptolemaios XV.)
* 47? erm. 30 v. Chr.
44 Mitreg. i. Ägypten
(Mutter: Kleopatra VII.)

(1.)
Marcella d. Ä.
⚭ (1.) Agrippa
(2.) Julius Antonius

(1.)
Marcella d. J.
⚭ (1.) Aemilius Lepidus
(2.) M. Valerius Messala

(1.)
M. Claudius Marcellus
† 23 v. Chr.

(2.)
Antonia d. Ä.
⚭ L. Domitius Ahenobarbus

(3.)
C. Pompejus

(2.)
Sextus Pompejus

(3.)
T.
⚭ (S. d. Sulla)

(2.)
Valerius Messala „Barbatus"

(2.)
Claudia Pulchra
⚭ Varus

Domitia Lepida

Cn. Domitius Ahenobarbus
⚭ Agrippina d. J.
erm. 59 n. Chr.
(T. d. Germanicus)

(s. unten)

⚭

Valeria Messalina
hinger. 48 n. Chr.
⚭ Ti. Claudius Nero
† 54 n. Chr.
(s. rechts)

C. Julius Cäsar
† 14 n. Chr.
⚭ Claudia Livia
† 31 n. Chr.
(T. d. Nero Claudius Drusus)

L. Julius Cäsar
† 2 n. Chr.

Julia
† 28 n. Chr.
⚭ Aemilius

Agrippina d. Ä.
† 33 n. Chr.

Agrippa Postumus
† 14 n. Ch[r.]

Nero Drusus Cäsar
† 38 n. Chr.
⚭ Aemilia Lepida

Drusilla d. Ä.
† 38 n. Chr.
⚭ (1.) Cassius Longius

Ganymed ——— (1.)/(2.) ⚭

Stammtafeln

CÄSAR und das JULISCH-CLAUDISCHE HERRSCHERHAUS

C. Octavius
nach Adoption C. Julius Cäsar Octavianus Augustus
* 62 v. Chr. † 14 n. Chr.
27 v. Chr. **Ks. „Augustus"**
ⓞⓞ (1., ⦶ 41) Claudia
(2., ⦶ 39) Scribonia
ⓞⓞ (1.) Cornelius Scipio
(3.) Livia
* 57 v. Chr. † 29 n. Chr.
ⓞⓞ (1., ⦶) Ti. Claudius Nero

.)
ntonia d. J.
) Nero
Claudius
Drusus
† 9 v. Chr.

. rechts)

Ti. Claudius Nero
* 42 v. Chr.
† 37 n. Chr.
14 n. Chr. **Ks. „Tiberius"**

Nero Claudius Drusus
† 9 v. Chr.
ⓞⓞ Antonia d. J.
(T. d. Marc Anton)

.)
)

(2.)
Julia
* 39 v. Chr.
† 14 n. Chr.
ⓞⓞ (2.) M. Vipsanius
Agrippa
* 63 v. Chr.
† 12 n. Chr.
ⓞⓞ (1.) Pomponia

(3.)/(2.) ⓞⓞ

Vipsania
Agrippina
† 20 n. Chr.
ⓞⓞ (2.) Gallus

(1., ⦶) ⓞⓞ

Nero Claudius
Drusus
* 15 v. Chr.
erm. 23 n. Chr.

(1./2.) ⓞⓞ

Claudia
Livia
† 31 n. Chr.
ⓞⓞ (1.) C. Julius
Cäsar
† 4 n. Chr.
(s. links)

Ti. Claudius
Nero Germanicus
* 15 v. Chr.
† 19 n. Chr.

Ti. Claudius Nero
† 54 n. Chr.
41 n. Chr. **Ks. „Claudius"**
ⓞⓞ (1.) Plautia
Urgulanilla
(2.) Aelia Paetina
(3.) Valeria Messalina
hinger. 48 n. Chr.
(T. d. Valerius
Messala)

Julia
† 43 n. Chr.

ⓞⓞ

Julius Cäsar
rmanicus
2 n. Chr.
m. 41 n. Chr.
n. Chr.
. **„Caligula"**
(1.) Junia Claudilla
† 37 n. Chr.
(2.) Livia Orestilla
(3.) Lollia Paulina
(4.) Milonia Caesonia

)
usilla d. J.
1 n. Chr.

Nero ⓞⓞ
Cäsar
* 7 n. Chr.
† 31 n. Chr.

Agrippina d. J.
* 16 n. Chr.
erm. 59 n. Chr.
ⓞⓞ (1.) Cn. Domitius
Ahenobarbus
(2.) Crispus
Passienus

(3.)/(4.) ⓞⓞ

(1.)
Ti. Claudius
Lucius Domitius Nero
* 37 n. Chr. † 68 n. Chr.
54 n. Chr. **Ks. „Nero"**
ⓞⓞ (2.) Poppaea Sabina
† 66 n. Chr.
(3.) Statilia Messalina

(1.)
Drusus
† 20 n. Chr.

(2.)
Antonia
† 66 n. Chr.

(3.)
Ti. Claudius
Britannicus
* 41 n. Chr.
erm. 55 n. Chr.

(3.)
Octavia
erm. 62 n. Chr.

(1.)
ⓞⓞ

Die Vorfahren Kleopatras

Lagos = Berenike I.

Ptolemaios I. Soter = Berenike I.
(305–282 v. Chr.)

Arsinoe II. = Ptolemaios II. Philadelphos = Arsinoe I.
(282–246)

Berenike II. = Ptolemaios III. Euergetes (246–221)

Arsinoe III. = Ptolemaios IV. Philopator (221–205)

Kleopatra I. = Ptolemaios V. Epiphanes (205–181/180)

Ptolemaios VI. Philometor (180/181–145) = Kleopatra II. (gest. 116/115) = Ptolemaios VIII. (Physcon) Euergetes II. (170–163, 145–116) = Kleopatra III. (gest. 101)

Ptolemaios VII. Neos Philopator (145–144)

Kleopatra Thea (gest. 121)

Kleopatra III. (gest. 101)

Ptolemaios Apion von Kyrene

Ptolemaios IX. Soter II. (Lathyros) (116–107, 88–80)

Ptolemaios X. Alexander (107–88)

Ptolemaios XII. Neos Dionysos Auletes (80–58, 55–51)

Ptolemaios v. Zypern (80–58)

Kleopatra Berenike = Ptolemaios XI. Alexander (gest. 80)

KLEOPATRA VII.
(51–49, 48–30)

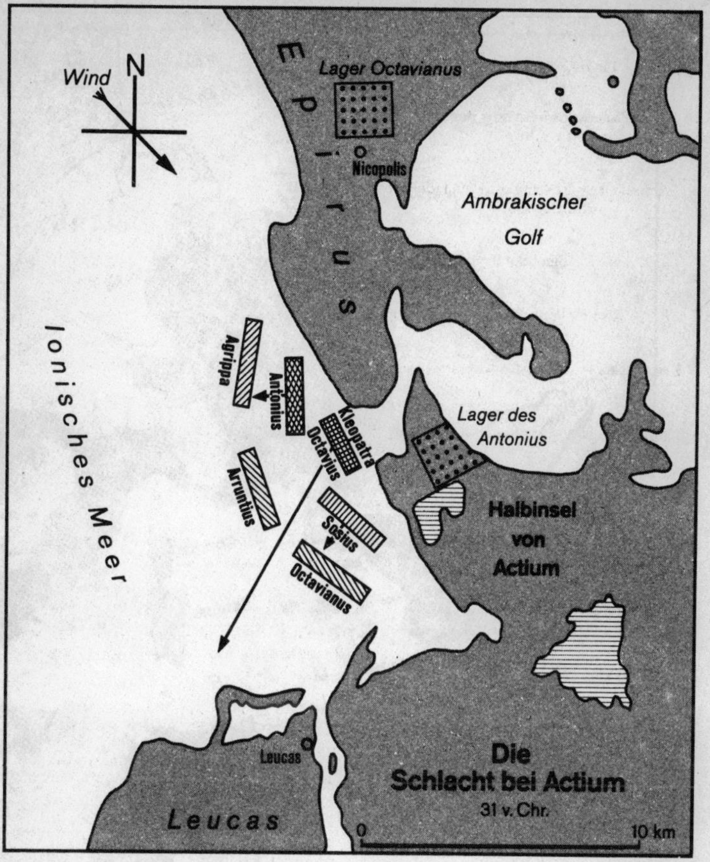
Wind
N
Lager Octavianus
E p i r u s
Nicopolis
Ambrakischer
Golf
Ionisches Meer
Agrippa
Antonius
Kleopatra
Octavius
Arruntius
Sosius
Octavianus
Lager des
Antonius
Halbinsel
von
Actium
Leucas
Leucas
Die
Schlacht bei Actium
31 v. Chr.
0
10 km

Mare
Germanicum
OCEANUS ATLANTICUS
BRITANNIA
Albis
GERMANIA
Belgae
Rhenus
Treveri
Veneti
Gallia
Danuvius
Helvetii
Brigantium
Aquitani
Gallia Ulterior
Gallia Citerior
Aquileia
Ravenna
Iberus
Hispania
Ulterior
Citerior
Olisipo
Tarraco
Saguntum
Carthago Nova
Gades
Tingis
Corsica
Sardinia
ITALIA
M. Adriatic
Salonae
Corfinium
Roma
Ostia
Capua
Mare
Tyrrhenum
M A R E
Mare Ibericum
Mauretania
Utica
Hippo Regius
Carthago
Thevestе
Numidia
Africa
Sicili
Syracusae
Leptis Magna
Das
RÖMISCHE REICH
zur Zeit Cäsars
0
200
400
600
800
1000 km

Römisches Reich um 100 v. Chr.
Erwerbungen bis 58 v. Chr.
Erwerbungen durch Cäsar
Römische Vasallenstaaten
Gallia Provinzen Cäsars
Borysthenes
Rha
Mare Caspium
REGNUM BOSPORI
Daci
Pontus Euxinus
Sinope
Amisus
Heraclea
Bithynia
Pontus
Nicopolis
Armenia
Artaxata
Macedonia
Thessalonice
Epirus
Galatia
Cappadocia
Tigranocerta
Nisibis
REGNUM PARTHORUM
Asia
Ephesus
Phrygia
Lycaonia
Pisidia
Cilicia
Syria
Lycia
Rhodus
Athenae
Corinthus
Achaea
M. Aegaeum
Euphrates
Tigris
Palmyra
Ctesiphon
Creta
Cyprus
Damascus
ERNUM
Cyrenaica
Alexandria
Judaea
Aegyptus
Memphis
Nilus

Register